HEYNE BIOGRAPHIEN

Zum Autor:

Dr. phil. Joachim Kramarz, geb. 1931 in Gleiwitz (Oberschlesien), 1945 Flucht nach Sachsen, 1948–1950 Studium in Dresden und Leipzig, aus politischen Gründen Fortsetzung des Studiums an der Freien Universität Berlin, 1953 Staatsexamen, 1959 Promotion. Später Studienrat in Berlin-Wilmersdorf.

Joachim Kramarz

CLAUS GRAF STAUFFENBERG

Der Mann des Widerstandes gegen Hitler

Wilhelm Heyne Verlag
München

HEYNE BIOGRAPHIE
12/243

Wilhelm Heyne Verlag GmbH & Co. KG, München
Printed in Germany 1994
Umschlagillustration: Archiv für Kunst und Geschichte, Berlin
Umschlaggestaltung: Atelier Ingrid Schütz, München
Satz: Schaber Datentechnik, Wels
Druck und Bindung: Presse-Druck, Augsburg

ISBN 3-453-07904-3

Inhalt

Vorwort

Wenn Gerhard Ritter in seinem Buch über Carl Goerdeler schreiben konnte, daß ihm dessen überaus reicher schriftlicher Nachlaß zur Verfügung gestanden habe, so befindet sich der Biograph des Grafen Stauffenberg in der völlig entgegengesetzten Situation. Da Stauffenberg sofort als Haupttäter des 20. Juli 1944 in den Blickkreis der Geheimen Staatspolizei (Gestapo) geriet, wurden mit aller erdenklichen Schnelligkeit in seiner Berliner Wohnung und bei seiner Familie in Hamberg Hausdurchsuchungen vorgenommen, bei denen auch das kleinste Stück beschriebenen Papiers beschlagnahmt wurde. Dieses Material ist nicht wieder zum Vorschein gekommen, wahrscheinlich bei Kriegsende vernichtet worden, wenn auch nicht ausgeschlossen ist, daß es noch in den Archiven einer östlichen Macht lagert. Eine Recherche bei den Behörden der sowjetischen Besatzungszone blieb allerdings ohne Erfolg, auch lassen östliche Veröffentlichungen über den deutschen Widerstand und Stauffenberg nicht erkennen, daß dort Material vorliegt, das den westlichen Historiographen bisher nicht bekannt geworden ist. Nachforschungen bei westdeutschen Archiven, z. B. dem Bundesarchiv (Militärarchiv) in Koblenz und dem Institut für Zeitgeschichte, München, brachten ebenfalls nur negative Ergebnisse. Material über Stauffenberg liegt dort nicht.

Einige Briefe, eine Postkarte, ein Ib-Befehl aus der Zeit

des Frankreich-Feldzuges, die maschinenschriftliche Ausarbeitung einer Akademiearbeit mit handschriftlichen Korrekturnotizen und schließlich der Abdruck eines auf eine Denkschrift zurückgehenden Vortrages über »Die Abwehr feindlicher Fallschirmeinheiten«, diese Dokumente sind die einzigen, die an persönlichen Zeugnissen ausfindig gemacht werden konnten.

Durch das Entgegenkommen der »National Archives« in Alexandria/Virginia (USA) erhielt ich wertvolles Material aus den dort lagernden Beuteakten in Form von Mikrofilmen, so vor allem das Kriegstagebuch der Organisationsabteilung des Generalstabs aus dem Jahre 1942, ein hochinteressantes Dokument über die Tätigkeit Stauffenbergs und zugleich über die Hintergründe des Rußland-Feldzuges während dieses Jahres. Außerdem erhielt ich auf diesem Wege und mit freundlicher Unterstützung des Militärwissenschaftlichen Forschungsamtes in Freiburg Photokopien von Befehlen, die Stauffenberg als Leiter der Gruppe II der Organisationsabteilung ausarbeitete.

Damit sind die primären Quellen bereits erschöpft. Über Stauffenbergs Verbindung zum Widerstand enthalten sie selbstverständlich nichts. Es war auch nicht zu erwarten, daß sich über diesen Komplex schriftliche Auslassungen Stauffenbergs anfinden würden. Sein Beitrag zu der Verschwörung bezog sich zuerst einmal auf die militärische Planung des Staatsstreiches; sie hat sich in den Walküre-Befehlen und den Zusatzverfügungen niedergeschlagen. Seine Mitwirkung an den politischen Planungen des Widerstandes geschah im wesentlichen in Gesprächen, deren Teilnehmer fast alle den Tod gefunden haben. Einer der wenigen Überlebenden, der über politische Gespräche mit Stauffenberg berichten konnte, war Prof. Dr. Rudolf Fahrner. Im übrigen stützen sich unsere Kenntnisse neben dem, was bereits in der Literatur über den Widerstand dargestellt worden ist, auf Informationen von Freunden und Verwandten.

Hinzu kommen die Gestapo-Berichte, die nach dem 20. Juli 1944 zuerst täglich, später in größeren Abständen für Hitler angefertigt wurden und die Rapporte über die Ergebnisse der Verhöre enthalten. Diese Quelle ist höchst problematisch. Man kann auf sie nicht verzichten, aber sie muß aus mehreren Gründen aufmerksam geprüft werden. Aus den Verhören werden nur äußerst selten größere Aussagenkomplexe zitiert, sondern im allgemeinen nur einzelne Sätze mitgeteilt, so daß man nie sicher ist, ob der Sinn, den ein Satz isoliert zu haben scheint, wirklich der Wahrheit entspricht. Außerdem wird der Bericht durch die Mentalität seines Verfassers gefärbt. Er bemüht sich häufig, die Verhafteten in ein möglichst ungünstiges Licht zu rücken, überschärft Gegensätze und sammelt Zeugnisse für die moralische Minderwertigkeit der Männer. Durch diese Schicht der abwertenden Vokabeln und groben Verunglimpfungen kann man jedoch verhältnismäßig leicht hindurchstoßen. Viel schwerer ist die Ergründung der Wahrheit bei allem Gedanklichen. Aufgefundene Memoranden oder Aussagen zu den politischen Absichten der Verschwörer werden häufig nicht wörtlich, sondern in einer Zusammenfassung des Gestapo-Beamten wiedergegeben. Schließlich enthält der Bericht Unwahrheiten, die von den Verhafteten selber stammen, denn viele versuchten, durch falsche Aussagen ihre Freunde und sich selber zu decken. Die Verwendung der Gestapo-Berichte muß deshalb mit aller Vorsicht geschehen, und man muß sie vor allem dort aufmerksam prüfen, wo über die politischen Gedankengänge der Verhafteten berichtet wird.

Die wichtigsten Zeugnisse für diese Biographie stammen von Persönlichkeiten, die mit Stauffenberg befreundet waren oder dienstlich mit ihm in Berührung kamen.

In den meisten Fällen waren sie bereit, ihre Erinnerungen niederzuschreiben, in anderen Fällen erhielt ich die Möglichkeit zu Gesprächen, von denen ich Protokolle herstellte.

Die Verwertung von Quellen dieser Art stößt allerdings auf eine Schwierigkeit: Zwischen damals und heute sind nicht nur zwanzig, sondern in Teilen der Biographie über dreißig Jahre vergangen. Es hat sich deshalb in den Erinnerungen häufig nur ein allgemeines Persönlichkeitsbild erhalten, dem das konkrete Detail fehlt. Das zweite Problem liegt in der Gefahr, daß sich das Bild Stauffenbergs, nachdem er eine derartige geschichtliche Bedeutung erlangt hat, in den Erinnerungen unmerklich heroisiert haben könnte. Ich habe deshalb alle Aussagen von der Wiedergabe ausgeschlossen, in denen nur unprofiliertes und übertrieben wirkendes Lob ausgesprochen wurde. Eines geht aber aus all diesen Zeugnissen hervor, und die Einhelligkeit der Aussagen läßt den Verdacht eines nachträglichen Panegyrikus nicht entstehen: Stauffenberg war ein Mann, dessen Persönlichkeit immer wieder Bewunderung erweckte und das Vertrauen seiner Kameraden und Vorgesetzten gewann.

Da die von mir gesammelten Zeugnisse meistens erst für den Zweck dieses Buches angefertigte Niederschriften darstellen, habe ich in sehr starkem Umfang zitiert, um so die Aussagen in ihrer Eigenart wirken zu lassen und die Quelle in ihrem Originaltext zu geben. Die dadurch entstehende stilistische Uneinheitlichkeit glaubte ich in Kauf nehmen zu können.

Die Materialsammlung hat Jahre in Anspruch genommen, und obwohl die Anzahl der Persönlichkeiten, die befragt wurden, noch weit über die Liste am Ende des Buches hinausgeht, so kann es noch Menschen geben, die Stauffenberg gekannt haben und auf die ich bei meinen

Nachforschungen doch nicht gestoßen bin. Jeden neuen Hinweis und jede weitere Hilfe werde ich deshalb gern aufnehmen.

Allen denen, die durch ihre Mitteilungen die Biographie ermöglicht haben, sei herzlich gedankt. Vor allem möchte ich Frau Gräfin von Stauffenberg meinen Dank abstatten, ohne deren großzügiges Entgegenkommen diese Arbeit nicht hätte geschrieben werden können. Weiterhin danke ich Herrn Dr. Eberhard Zeller für die freundschaftliche Hilfe, die er mir mit der Durchsicht des Manuskripts erwiesen hat. Schließlich gebührt mein Dank meinem Kollegen Dr. Helmuth Rönnefarth, der mir mit seiner genauen Kenntnis der militärischen Materie sowie durch das Auffinden wichtiger Zeugen und die Durchsicht meiner Entwürfe wesentlich zur Fertigstellung meiner Arbeit verholfen hat.

DR. JOACHIM KRAMARZ

Einleitung

»Eine ganz kleine Clique ehrgeiziger, gewissenloser und zugleich verbrecherischer dummer Offiziere hat ein Komplott geschmiedet, um mich zu beseitigen und zugleich mit mir den Stab der deutschen Wehrmachtführung auszurotten.«

Dieser Satz aus der Rede Adolf Hitlers, die er in der Nacht vom 20. zum 21. Juli 1944 über die deutschen Sender hielt, legte die Sprachregelung der Nationalsozialisten über die Männer des Widerstandes fest. Seine Paladine folgten ihm bereitwillig: Der Reichsleiter Martin Bormann sprach von »ausgesprochenen Miniaturwürstchen«, der Reichsaußenminister von Ribbentrop von einem »geistig minderwertigen Subjekt in Oberstenuniform« und der Reichsmarschall Göring von »einer erbärmlichen Clique«. Der Reichsführer-SS Himmler teilte in einer Rede mit, die Leichen der Gerichteten würden verbrannt, die Asche über den Acker verstreut werden, und setzte hinzu, Göring habe ihm den Vorschlag gemacht: »Über den Acker ist zu anständig, streuen Sie sie über die Rieselfelder.«[1]

Mit dieser primitiven, aber wirkungsvollen Form der Diffamierung unterbanden die nationalsozialistischen Machthaber alle psychologischen Auswirkungen des Attentats. Wer konnte denn auch wissen, daß Himmler selbst kurz vor dem 20. Juli Stauffenberg für geeignet gehalten hatte, Chef der Operationsabteilung des Generalstabs zu werden? Wer konnte wissen, daß die Geheime Staatspolizei (Gestapo) in ihren Berichten über die Verhöre am 26. August über Stauffenberg schreiben mußte, »daß er über eine außergewöhnliche Redegabe verfügte und in einer faszinierenden Weise für sich einzunehmen verstand«[2]?

Mit besonderem Haß reagierten die nationalsozialistischen Machthaber darauf, daß im Mittelpunkt des Aufstandsversuchs ein Adliger gestanden und sich um ihn ein ganzer Kreis adliger Gesinnungsfreunde gebildet hatte. Der Reichsleiter Bormann gab zwar am 24. Juli 1944 die Anweisung, es dürfe sich niemand hinreißen lassen, den Adel »in corpore« anzugreifen und zu beleidigen. Aber das war nur eine taktische Maßnahme, um eine innenpolitische Krise zu vermeiden; die Nationalsozialisten waren entschlossen, eines Tages mit dem gesamten Adel aufzuräumen.[3]

In diesen Zusammenhang gehört ein Brief, der am 22. Juli 1944 an den Reichsleiter Bormann, den »Sekretär des Führers«, abgeschickt wurde. Der Schreiber des Briefes, einer der subalternen Ideologen des Regimes, bat Bormann um eine Papierzuteilung für eine Neuauflage des deutschen Adelskalenders, des *Gothaischen Genealogischen Taschenbuches.* Er erklärte, ihm sei von Bormann auferlegt worden, »über Grundsätzlichkeiten nachzudenken«; seine Gedanken »in diesem furchtbaren und alle Gemüter erschütternden Augenblick schwerster Sorge um unseren einzigen Führer« hätten ihn darauf gebracht, daß man sich bei der nationalsozialistischen »personalpolitischen Arbeit« des Adelskalenders bedienen sollte, und zwar in der Art eines Fahndungsbuches. Der Adel habe sich als Krankheitsherd im Körper der Nation erwiesen: »Diese überlebte Gesellschaftsschicht, diese in den letzten drei Jahrhunderten weithin als Fehlgang der Entwicklung entlarvte falsche Führungsschichte [sic!], diese Art adliger Krätze und geistiger Hautseuche der Nation beherrscht noch heute weitgehend die Gesellschaft und über diese auch noch zahlreiche Elemente und Voraussetzungen des nationalen Willensvollzuges.«[4]

Was hat diesen Haß der Nationalsozialisten gegen den deutschen Adel erregt? Die Führer des Systems waren sich darüber im klaren, daß sie weder die traditionsverbundene Gesinnung des Adels völlig deformieren konnten noch er sich bedingungslos dem totalitären Führungsstaat unterwerfen würde.

Und sie hatten recht: Die Entschlossenheit des Grafen Stauffenberg, den Staatsstreich gegen Hitler und sein Regime auszulösen und selber das Attentat durchzuführen, erwuchs nicht aus Ehrgeiz oder Geltungssucht[5] – ihnen hätte er in der Konformität mehr nachgehen können –, sondern einem Bewußtsein, das den besten Vertretern des Adels immer innegewohnt hat: für das Allgemeinwohl in besonderem Maße verantwortlich zu sein.

I.

1907–1940

1. *Herkunft und Jugendjahre*

Claus Philipp Maria Schenk Graf von Stauffenberg wurde am 15. November 1907 im bayerischen Jettingen geboren. Er war der dritte Sohn von Graf Alfred Schenk von Stauffenberg, zwei Jahre jünger als seine Zwillingsbrüder Berthold und Alexander.[1]

Sein Geschlecht entstammte dem schwäbischen Uradel. Die namensgebende Burg Stauffenberg, heute eine Ruine, liegt in der Nähe von Hechingen; der erste bisher urkundlich nachweisbare Träger des Namens war Hugo von Stophenberg, das Schriftstück stammt vom 21. August 1262. Die ununterbrochene Stammreihe beginnt im Jahre 1382 mit Hans Schenk von Stoffenberg.[2]

Der Urgroßvater, Freiherr Franz Ludwig von Stauffenberg, erhielt den Titel eines erblichen Reichsrates der Krone Bayern und wurde 1874 durch Ludwig II. in den Grafenstand erhoben. Diese Standeserhöhung wurde jedoch weder vom König mit Freundlichkeit gewährt noch vom Empfänger mit Dankbarkeit entgegengenommen. Der Freiherr von Stauffenberg hatte sich durch seine Eigenwilligkeit beim König unbeliebt gemacht. Als zum 70. Geburtstag des Freiherrn eine königliche Gnade fällig war und die Kanzlei bei ihm anfragte, was für einen Gunstbeweis er gern sähe, antwortete er: Alles, nur keine Standeserhöhung. Diese Bemerkung gab dem König eine Möglichkeit, seine Gnade so zu gewähren, daß sie dem Honoratior wenig Freude bereitete: Er erhob ihn in den Grafenstand.[3]

Der Vater, Graf Alfred Schenk von Stauffenberg, bekleidete viele Jahre hindurch ein hohes Senatsamt: Er diente dem württembergischen König als Oberhofmarschall. Als mit dem Ende der Monarchie 1918 dieses Amt hinfällig wurde, ernannte König Wilhelm II. von Württemberg nach seiner Abdankung Graf Stauffenberg zum Vorstand der Rentkammer und zu seinem Generalbevollmächtigten. Der Sohn des letzten Thronprätendenten, Herzog Philipp von Württemberg,[4] stellte Graf Alfred von Stauffenberg das folgende Zeugnis aus:

> »Er war ein ausgezeichneter Oberhofmarschall und der treueste Diener des Königs, der einzige, der in den traurigen Novembertagen 1918 den Kopf nicht verlor, wie alle anderen, für die Übersiedlung des Königs und der Königin nach Bebenhausen sorgte, an alles dachte und vor allem auch weiterdachte, an die Zukunft. In diesen wilden Umsturztagen hat er sich rücksichtslos voll und ganz für seinen Herrn eingesetzt, seine und seiner Familie Existenz und Zukunft riskiert, der echte Edelmann [...] Nach dem Tode des Königs (2. 10. 1921) wurde er von meinem Vater in seinem Amt als Vorstand der Hofkammer neu bestätigt und zugleich zu seinem Generalbevollmächtigten ernannt. Dies blieb er bis zu seiner ehrenvollen Pensionierung wegen seines hohen Alters im Frühjahr 1928, nachdem er die schwierigen Auseinandersetzungsverhandlungen zwischen unserem Hause Württemberg und der Republik Württemberg, die er noch bei Lebzeiten des Königs auf Weisung desselben begonnen hatte, zum Abschluß gebracht hatte.«[5]

Ein alter Freund der Familie, Schulkamerad und Studienkollege der Brüder Stauffenberg, Theodor Pfizer, charakterisiert den Vater als

> »überzeugten, aber nicht politischen Katholiken, einen konservativen Edelmann in Gebärde und Denken, in gleicher Weise begabt für echte Form der Repräsentation, das Zeremoniell des Hofes, die Ordnung von Festen wie für alle damit im Zusammenhang stehenden praktischen Dinge des Lebens, fern von gefühlvollen Betrachtungen, die er doch mit fast wohlwollendem Spott geißelte, ein universell begabter Bastler und Handwerker, der selbst tapezieren, elektrische Leitungen verlegen und Möbel wiederherstellen konnte, ebenso wie er in dem mit Liebe gehegten Garten des Lautlinger Landsitzes das Unkraut der Wege jätete, Rosen züchtete, Obstbäume pfropfte und sogar dem Klima der Rauhen Alb Artischocken abtrotzte«.[6]

Die Mutter fühlte sich anfangs recht konsterniert durch die Art, wie ihr Mann und seine Brüder miteinander umzugehen pflegten. Sie unterhielten sich nicht mit wohlgesetzten Reden, sondern verständigten sich mit kurzen Knurrlauten, eine Umgangsweise, für die in der Familie der Ausdruck »anpröppeln« geläufig ist.[7]

Etwas von diesem derben, vom konventionellen Wohlverhalten unabhängigen Wesen hat sich auch auf Claus von Stauffenberg vererbt. Einer seiner späteren Divisionskommandeure berichtet, daß Haarschnitt, Rasur, selbst korrekter Sitz der Uniform ihn wenig gekümmert hätten, und einer seiner Kameraden aus dem Generalstab bestätigt, daß er für das, »was bei anderen zum Äußeren gehört [...], wenig Verständnis gehabt« habe.[8]

Die Mutter, Gräfin Caroline von Stauffenberg, eine geborene Gräfin Üxküll und Urenkelin Gneisenaus, besaß nichts von der praktischen, zupackenden Art ihres Gemahls. Auch ihre Charakteristik verdanken wir Theodor Pfizer, dem heutigen Oberbürgermeister von Ulm, der bis zum Tode der Gräfin zu häufigen Besuchen in Lautlingen weilte.

> »Gewiß war sie im Gegensatz zum Grafen nun gerade den praktischen Dingen des Lebens abgewandt, was oft zu unerschöpflichen heiteren Szenen führte, wenn sie mit reizender Naivität Fragen des täglichen Lebens gegenübertrat. Und sie flüchtete aus dem Zwang des Hoflebens immer wieder in ihre eigene Welt zu Goethe und Shakespeare, zu den Dichtern der Zeit. Als sie nach dem 20. Juli 1944 viele Monate in streng bewachter Gefängniszelle festgehalten wurde, zunächst auch ohne Bücher, hat sie sich selbst aus der Erinnerung weite Stellen Goethescher Lyrik, Hamlet- und Faustmonologe vorgesprochen. Und sie, jahrelang Hofdame der Königin mit den täglichen Pflichten der Konvention, hat nach ihrem eigenen Geständnis nie eine letzte Platzscheu überwunden, war bei aller souveränen Beherrschung auch schwieriger Situationen nicht ganz frei von Hemmungen.«[9]

Die Söhne besaßen ebenfalls die künstlerische Begabung, die zum Erbgut der Familie Üxküll gehörte. Claus von Stauffenberg äußerte bis in die Zeit seines Abiturs hinein die Absicht, Architektur zu studieren, und dachte gelegentlich sogar daran, Musiker zu werden. Er spielte Cello, musizierte mit seinen Brüdern – Berthold Klavier und Alexander Violine – und gab auch außerhalb der Familie mit Schulkameraden kleine Konzerte. Den Plan, Musik zu studieren, ließ er jedoch fallen, als er eines Tages erkannte, daß er über ein bestimmtes Niveau nicht hinauskommen würde. Er gab später das aktive Musizieren völlig auf; selbst seine Frau, Nina Gräfin von Stauffenberg, hat ihn nicht mehr gehört. Er war der Meinung, man solle nicht leichthin dilettieren; wenn jemand ein Instrument spielen wolle, dann müsse er es richtig tun oder ganz lassen, und da er nicht mehr die Zeit fand, um sich intensiv mit der Musik zu beschäftigen, verzichtete er ganz darauf.[10]

Kindheit und Jugend verbrachte Claus von Stauffenberg in Stuttgart. Solange sein Vater das Amt des Hofmarschalls bekleidete, wohnte die Familie im »Alten Schloß«, der Burg der Grafen und Herzöge von Württemberg. In dem schweren, turmbewehrten Renaissancebau verfügte die Familie über eine weitläufige Wohnung im zweiten Stock. In Stuttgart besuchte Stauffenberg das Eberhard-Ludwigs-Gymnasium, eine Schule, die auf eine jahrhundertealte Tradition zurückblicken konnte.[11] Sie war erfüllt von humanistischem Geist und förderte in Stauffenberg eine besondere Neigung zu den Stoffen der Antike. Auch noch während der Soldatenzeit las er antike Texte in der Ursprache und interessierte sich für Probleme der Übersetzung.

Wie hat sich die Gesellschaft, in der Stauffenberg aufwuchs, die Familie, der Württembergische Königshof, auf ihn ausgewirkt? Welchen Einfluß hat die traditionsreiche Umgebung seiner Jugendzeit auf ihn ausgeübt? Welchen Wert besaß für ihn die durch seine Geburt gegebene Standesbindung?

Von den Eltern wird bezeugt, daß für sie das Bewußtsein ihres adeligen Standes, »aus ihrer Zeit, ihrer Lebensstellung« heraus, noch in ungebrochener Form vorhanden war.[12] Auf die Söhne hat sich dieses konservative Standesbewußtsein jedoch nicht übertragen. Auch ihre Weltanschauung wurde zwar durch ihre adelige Herkunft geprägt: Während aber bei den Eltern noch der Anspruch auf standesgemäße Anerkennung in Erscheinung trat, empfanden die Söhne ihren Adel nicht als gesellschaftlichen Rang, sondern als eine besondere Verpflichtung. Stauffenberg fühlte sich wohl einer Elite angehörig, aber gerade deshalb berufen, Verantwortung zu tragen. Wenn sich ein Charakterzug unter dem Einfluß seiner Herkunft besonders ausbildete, so seine Sicherheit und Festigkeit in der Entscheidung, die aber für seine Umgebung niemals als standesbedingt in Erscheinung traten, sondern als natürlicher Ausdruck einer in sich ruhenden Persönlichkeit empfunden wurden.

Generaloberst Halder, der spätere Chef des deutschen Generalstabs, wandte auf Stauffenberg den Begriff »Herrennatur« an, andere, Vorgesetzte und Kameraden, urteilten ähnlich. Ein Zeugnis stehe hier für viele:

> »Stauffenbergs Wesen war das eines geborenen Herren, der von Jugend an gewohnt ist, für sich einzustehen, aber auch zu gelten und befehlen zu können (oder zu müssen, was für ihn dasselbe war). Diese Befehlsbefugnis leitete er nicht von Dienstrang oder -stellung oder von seiner Herkunft her, noch war sie im Dienst ›erlernt‹; sie war primär und ein selbstverständlicher Teil seines Wesens.«[13]

Einer der Freunde erinnert sich an ein Gespräch, bei dem es um Fragen des Grundbesitzes, besonders altererbter Familienbesitzungen, ging. Obwohl Stauffenberg eine starke Naturverbundenheit besaß, erklärte er, ein derartiger Besitz sei nur ein Mittel zu dem Zweck, der Familie den notwendigen Lebensstandard zu sichern, der es den Söhnen ermögliche, sich nach einer guten Ausbildung als

Offizier oder Beamter oder auch in einem freien Beruf zu bewähren. Es gebe wichtigere Aufgaben, als man sie in der Form des patriarchalischen Landadeligen erfüllen könne: »Im Dienst an der Allgemeinheit sah er die vornehmste Aufgabe.«[14]

Im Jahre 1918 wurde in Württemberg das Königshaus gestürzt und die Republik ausgerufen. Für die Familie Stauffenberg bedeutete das den Umzug aus dem »Alten Schloß« in eine kleinere Dienstwohnung der herzoglichen Rentkammer.

In den folgenden Jahren ging die Jugend durch ein weit um sich greifendes Feuer geistigen Umbruchs. Die künstlerischen und politischen Modernismen, die sich vor dem Weltkrieg entwickelt hatten, brachen jetzt, nach dem Einsturz der konservativen Gesellschaftsordnung, ungehindert über die Jugend herein. In der Familie Stauffenberg kam es gelegentlich zu Auseinandersetzungen, weil vor allem der Vater auf überlieferten Anschauungen beharrte, während sich seine Söhne neuen Gedanken öffneten. Der Vater ging in seiner konservativen Haltung so weit, daß er das ehemalige Hoftheater, das in den Besitz der republikanischen Regierung übergegangen war, nicht mehr betrat, obwohl das Stuttgarter Landestheater in den zwanziger Jahren außerordentliche künstlerische Leistungen hervorbrachte und Fritz Busch in der Oper dirigierte.

Andererseits zwang er seine Söhne nicht, seiner Haltung zu folgen. Sie konnten ungehindert das Landestheater besuchen, und das geschah sehr häufig, da sie gerade in diesen Jahren von einer besonderen Theaterbegeisterung erfaßt waren. Sie beteiligten sich an Schüleraufführungen: In einer Tell-Aufführung spielte Claus von Stauffenberg den Stauffacher. Der 4. Akt des Shakespeareschen »Julius Caesar« wurde in der Wohnung

Stauffenberg aufgeführt mit Berthold als dem Geist Caesars, Alexander als Brutus und Claus als Lucius.[15]

Der Zusammenbruch gesellschaftlicher Schranken führte in der Nachkriegszeit zu einem Wiederaufleben der Jugendbewegung, die sich in den Jahren vor dem Weltkrieg aus dem jugendlichen Protest gegen die Enge der Erwachsenenwelt entwickelt hatte. Berthold und Claus – dieser, obwohl er häufig kränkelte – schlossen sich einer Gruppe der Neupfadfinder an.[16]

Sie »zogen hinaus in die Berge und Wälder der Heimat, warfen Speere, lasen am Feuer vor dem Zelt den ›Stern des Bundes‹ [Stefan George], sangen Landsknechtslieder«. Bei einer Weihnachtsfeier im Dezember 1922, so berichtet Theodor Pfizer, »schmückten wir einen nüchternen Schulsaal nach unserer Art, lasen unter dem brennenden Lichterbaum neben den Worten von der Hoffnung, dem Glauben und der Liebe aus dem Korintherbrief Verse von Hölderlin und standen singend Hand in Hand mit unseren Lehrern im Ring«.[17]

Die Zugehörigkeit zu den Pfadfindern führte zwischen den Söhnen und dem Vater zu weiteren Differenzen. Der alte Graf hatte für derartige Bewegungen nichts übrig; die schwärmerische Hochstimmung dieses Gruppenlebens stieß bei ihm allenfalls auf Spott. Die Söhne ließen sich jedoch von ihrem Vater nicht beeinflussen. So empfingen sie z.B. auch gelegentlich einmal den Besuch eines älteren Jugendführers, obwohl sie wußten, daß der Vater gerade den Umgang mit solchen Leuten sehr ungern sah. Trotzdem gab er die Anweisung, diesen Mann so zu bewirten, wie es bei Gästen des Hauses üblich war. Bei aller Ablehnung wahrte der alte Graf die Form; ein Gast seiner Söhne war schließlich auch ein Gast seines Hauses.[18]

Von Jugend an empfand Stauffenberg eine starke Verbundenheit mit der Heimat und der Natur. Wesentlich dazu beigetragen haben wohl die häufigen Aufenthalte in Lautlingen, einem Ort im südwestlichen Teil der schwäbischen Alb, wo sich das Schloß der Familie befindet. Das Haus liegt nicht abseits des Dorfes, sondern in unmittelbarer Nachbarschaft zu den Häusern der Bauern. Die gräfliche Familie und die Bewohner des Dorfes bildeten eine eng verbundene Gemeinschaft. Die Gräfin besuchte die Alten und Kranken im Dorf, und als im Jahre 1933 die Redensart von der »Volksgemeinschaft« aufkam, erklärte sie, daß man derartige Proklamationen in Lautlingen nicht brauche, denn hier sei die Volksgemeinschaft bereits seit langem verwirklicht. Die Söhne halfen, wenn es nötig war, den Bauern bei der Ernte, und Claus von Stauffenberg war besonders stolz darauf, daß er nicht nur auf ebenem Boden Gras mähen konnte, sondern sogar die Kunst beherrschte, am Hang zu mähen. Die enge Verbundenheit mit den Ortsansässigen hielt weit über die Jugendzeit hinaus an. Noch heute tragen manche Lautlinger die Namen der Stauffenberg-Söhne, deren Spiel- und Arbeitskameraden sie einmal waren.[19]

Von Lautlingen aus unternahmen die Brüder, allein oder mit Freunden, weite Wanderungen in das umliegende Land.

Theodor Pfizer erinnert sich, wie er einmal mit Claus von Stauffenberg in der kühlen Morgenfrühe aus dem schlafenden Schloß aufbrach, »zum Felsentor, seinem Lieblingsplatz, einem der hervortretenden, vom Grün der Buchenwälder umsäumten Albfelsen, von dem der Blick hinuntergeht auf die Täler der stillen Landschaft. Wir sprachen von der Zukunft, von dem schmerzensreichen Werden eines neuen Deutschland, von Aufgaben des Staates, den Möglichkeiten, in ihm zu wirken, von Berufswünschen und -hoffnungen.«[20]

Stauffenberg hat seine starke Heimatverbundenheit nie geleugnet. Wenn er die schwäbischen Grenzen überschritt, verfiel er sofort wieder in seine heimatliche Mundart. Über den Zusammenhalt der Schwaben auch während des Krieges in den entlegensten Winkeln machte er einmal die Bemerkung: »Die einzige Loge, die Hitler nicht auflösen konnte, sind die Schwaben.«[21]

Das religiöse Bekenntnis der Familie war römisch-katholisch. Obwohl die Mutter der evangelischen Kirche angehörte, sorgte sie für die katholische Erziehung ihrer Söhne: Claus von Stauffenberg blieb immer mit der katholischen Kirche verbunden und leugnete sie nie, wenn er auch nicht die von der Kirche vorgeschriebene Form praktizierte. Er hielt jedoch streng darauf, daß seine Kinder katholisch erzogen wurden, und ging mit ihnen in die Kirche, während der nationalsozialistischen Herrschaft demonstrativ in Uniform.[22]

Generaloberst Halder schreibt, die Natur Stauffenbergs sei »tief in der Verantwortung vor Gott« verwurzelt gewesen. Ein Freund aus der Generalstabszeit berichtet, man habe bei Stauffenberg »da und dort auch ein unaufdringliches Zeichen seiner kirchlichen oder religiösen Einstellung, von der er kaum sprach, die er aber nie ableugnete, ein Gebetbuch, ein Kreuz« finden können. Ein evangelischer Mitarbeiter aus derselben Zeit teilt mit, »Stauffenberg hatte eine starke, metaphysisch christliche Bindung, die allerdings niemals klerikal anmutete«.[23]

Seine religiöse Haltung hat auch mit der Zeit eine Entwicklung durchgemacht. Anfangs wahrscheinlich beeinflußt durch Stefan George, der das Christentum für überholt hielt, stärkte sich seine christliche Überzeugung in dem Maße, in dem er die vom Staat sanktionierte Gottlosigkeit um sich herum vordringen sah. Je weiter er sich auf den Boden des Widerstandes begab, desto mehr näherte er sich wieder den festen Formen der katholischen Kirche. Nach einer allerdings nicht gesicherten Nachricht ging er im Juni 1944 wieder zur Beichte und zur Kommunion. Seiner Frau trug er auf, dafür zu sorgen, daß er auf jeden Fall die Sterbesakramente empfange.[24]

2. *Die Begegnung mit Stefan George*

Im Jahre 1923 begegneten Berthold und Claus von Stauffenberg, durch die Vermittlung des Professors Albrecht von Blumenthal, dem Dichter Stefan George und wurden in dessen Kreis aufgenommen. Später folgte auch der dritte Bruder, Alexander.[1]

Er habe den größten Dichter seiner Zeit zum Lehrmeister gehabt, äußerte Stauffenberg gelegentlich seiner Frau gegenüber. Ebenso wie zum Dichter fühlte sich George auch zum Erzieher berufen; er wies es nicht von sich, mit Sokrates verglichen zu werden. Es gab Zeiten, in denen er auf die Frage nach seinem wichtigsten Werk geantwortet hätte: »Meine Freunde.«[2]

Die Wirkung, die George auf ihn ausgeübt hatte, übertrug Stauffenberg auch auf die Männer, die mit ihm im Widerstand zusammenarbeiteten. Mit George-Gedichten verständigten sie sich über ihre Ziele und die Rechtfertigung ihres Tuns; so sind sich zum Beispiel Henning von Tresckow und Stauffenberg durch ein George-Gedicht besonders nahegekommen.[3] Bei einem Gespräch Anfang 1944 zitierte er das Gedicht vom »Antichrist« und überließ es der Wirkung des dichterischen Wortes, seinen Gesprächspartner für die Teilnahme an den Plänen des Widerstandes zu gewinnen.[4] Unter Stauffenbergs Einfluß pflegten die Männer ihre Bewegung als »geheimes« oder »heimliches« Deutschland zu bezeichnen: *Geheimes Deutschland*, so lautete der Titel eines Gedichtes aus Georges Zyklus *Das neue Reich*.[5]

George versuchte, seine Freunde Form zu lehren, Form in und durch die Dichtung, Form als Bewegung des Geistes und im Zusammenleben der Menschen. In einer Zeit der geistigen, sittlichen, politischen und künstlerischen Auflösung erhob er das Ideal der Form und behauptete, Dichtung sei die Luft, in der die geistige Schicht der Deutschen atmen müsse, um zu leben.[6] George war ein Revolutionär: Er haßte das bürgerliche Denken, die zur Konvention erstarrte Moral und die abgeschliffenen Formen der Religionsausübung. Aber er verstand Befreiung nicht als Übergang zur Hemmungslosigkeit und Anarchie, sondern als Bindung an neue, echtere Werte.[7]

Der Kreis Stefan Georges wurde häufig seltsamer Mysterien und abgeschmackter Kulte um den »Meister« verdächtigt. Zweifellos hatten die sogenannten »Kosmiker« – eine Runde, die schon vor 1900 entstand und außer George noch Karl Wolfskehl, Ludwig Klages und Alfred Schuler umfaßte – recht merkwürdige Umgangsformen kultiviert. Diese Männer, die das morsche Europa zerstören und zu einem »glühenden Leben durchbrechen« wollten, erhofften von der magischen Potenz Georges eine befreiende Tat. Er löste sich von Schuler und Klages, aber auch die neuen Freunde, die er um sich sammelte, ergaben sich einer hymnischen George-Verehrung. Zu ihnen gehörten vor allem der bedeutende Germanist Friedrich Gundolf und Friedrich Wolters. Im *Jahrbuch für die geistige Bewegung*, das die beiden Männer zwischen 1910 und 1912 herausgaben, schrieb Gundolf, man müsse sich für oder wider George entscheiden, ihn anerkennen als zentrale Figur des Geistes. Man feierte ihn als »königlichen Priester«, nannte ihn und sein Werk heilig; Wolters sah in ihm den »Stifter eines geistigen Reiches«.

Diese Überspanntheiten, die nie von George selber, sondern immer von seinen Freunden ausgingen, verloren sich jedoch mit der Zeit, und nach dem Ersten Weltkrieg, als sich ein neuer Kreis junger Menschen um George zusammenfand, war nur noch wenig davon zu spüren. Wohl gab es immer bestimmte Formen, die einzuhalten jeder im Kreis verpflichtet war;[8] aber dessenungeachtet war der Ton dieses letzten George-Kreises durchaus normal, wie auch Alexander von Stauffenberg in einem Vortrag, den er vor einigen Jahren hielt, bezeugte:

> »Was immer der reale Anlaß früher verbreiteter, in jedem Fall weit übertriebener Gerüchte gewesen sein mag: ›Kultische‹ Begehungen, prunkende Gewänder, Weihrauch und geheimnisvolle Riten, solcher Dinge haben wir nicht einen Hauch verspürt. Das Leben verlief bei Tisch, bei den Gängen im Freien, in der abendlichen Runde in äußerster Schlichtheit. [...] Nur den großen Lesungen eignete eine besondere, übrigens selbstverständliche Feierlichkeit.«[9]

George hat das Schicksal erlitten, von den Nationalsozialisten als einer ihrer geistigen Väter beansprucht worden zu sein, obwohl er mit ihnen im wesentlichen niemals etwas gemein hatte.

Das Preußentum bildete für George immer einen Gegenstand äußerster Abneigung und beißenden Spottes; nichts haßte er mehr als den überheblichen Ton und den falschen Patriotismus jener Menschenklasse, die ihm ein besonderes Ärgernis war, »des preußischen Assessors und seiner embryonalen Vorstufe, des Verbindungsstudenten«.[10] Unter Preußentum verstand George nicht einen lokalisierten Gesellschaftstyp, sondern nur die bei den Deutschen besonders erkennbare Erscheinungsform einer über die ganze zivilisierte Welt verbreiteten Krankheit: den Wettlauf um das »grüne Weideglück« und die Anbetung des Fortschritts.[11]

Als der Erste Weltkrieg ausbrach, ließ sich George nicht von der patriotischen Einseitigkeit hinreißen, die selbst seine Anhänger erfaßte. Er fürchtete, wenn die deutsche Seite allzu schnell und leicht siege, für die von ihm vertretene Geisteshaltung.[12] Als der Krieg verlorenging, wertete er das als Gewinn für Deutschland, war doch dadurch die hohle, untergangsreife und untergangswerte Fassade des Wilhelminismus zusammengebrochen.[13] Jedoch nur in Deutschland: Das, was er als »Preußentum« bekämpfte, baute seine Scheinpaläste nicht mehr auf deutschem Boden, sondern auf dem der ehemaligen Feinde. Deutschland war durch seine Niederlage – Paradox zwischen innerer und äußerer Entwicklung – auf dem zwangsläufigen Wege zu einer neuen Geisteshaltung den Siegern um ein entscheidendes Stück voraus. George betrachtete die Niederlage nicht als Schande, sondern als Buße, die den Weg freilege für einen neuen deutschen Menschen. So wenig Zuneigung ihn auch mit den Männern der republikanischen Regierung verband, so achtete er sie doch als die Überwinder der alten Schichtenordnung höher als die Generäle, die gegen die Republik putschten, und er, der sich selber in seinem Äußeren so einfach wie möglich gab, versagte den neuen Männern seine Achtung nicht, denn sie waren einfach und prunklos und nahmen die Verantwortung auf sich, als die alten Herren sich ihr in der selbstverschuldeten Katastrophe entzogen.[14]

Wenn auch eine Reihe der später von den Nationalsozialisten verwendeten Zeichen und Formeln aus der Begriffswelt des George-Kreises stammte – das »tausendjährige Reich«, die »Blutleuchte«, möglicherweise sogar das Hakenkreuz[15] –, so hatte das Nationalbewußtsein Georges mit den nationalsozialistischen Rassevorstellungen und ihrem Vulgärnationalismus jedoch nichts zu tun. Der Glaube an rassische Überlegenheit und Übermenschentum widerstrebte ihm. »Das Gekreisch nach dem Übermenschen fördert nur die Heraufkunft des Untermenschen. Ist es nicht besser, ganz bescheiden dafür zu sorgen, daß einmal der Mensch wieder dem höchsten Anspruch genügt?« erklärte er. »Rassenpolitik bedeutet keine Umkehr, sondern bösartige Steigerung des 19. Jahrhunderts. Eine neue, gute Rasse schafft nur der Geist, nicht eine Zuchtanstalt.«[16] Wenn George gelegentlich von der »weißen Art« sprach, so verstand er darunter den Kulturbereich, der von der Antike berührt worden war. Das Osteuropäische, Slawisch-Mongolische wies er ab, aber ebenso das rein Nordische, dem er wegen der ihm eigentümlichen Düsterkeit und Verworrenheit eine innere Verwandtschaft mit dem Slawischen zusprach.[17]

George wollte seine Schüler zu einer Elite heranbilden, die nicht nur künstlerisch richtungweisend war, sondern auch durch ihre Haltung dem Leben eine neue Weihe geben konnte, einen Adel, der nicht auf Geburtsrecht beruhte, sondern auf einem geistigen Recht. Das Merkmal dieser Elite, dieses neuen Adels, sollte die wahre Glut der Augen sein: die Bereitschaft zum Dienst und zur Verantwortung, die Fähigkeit zur Hingabe und zum Opfer.[18] George stellte seine Schüler unter ein neues Gesetz, in dem die landläufige Ethik mit Begriffen wie Scham, Reue oder Fluch nicht mehr galt. Der zum Dienst Berufene dürfe sich solcher Taten, »die nach des Volkes Wahn zum Himmel schreien, strahlend« rühmen.[19]

Die Ethik Georges ist eine Ethik der Tat; sie ist eine Notwendigkeit des Lebens. Was zu tun sei, sagt George nicht; er spricht wohl von neuen Pflichten, verzichtet jedoch darauf, sie deutlich zu umschreiben: Der Berufene vermag sie von sich aus zu erkennen. Jedem sei eine Pflicht auferlegt, die kein anderer für ihn tun könne, die er aber auch nicht umgehen dürfe: Er gehört hinein in einen Bau der Pflichten und eine Stufenfolge der Leistungen. Was den Rang jedes einzelnen in diesem Stufenreich bestimmt, was ihn aber auch davor schützt, nur ein Rad im Getriebe zu sein, ist seine Einmaligkeit.[20]

Bei Claus von Stauffenberg begegnete dieses Ethos der Tat einem schon in der Veranlagung tatbereiten Charakter. Der Bildhauer Ludwig Thormaelen schilderte den Eindruck, den der siebzehnjährige Stauffenberg machte, als er in den Kreis aufgenommen wurde:

> »Schon in so frühem Alter ging von ihm bei seiner alloffen den Dingen rundum zugewandten, tatfrohen Heiterkeit die Vorstellung und der Eindruck unverbrüchlicher Verläßlichkeit aus. Seine Geistigkeit zeigte sich in der Art des Eingreifens – in loyal vorgetragenen Vorstößen, heitrem Tadel, wie in energischem Beipflichten und Verteidigen begründeter Ansprüche anderer.«[21]

Im Mittelpunkt des Georgeschen Weltbildes stand in Nachfolge des Griechentums die monistische Auffassung, daß Leib und Seele keine Trennung vertrügen: Der griechische Gedanke, »der Leib sei Gott«, sei der »weitaus schöpferischste und unausdenkbarste, weitaus der größte, kühnste und menschenwürdigste, dem an Erhabenheit jeder andere, sogar der christliche, nachstehen muß«.[22] Bei dieser hochgespannten Bewertung des Leibes konnte die äußere Erscheinung eines Menschen als Indiz für seinen inneren Wert und als Kriterium für die Aufnahmewürdigkeit in den Kreis der Dichterfreunde dienen.[23]

Im Jahre 1929 modellierte der junge Bildhauer Frank Mehnert eine Plastik von Stauffenberg. Beide kannten sich vom Eberhard-Ludwigs-Gymnasium her; Mehnert legte ein Jahr nach Stauffenberg das Abitur ab. Im Kreise Georges entwickelte sich zwischen ihnen eine enge und fruchtbare Freundschaft. Diese Büste, die erhalten geblieben ist und sich heute im Besitz der Gräfin Nina von Stauffenberg befindet, bestätigt eine Beschreibung des Gesichts des jungen Stauffenberg, die Thormaelen in seinen Erinnerungen niedergelegt und in der die monistische Auffassung des George-Kreises sehr deutlich hervortritt:

»Das auch an diesem Stauffenberg Auffallende waren die Augen, sie gaben seine Heiterkeit und Großsinnigkeit, seine Gescheitheit und Wohlmeinendheit sogleich zu erkennen. Sie waren von metallisch dunklem Blau. Er mag seinem Vater ähnlich gewesen sein, Berthold mehr der Mutter. Das Antlitz hatte eine wohlausgewogene Breite, ohne daß es voll gewirkt hätte. Das machten die festen Kuppen der kraftanzeigenden Jochbeine, das energische, an der Spitze leicht gekerbte Kinn und die feste, tatentschlossene Stirn mit den über den Brauen ein wenig vorwölbenden Buckeln, Zeugnis von Aufmerksamkeit, Schärfe der Beobachtung, des Willens und der Beharrlichkeit. Hinzu kam die kühn gebogene Nase und ein wohlgeformter, in Bögen gezogener Mund. Nur die Wangen konnten empfindsam erscheinen. Sie trugen später die Zeichen soldatischer Anstrengung. Das Haar war dunkel, glänzend und leicht gewellt, er trug es anliegend.«[24]

Schließlich faßt Thormaelen seine Charakteristik in den folgenden Sätzen zusammen:

> »Schnelligkeit, Augenblicklichkeit des Handelns, ganz und sogleich zu tun, was sein Herz, die Einsicht und die Umstände forderten, das besaß Claus in vollendetem Maße. Eine Trennung, einen Abstand zwischen Denken und Tun, Empfinden und Handeln gab es bei ihm nicht.«[25]

Die Einsatzbereitschaft brauchte nicht erst durch Georges Erziehung geweckt zu werden, sie gehörte zu Stauffenbergs charakterlicher Eigenart bereits, als er dem Kreis beitrat. Die Veranlagung wurde durch George zwar noch geformt, aber nicht im Sinne einer regelrechten Erziehung; Thormaelen erklärt, an Stauffenberg habe George nie etwas auszusetzen gehabt, eine Erziehung sei nicht erfolgt, kaum eine Belehrung. George wirkte auf ihn nur durch Bestätigung. Bezeichnend ist, daß Stauffenberg von seinem Lehrer keinen »Übernamen« erhielt, wie es im allgemeinen im Kreis üblich war, einen Namen, der besonders charakterisierend und bildweckend wirken sollte. Er hieß immer nur der »Claus«, da seine bereits in jungen Jahren erkennbare Geschlossenheit keiner Ausdeutung durch einen symbolischen Namen mehr bedurfte.[26]

Die Mutter wurde durch die Verbindung ihrer Söhne mit Stefan George anfangs stark beunruhigt. Wahrscheinlich kannte sie die über den Dichter umlaufenden Gerüchte, bei denen ja selbst der Verdacht der Homoerotik nicht fehlte. Sie fuhr deshalb nach Heidelberg, um George selber kennenzulernen und sich Gewißheit über die Bindungen zu verschaffen, die diesen Kreis hielten.[27] Sie wurde durch ihren Besuch über die Motive völlig beruhigt und legte dem weiteren Umgang ihrer Söhne mit George nichts mehr in den Weg.

Die späteren beruflichen Pflichten hinderten Stauffenberg, dem Dichter so nahe zu stehen, daß er dem innersten Kreis zugerechnet werden könnte. Aber George empfing seine gelegentlichen Besuche immer mit großer Freude. Im Winter 1927/28, während seiner Ausbildung an der Infanterie-Schule in Dresden, hatte Stauffenberg mehrfach Gelegenheit, den Dichter in Berlin zu besuchen, ebenso 1930, als er einen Kursus in Döberitz absolvierte.

Mit einiger Sicherheit nahm Stauffenberg auch an der großen Lesung teil, mit der George sein Lebenswerk abschloß. Im Oktober 1928 war der letzte Gedicht-Band, *Das neue Reich,* erschienen; die Lesung fand im November statt. George selbst sprach die beiden großen Hymnen *Burg Falkenstein* und *Geheimes Deutschland.*[28]

Am 12. Juli 1933 beging George seinen 65. Geburtstag. Er fürchtete, daß die neuen Machthaber durch eine öffentliche Ehrung versuchen könnten, sich seiner Autorität zu versichern; Goebbels, an der Heidelberger Universität früher Hörer bei Gundolf, hatte bereits mit dem Namen des Dichters Propaganda gemacht. Deshalb fuhr George, eher als sonst üblich, nach Minusio in der Schweiz, wo er den Winter zu verbringen pflegte.

Am 4. Dezember 1933 starb er und wurde am 6. Dezember in aller Frühe bestattet; die Freunde befürchteten das Erscheinen offizieller deutscher Amtsträger. Die Brüder Stauffenberg standen mit zwölf Freunden am Totenbett ihres großen Lehrers. In den Tagen und Nächten hielten sie, wie im Tessin üblich, ununterbrochen Totenwache; nach einer Ordnung, die Claus von Stauffenberg ausgearbeitet hatte.

3. *Die erste militärische Ausbildung*

Am 5. März 1926 bestand Claus von Stauffenberg sein Abitur. Von Kind auf anfällig und zart, hatte er unter häufigen Krankheiten zu leiden, so daß er mehrere Male längere Zeit hindurch am ordentlichen Unterricht nicht teilnehmen konnte und in Lautlingen Privatunterricht erhielt. Zum Abitur mußte er als »außerordentlicher Teilnehmer« zugelassen werden. Sein Zeugnis enthält die Note »Gut« für die Fächer Französisch, Geschichte und Mathematik, im übrigen »Befriedigend« und für Latein »Ausreichend«, ein Zeugnis, das gewertet werden muß im Zusammenhang mit der Tatsache, daß Stauffenberg nur als Externer an der Prüfung teilnahm.[1]

Bis kurz vor seinem Abitur beabsichtigte er, Architekt zu werden. Was ihn dazu bestimmt hat, diesen schon jahrelang geäußerten Berufswunsch aufzugeben und Offizier zu werden, läßt sich nicht mehr ermitteln; die Sinnesänderung muß sehr plötzlich und für seine Freunde unerwartet gekommen sein.[2] Mag die Neigung Stauffenbergs zur Architektur bereits seine Begabung erkennen lassen, komplizierte Organisationen aufzubauen und zu leiten, eine Begabung, die er später als Generalstabsoffizier glänzend unter Beweis stellte, so schien ihm wohl schließlich die Arbeit eines Architekten zu sehr an die tote Materie gebunden. Hat bei diesem für die deutsche Geschichte so folgenreichen Entschluß vielleicht Stefan George eine Rolle gespielt? Das erzieherische Vorbild seines Lehrers, dessen Ethos der Tat und dessen Hoffnung auf ein neues Deutschland können Stauffenberg beeinflußt haben, sich einem Beruf zuzuwenden, bei dem er alle seine Neigungen vereinigen konnte: exakte Planungsarbeit, Menschenerziehung, Verantwortung und Dienst an der Allgemeinheit.[3]

Stauffenberg trat 1926 als Fahnenjunker in das Reiterregiment 17 in Bamberg ein, das mit der Tradition der Familie verbunden war.[4] Hier hatte er, den Regeln der Offiziersausbildung entsprechend, zuerst die gleichen Arbeiten zu verrichten, die man auch vom einfachen Mann verlangte. Ein Jahr später wurde er, wie alle Offiziersanwärter, an die Infanterie-Schule in Dresden abkommandiert. Nach diesem Lehrgang, der sich über ein Jahr erstreckte, ging er an die Kavallerie-Schule nach Hannover.[5]

Hier lernte er in einem der Lehrer seinen späteren Divisionskommandeur kennen, den damaligen Major Freiherrn von Loeper. Auf Grund seiner Dienstzeugnisse wurde Stauffenberg Ältester des Hörsaales, in dem er, wie Loeper berichtet, von Anfang an die führende Persönlichkeit war. Da er das Vertrauen nicht nur seiner Vorgesetzten, sondern auch seiner Alterskameraden besaß, vermochte er immer wieder auszugleichen, obwohl der Lehrgang nicht sehr homogen zusammengesetzt war.[6]

Nach dem Urteil Loepers war Stauffenberg körperlich für den Beruf eines Offiziers anfangs nicht sonderlich geeignet. Bei seiner Meldung als Fahnenjunker hatte er sogar fürchten müssen, wegen seiner mangelnden physischen Kräfte zurückgestellt zu werden. Mit außerordentlicher Willensstärke erreichte er jedoch, daß er schließlich auch im Außendienst und beim Sport hervorragende Leistungen erzielte. Er konnte sich derart zu physischen Höchstleistungen zwingen, daß er selbst Kameraden, die ihm aufgrund ihrer Konstitution überlegen waren, erreichte und überbot.[7]

Nachdem er diesen Lehrgang absolviert hatte, ging Stauffenberg zu seinem Regiment nach Bamberg zurück, wo er am 1. Januar 1930 zum Leutnant befördert wurde. Von November 1930 bis Februar 1931 wurde er zu einem zweiten Lehrgang nach Döberitz abkommandiert, an dem von jedem der 18 Reiterregimenter ein Leutnant oder Oberleutnant teilnahm, der den Geschützzug des Regiments zu führen hatte.[8]

Am 1. Mai 1933 erhielt Stauffenberg seine Beförderung zum Oberleutnant. Vier Monate später, am 26. September, heiratete er die Freiin Nina von Lerchenfeld; die Trauung fand in der St.-Jakobs-Kirche in Bamberg statt. Die Familie von Lerchenfeld gehört zum bayerischen Uradel; der Vater war Generalkonsul und im auswärtigen Dienst in Shanghai, Warschau und Kowno tätig.[9]

1933 ging Stauffenberg zum zweitenmal an die Kavallerie-Schule nach Hannover, diesmal als Bereiteroffizier. Er mußte täglich vier Pferde reiten, zwei Pferde der Schule und zwei mitgebrachte Dienstpferde. Neben diesem praktischen und etwas theoretischem Reitunterricht erhielten die Lehrgangsteilnehmer Unterweisungen in den allgemeinen militärischen Fächern.

Stauffenbergs kavalleristische Neigung galt besonders der Dressur. Dieses Interesse verband ihn mit seinem Schwiegervater, Baron von Lerchenfeld, mit dem er schon 1930 zusammen das Pferd »Jagd« kaufte. Dieses Tier, das er auf der Koppel als Fohlen ausgesucht hatte, ritt er so zu, daß er mit ihm die oberste Dressurstufe erreichte. 1935 gewann er die obligatorische Military seines Lehrgangs, bei der er mehrere der späteren Olympia-Sieger von 1936 schlug.[10]

Während dieses zweiten Aufenthalts in Hannover unterzog sich Stauffenberg der Wehrkreis- und der englischen Militärdolmetscherprüfung.

Die Wehrkreisprüfung mußte von sämtlichen Offizieren nach etwa zehn Dienstjahren durchlaufen werden; diejenigen, die bei allen erforderlichen Prüfungen die besten Ergebnisse erzielten, wurden später an die Kriegsakademie versetzt, die von jedem Offizier, der die Laufbahn des Generalstabsoffiziers anstrebte, erfolgreich absolviert werden mußte. Die Auslese war damals noch außerordentlich scharf: Nur 15 Prozent der Offiziere, die in die Wehrkreisprüfung gingen, kamen auf die Kriegsakademie, und auch von diesen konnten sich nur ein Drittel endgültig für den Generalstab qualifizieren.[11]

Stauffenberg unterzog sich der englischen Militärdolmetscherprüfung, weil sie ihn eines fremdsprachlichen Examens bei der Wehrkreisprüfung enthob und hoch bewertet wurde. Dadurch gewann er die Möglichkeit, sich auf andere Fächer zu konzentrieren: Er bemühte sich, die Prüfung mit dem bestmöglichen Ergebnis abzuschließen, da es sein erklärtes Ziel war, Generalstabsoffizier zu werden.[12]

Stauffenbergs Neigung, sich in einem Sachgebiet möglichst vollständig zu informieren, verbunden mit vielseitigen außermilitärischen Interessen, brachte ihn in jungen Jahren in die Gefahr, sich zu zersplittern. Neben seinem Dienst beschäftigte er sich ernsthaft mit seiner militärischen Weiterbildung, mit Kriegsgeschichte, allgemeiner Geschichte, Politik, Philosophie, Literatur, Kunst, Sprachen, spielte Cello, hörte Vorträge und Konzerte und pflegte Beziehungen zu einem weitreichenden Bekannten- und Freundeskreis. Er zwang sich jedoch im Laufe der Zeit zu stärkerer beruflicher Konzentration; es gab aber kaum ein Gebiet der Bildung und des allgemeinen Wissens, auf dem er nicht unterrichtet war und eine begründete Meinung besaß.[13]

Stauffenberg war sich seiner geistigen Überlegenheit über viele Menschen seiner Umgebung durchaus bewußt. Er trug sie zwar nicht zur Schau, scheint aber doch in seinen frühen Jahren nicht frei von einem gewissen Geltungsbedürfnis gewesen zu sein. In einem Bericht heißt es:

»Ich habe Stauffenberg oft im Kreise von Offizieren, vornehmlich jüngeren, [...] seine Ansichten vortragen hören. Zumeist riß er sofort das Wort an sich und dozierte gleichsam. Es gelang ihm dies wegen seiner augenfälligen geistigen Überlegenheit leicht. Bei seinem ausgeprägt starken Selbstbewußtsein und zweifellos vorhandenem Geltungsbedürfnis hörte er sich selbst gerne reden. Aber auch sein Kameradenkreis hörte ihm gerne zu.« [14]

In einer Darstellung über die Zeit seines zweiten Aufenthalts in Hannover wird seine Freude am scharfen, gedankenvollen Gespräch besonders hervorgehoben:

»Von Stauffenberg ganz allgemein möchte ich sagen, daß ihn die Gabe einer ganz natürlichen und herzlichen Kameradschaft auszeichnete. Dies war um so beachtenswerter, als ganz allgemein seine weit überdurchschnittlichen geistigen Fähigkeiten anerkannt wurden. Jedes Gespräch, an dem er sich beteiligte, hatte durch ihn ein höheres Niveau; dabei liebte er besonders eine angeregte Diskussion, die bei seinem lebhaften und heiteren Temperament nicht heiß genug zugehen konnte.[15] Stauffenberg betrieb alles wissenschaftlich. Es genügte ihm nicht, sich nur zu informieren, er ging allen Dingen auf den Grund. Auf dem Bereiterlehrgang erstaunte er uns mit seinen Kenntnissen über Reit- und Dressurmethoden aus allen geschichtlichen Epochen. Er versuchte dann auch, daraus gewonnene Erkenntnisse anzuwenden.« [16]

Dieser Bericht enthält bereits einen Hinweis auf seine besondere Kameradschaftlichkeit, ein Charakterzug, auf den auch viele andere seiner ehemaligen Kameraden hinweisen. So heißt es in einer weiteren Mitteilung:

»Stauffenberg hatte keinen Feind. Alle Menschen hatten ihn gern und hatten Vertrauen zu ihm.«[17]

Bezeichnend für das Vertrauen, das ihm entgegengebracht wurde, ist, daß er bereits als Leutnant in den Ehrenrat seines Bamberger Regiments gewählt wurde.[18] Einer seiner Freunde schreibt:

»Stauffenbergs in absoluten Werten verankerte Gesinnung stimmte mit seiner Persönlichkeit und Haltung ohne Bruch überein: Er hatte keine ›zwei Seiten‹ oder gar ›zwei Böden‹, er war immer derselbe und war es immer ganz. Hierin lag das Geheimnis seiner persönlichen Ausstrahlung, die Erklärung für seine persönliche Wirkung. Weil er hinter jedem Wort, jeder Meinung, jeder Entscheidung und jeder Handlung stand, ganz, überzeugt und – in allen wesentlichen Dingen – kompromißlos, konnte er auch von anderen Gehör und, wenn er zu befehlen hatte, Befolgung ohne Widerspruch erwarten.« An anderer Stelle desselben Berichtes heißt es: »Für sein inneres Verhältnis zu einem anderen Menschen – es war bei äußerlich gleich scheinender Liebenswürdigkeit sehr differenziert – war nur dessen innerer Wert, nicht die äußeren Umstände bestimmend. So konnte sein Verhältnis zu manchem Soldaten oder Unteroffizier vertraut und herzlich sein, während irgendeine ›Prominenz‹ trotz sichtlicher Bemühungen eine höfliche, aber nicht zu übersehende Distanz nie überwinden konnte. Gegenüber Schwächen anderer war Stauffenberg äußerst nachsichtig, gegenüber unsauberer Gesinnung, auch im kleinen, kompromißlos bis zur Schroffheit. Den guten Willen ließ er, wo kein Schaden entstand, gern für die Tat gelten, er verstand es großartig, auszugleichen, zu vermitteln und Streitigkeiten aus der Welt zu schaffen; er suchte und fand die guten Seiten an den Menschen und hatte eine glückliche Hand, alles zum besten zu wenden. Stauffenbergs warmes und offenes Wesen fand seinen schönsten Ausdruck in seinem von Herzen kommenden, befreienden und mitreißenden Lachen. Mit ihm hat er manche Situation gerettet.«[19]

Diese verschiedenen Mitteilungen und Charakteristiken von Kameraden und Vorgesetzten Stauffenbergs finden eine exakte Zusammenfassung in der dienstlichen Beurteilung, die sein Eskadronchef Hans Walzer im Oktober 1933 über ihn ablegte und deren schriftlicher Entwurf im Besitz von Walzer erhalten geblieben ist:

»Zuverlässiger und selbständiger Charakter mit unabhängiger Willens- und Urteilsbildung. Besitzt bei ausgezeichneten geistigen Anlagen überdurchschnittliches taktisches und technisches Können.
Vorbildlich in der Behandlung von Unteroffizieren und Mannschaften, besorgt um Ausbildung und Erziehung seines Minenwerferzuges.
Gesellschaftlich und kameradschaftlich von einwandfreiem Verhalten. Zeigt viel Interesse für soziale, geschichtliche und religiöse Zusammenhänge.
Sehr guter, verständiger Reiter mit viel Liebe und Verständnis für das Pferd.
Neben diesen ausgezeichneten Eigenschaften dürfen kleine Mängel und Schwächen nicht unerwähnt blei-

ben. Sich seines militärischen Könnens und seiner geistigen Überlegenheit bewußt, neigt er gelegentlich gegenüber Kameraden zur Überheblichkeit, die sich leicht spöttisch äußert, aber nie verletzend wirkt.
Etwas salopp in Haltung und Anzug, dürfte sein Auftreten als junger Offizier etwas frischer und energischer sein. Er ist etwas anfällig gegenüber Halsentzündungen, wodurch seine körperliche Widerstandskraft manchmal beeinträchtigt wird. Mit Energie und zähem Willen kämpft er dagegen an.
Berechtigt bei fortschreitender Entwicklung zu den besten Hoffnungen.« gez. Walzer

Die Berichte, die sich auf die ersten Jahre von Stauffenbergs Dienstzeit beziehen, lassen nur wenige konkrete Einzelheiten über seine politische Einstellung erkennen. Wenn auch gesagt wird, daß er konservativ eingestellt gewesen sei, so verlangt das seine Einschränkungen. Er war kein Mensch, der für Revolutionen schwärmte, aber Überkommenes besaß für ihn nicht bereits deshalb einen Wert, weil es alt war; erkannte er etwas Neues, das er für gut hielt, dann trat er mit Leidenschaft dafür ein.[20]

Dafür mag ein Vorgang bezeichnend sein, der zwar nichts mit Politik zu tun hatte, der jedoch zeigt, daß Stauffenberg den Wert von Traditionen nüchtern abzuschätzen vermochte. Während des Jahres 1935 kam es zu Auseinandersetzungen über den Standort der Kavallerie-Schule. Wegen der Anlage eines Flugplatzes in der Nähe von Hannover hatte die Schule ihre Übungsplätze verloren; die Absolventen mußten weite Wege zurücklegen, um geeignetes Gelände zu erreichen. Deshalb wurde erwogen – und später auch durchgeführt –, die Kavallerie-Schule von Hannover nach Krampnitz bei Berlin zu verlegen. Dagegen erhob sich eine Opposition mit dem Argument, man dürfe den weitreichenden Ruf der Hannoveraner Schule nicht aufgeben. Stauffenberg vertrat jedoch den Standpunkt, die Wahrung des Althergebrachten dürfe nicht auf Kosten der Sache gehen, und setzte sich für die Verlegung der Schule ein.[21]

Irgendwelche Bekenntnisse, die sich parteipolitisch fassen ließen, sind von Stauffenberg nicht überliefert. Es lag nicht in seiner Art, sich vorfabriziertem Denken anzuschließen oder anzupassen. In einem Bericht steht der Satz: »Er bildete seine Partei für sich selbst.«[22]

Die Erziehung, die die Reichswehr ihren Offizieren in dieser Hinsicht zukommen ließ, kam seiner Mentalität entgegen. Es bestand die feste Regel, daß der Soldat offene Stellungnahmen zu politischen Tagesereignissen zu vermeiden hatte und daß die Mitgliedschaft in einer politischen Partei nicht in Frage kam: die Weimarer Verfassung versagte den Soldaten sogar das Wahlrecht.[23]

Diese von Stauffenberg zweifellos akzeptierte Regel bedeutete jedoch für ihn nicht, daß er seine Aufmerksamkeit einzig auf die Probleme seines Berufes beschränkte. Er sah in der Reichswehr nicht nur ein rein militärisches Instrument, sondern einen konstruktiven Bestandteil des neuen Staates. Nach Stauffenbergs Ansicht gehörte der Wehrkörper zu den wesentlichen Stützen der Nation, deren Sicherheit und Ansehen er zu garantieren berufen sei.[24] Deswegen fanden Fragen, die das Wohl des gesamten Staates betrafen, immer seine volle Aufmerksamkeit. »Seine Gespräche bewegten sich vornehmlich auf dem Gebiet der Politik und waren stark sozial gefärbt«[25], berichtet Heinz Greiner.

Das bedeutete kein vorbehaltloses Bekenntnis zur Weimarer Republik, deren Bild durch den politischen Alltag verdunkelt und verzerrt worden war. Aber das Bewußtsein, dem öffentlichen Wohl, der »res publica«, verpflichtet zu sein, hinderte Stauffenberg daran, sich mit Ironie und Skepsis von aller Politik zu distanzieren. Seine Einstellung unterschied sich wesentlich von der vieler älterer Offiziere, deren Vorstellungen noch in der kaiserlichen Zeit wurzelten, denen die Demokratie unbekannt, unverständlich war und die sie deshalb ablehnten, die noch immer dem unwiderruflich Vergangenen nachhingen und ihrem Treuekomplex in Ergebenheitsadressen nach Doorn an ihren abgedankten Kaiser Ausdruck gaben.

Besuchte er seine fränkischen Verwandten, dann trug er demonstrativ seine Uniform, weil er wußte, daß man es dort für unmöglich erachtete, daß jemand aus ihrem Kreis in die Reichswehr eintrat.

Große Teile des bayerischen Adels hielten an der Fiktion fest, der König sei nicht von selbst zurückgetreten und damit die republikanische Herrschaft nur usurpiert. Stauffenberg ließ sich von derartigen Vorstellungen nicht beeinflussen; wenn er auch konservativ war, so doch niemals wirklichkeitsfremd.

Stauffenberg liebte die Weimarer Republik nicht, aber teilte auch nicht die Haltung jener Kameraden, die den Staat, dem sie dienten, zugleich verachteten. Er hielt es für besser, sich dem Staat zur Verfügung zu stellen, selbst wenn er ihm unvollkommen erschien, als sich in unproduktivem Hochmut zu distanzieren. Diejenigen, die die Republik bewitzelten oder beschimpften, wies er zurück. Wurden in seinem Bekanntenkreis oder im Offizierskasino die republikanischen Farben Schwarz-Rot-Gold durch Verballhornungen wie »Schwarz-Rot-Senf« verächtlich gemacht, so verbat Stauffenberg sich das; es handele sich schließlich um die Fahne des Staates, dem er seinen Eid geschworen habe.[26]

4. *Die Machtergreifung Adolf Hitlers*

Am 30. Januar 1933 wurde Adolf Hitler zum deutschen Reichskanzler berufen. Wie hat Stauffenberg diesen Mann, der für unser ganzes Volk und für ihn persönlich zum tragischen Schicksal wurde, in den ersten Jahren seiner Herrschaft beurteilt?

Überall, wo bisher über Stauffenberg geschrieben wurde, erscheint die Mitteilung, er habe sich am 30. Januar 1933 in Uniform an die Spitze einer für die Machtergreifung demonstrierenden Menschenmenge gestellt und sei mit ihr durch Bamberg marschiert. Dies hält jedoch kritischer Nachforschung nicht stand.

Hermann Foertsch brachte in seinem Buch *Schuld und Verhängnis* eine Notiz, in der es heißt, daß sich am Tag der sogenannten »Machtergreifung« in Bamberg eine begeisterte Menschenmenge zusammengefunden habe, die den nationalsozialistischen Sieg feierte; Stauffenberg – ein Leutnant in voller Uniform – habe sich an die Spitze dieses Zuges gesetzt. Von seinen Kameraden und Vorgesetzten getadelt, habe er geäußert, daß die großen Soldaten aus der Zeit der Befreiungskriege wohl mehr Gefühl für solche echte Volkserhebung bewiesen hätten.[1]

Dieser Bericht geht auf eine Mitteilung zurück, die Foertsch nach dem Krieg im Gefangenenlager von Peter Sauerbruch erhielt, einem Sohn des Chirurgen Prof. Sauerbruch. Foertsch gab den Bericht in einer Form wieder, die den Eindruck eines Augenzeugenberichts erweckte, obwohl Sauerbruch ihm nur seine Erinnerung an den Inhalt eines Kasino-Gesprächs mitteilte.[2]

Sauerbruch, damals neunzehnjähriger Fahnenjunker, gehörte noch nicht zum Offizierkorps im engeren Sinne; er behauptet nicht, den gesamten Zusammenhang begriffen zu haben. Nach seiner Darstellung war es so, daß an einem Tag um oder nach dem 30. Januar 1933 im Kasino ein Vorfall besprochen wurde, der Stauffenberg betroffen habe.

Danach sei es so gewesen, daß Stauffenberg »zufällig in Uniform in eine begeisterte Menschenmenge geriet und daß er mit dieser mitmarschierte, weil ein Beiseitestehen des Offizierkorps für die begeisterten Bürger doch gänzlich unverständlich gewesen wäre. Es handelte sich also darum, ob ein Offizier in dieser Lage sich beiseite drücken oder mitmachen sollte.«[3]

Die einzige Demonstration, die jedoch am 30. Januar 1933 in Bamberg stattfand, war ein Umzug der NSDAP, über den eine Notiz im *Bamberger Tageblatt*[4] berichtet:

> »Ein nationalsozialistischer Fackelzug-Propagandamarsch durch die Stadt war die äußere Bamberger Auswirkung der Ernennung Hitlers zum Reichskanzler. Der Zug bewegte sich durch die äußeren Viertel über die Kettenbrücke, unter der politische Gegner sich durch Pfeifen und Schreien bemerkbar machten, zum Maxplatz. Landtagsabgeordneter Stadtrat *Zahneisen* gedachte hier in einer Ansprache der 13jährigen Bemühungen der Partei um den Aufstieg und betonte, daß Adolf Hitler nicht für den Posten des Reichskanzlers bestimmt worden wäre, ›wenn einer der Gegner noch einen Schnaufer hätte tun können‹. Im brutalsten Machtkampfe werde die Partei ihre jetzige Position verteidigen, und Adolf Hitler werde so lange Reichskanzler bleiben, als er wolle. Mit einem dreifachen Heil und dem Deutschlandlied schloß die Veranstaltung, die im großen ganzen störungsfrei verlaufen ist.«

Es handelte sich also bei dieser Demonstration nicht, wie es der bisherigen, über Foertsch verbreiteten Version nach schien, um eine spontan sich zusammenfindende Menschenmenge, sondern um eine organisierte Parteiveranstaltung. Bei dem Verbot, das in der Reichswehr hinsichtlich der Teilnahme von Offizieren an politischen Demonstrationen bestand, habe sich die Zeitung die Erwähnung eines an der Spitze marschierenden Offiziers nicht entgehen lassen. Außerdem sei der Vorfall in Bamberg nicht unbekannt geblieben. Es liegen jedoch Zeugnisse von folgenden Persönlichkeiten vor, daß sie von einem solchen Ereignis damals keine Kenntnis erhalten haben:

- Nina Gräfin Stauffenberg, damals mit Graf Stauffenberg verlobt,
- Generalleutnant a. D. Gustav Frhr. von Perfall, damaliger Regimentskommandeur des Reiterregiments 17,
- Oberstleutnant a. D. Hans Walzer, damaliger Chef der 1. Eskadron des Reiterregiments 17,
- General a. D. Hasso von Manteuffel, damaliger Chef der 5. Eskadron des Reiterregiments 17,
- Generalleutnant a. D. Heinz Greiner, damals als Rittmeister im Stabe des Reiterregiments 17,
- Oberst a. D. Bernd von Pezold, Regimentskamerad Stauffenbergs,
- Dr. Kunkel, Augenarzt im Bamberg.[5]

Darüber hinaus gibt es die Bekundung eines Kriminalkommissars des Stadtpolizeiamtes Bamberg, der in Verbindung mit Ermittlungen in anderer Sache mehrere ehemalige Angehörige der früheren NS-Organisationen und der SA in Bamberg – die zum Teil selber bei der Demonstration vom 30. Januar 1933 mitmarschiert sind – befragt hat, ob sie sich an eine Teilnahme Stauffenbergs erinnern könnten. In der Niederschrift des Kriminalkommissars heißt es:

»Allen Befragten früherer NS-Organisationen in Bamberg ist ein derartiger Vorfall persönlich und vom Hörensagen völlig unbekannt.«[6]

Stauffenberg ist auch wegen eines derartigen Ereignisses niemals disziplinarisch gerügt worden. Der damalige Regimentskommandeur Frhr. von Perfall schreibt:

»Ich habe das Kommando über das 17. Reit.Reg. am 1. 10. 1932 übernommen, war also am 30. 1. 1933 der verantwortliche Führer desselben. Ich erkläre hiermit, daß weder an diesem Tage noch zu irgendeinem anderen Zeitpunkt ein Angehöriger meines damaligen Regiments sich an einer Demonstration zugunsten des Hitler-Regimes beteiligt hat. Die Behauptung, Stauffenberg habe sich vor mir wegen eines diesbezüglichen Alleinganges verantworten müssen, ist völlig aus der Luft gegriffen.«[7]

Der Eskadronchef Stauffenbergs, Rittmeister Hans Walzer, erklärt:

»Ehrlichkeit und Geradheit seiner Gesinnung, verbunden mit soldatischer Disziplin und Traditionsgefühl, verbürgten dafür, daß er sich eine derart unsoldatische Extratour, die man ihm heute nachsagt, nicht einmal im Traum geleistet hätte.«[8]

Es gab jedoch in Verbindung mit der »Machtergreifung« in Bamberg einen Zwischenfall, der sich mit dem Namen des damaligen Rittmeisters und späteren Generals der Panzertruppen Hasso von Manteuffel verbindet, und dieses Ereignis dürfte die Ursache für eine Verwechslung gewesen sein.

Am 31. Januar[9] ritt die 5. Eskadron von einer Übung durch die Stadt zurück zu ihrer Kaserne. Sie mußte dabei den Platz vor dem Rathaus passieren, wo sich an diesem Tag eine Menschenmenge angesammelt hatte, die auf die Hissung der »neuen« Fahne, der Hakenkreuzfahne, wartete. Der Chef der Eskadron, Rittmeister von Manteuffel, erhielt die Mitteilung, daß diese Fahne zur Staatsflagge erhoben worden sei. Daraufhin ließ er seine Eskadron in Achtunghaltung an der Fahne vorbeireiten.[10]

Als der Regimentskommandeur von diesem Vorfall erfuhr, berief er eine Offiziersversammlung ein und erteilte Manteuffel – nach dessen eigener Formulierung – »eine harte, eindeutige Rüge«. Perfall erklärte wörtlich:

> »Das ist doch Revolution, das kann man doch nicht mitmachen.«[11]

Manteuffel, der, wie er erklärte, keineswegs beabsichtigt habe, für den Nationalsozialismus zu demonstrieren, hatte versäumt, sich zu vergewissern, ob die ihm zugetragene Mitteilung stimme – die Hakenkreuzfahne wurde erst am 15. September 1935 durch das erste der »Nürnberger Gesetze« zur Staatsflagge erhoben.[12]

Dieses Ereignis und möglicherweise auch der Demonstrationszug der NSDAP scheinen Gegenstand eines Gesprächs im Offizierskasino gewesen zu sein, und zwar jenes Gesprächs, dessen Zeuge Sauerbruch wurde. Es ging dabei wahrscheinlich um die Frage, wie sich wohl ein Offizier verhalten solle, wenn er Demonstrationen begegnet, die nicht durch bestimmte Parteien dirigiert sind, sondern die eine spontane Emotion der Bevölkerung zum Ausdruck bringen. Es ist denkbar, daß Stauffenberg in einem solchen Zusammenhang die Ansicht vertrat, daß sich auch ein Offizier in dieser Situation nicht abseits stellen dürfe, und, als er Widerspruch erhielt, auf die großen Soldaten der Freiheitskriege hinwies.

Ein Mann von der charakterlichen Art und der Erziehung Stauffenbergs konnte niemals ein begeisterter Parteigänger Hitlers werden. Es gab eine Seite des Nationalsozialismus, die ihn von vornherein abstieß: die gemeine und primitive Art der nationalsozialistischen Führer, ihre Schimpforgien, ihr Asphaltjargon. Ein Vorfall aus dem Jahre 1934 zeigt, daß Stauffenberg sich nicht scheute, seine Ablehnung der Vulgärdemagogie demonstrativ zum Ausdruck zu bringen. Er und einer seiner Freunde waren als Vertreter des Regiments zu einer Parteikundgebung in Bamberg delegiert worden, die parallel zu einem Parteitag veranstaltet wurde. Nach dem Reichsleiter Schemm trat Julius Streicher, der Gauleiter von Nürnberg, an das Pult. Er erging sich in wüsten Beschimpfungen der Juden in einem so abstoßenden sexuellen Jargon – und das in Gegenwart einiger hundert BDM-Mädchen –, daß sich Stauffenberg und der andere Offizier erhoben und über den Mittelgang den Saal verließen.[13]

Wenn auch Fanatismus und Unduldsamkeit ihn immer abstießen, so sah er doch anfangs am Nationalsozialismus Einzelheiten, die er akzeptierte. In einem Bericht heißt es, er sei davon begeistert gewesen, »[...] daß das Volk sich gegen die Fesseln des Versailler Vertrages aufbäumte und daß durch Arbeitsbeschaffung die Not der Arbeitslosigkeit beseitigt und andere soziale Fürsorge für das werktätige Volk angestrebt wurden.« Der Bericht schließt mit dem Satz: »Seine hervorstechende soziale Einstellung richte – das meine persönliche Meinung – auf religiöser (katholischer) Basis.«[14]

Eine Zusammenfassung erfährt Stauffenbergs Einstellung und die des Offizierkorps gegenüber dem Nationalsozialismus durch den damaligen Eskadronchef Hans Walzer:

»Von der Berufung Hitlers zum Reichskanzler waren wir überrascht, und von Begeisterung konnte gar keine Rede sein. Wir hofften aber, daß damit das parteipolitische Gezänk aufhören und eine feste, geradlinige Politik unter dem Einfluß des ehrwürdigen Generalfeldmarschalls und Reichspräsidenten Platz greifen würde.«[15]

Stauffenberg beobachtete Hitlers Aufstieg mit starkem sachlichem Interesse.

»Jede bloß abschätzige Bemerkung über Hitler [wurde] – bei großem Interesse für seine ›sachliche‹ Beurteilung – von Claus Stauffenberg sehr zurückhaltend und skeptisch aufgenommen, [weil er erkannte, daß Hitler] bei allen Niedrigkeiten seiner Natur [...] auch ursprüngliche und echte Anliegen einer Erneuerung ausgesprochen [habe] und dadurch auch Menschen von idealem Denken und hohen Zielen indirekt von ihm angezogen wurden.«[16]

Nach Stauffenbergs Meinung beruhte der Erfolg Hitlers auf drei Voraussetzungen:

»1. Gegen Hitlers Taktik, mit demokratischen Mitteln die Demokratie aufzuheben, war der gesamte Apparat der Staatsverwaltung und des Parteienwesens in Deutschland machtlos.
2. Mitschuld an dem Emporkommen Hitlers hatten die ehemaligen Gegner Deutschlands, die glaubten, auf dem Versailler Vertrag einen Frieden aufbauen zu kön-

nen. Damit lieferten sie Hitler seine stärksten Argumente und gaben ihm die Möglichkeit, sich als Verfechter der gerechten Belange aller Völker aufzuspielen.
3. Hitlers große Wirkung beruhte vor allem mit auf seinen sozialen Maßnahmen. Dadurch habe er eine von innen wirksame Gegenposition gegen den Kommunismus begründet.«[17]

Aber Stauffenberg fühlte sich, bei aller Sachlichkeit, nicht als unbeteiligter Beobachter. Er war sich bewußt, »daß Menschenlenkung [...] ein ebenso unentrinnbares wie wichtiges politisches Geschäft ist und bleibt, das man nicht ohne Schaden beliebigen Leuten überlassen kann«.[18] Aus dieser Einstellung heraus hat er, wie auch andere Offiziere seines Regiments, einige Male Nachtübungen der SA geleitet.[19] Das entsprang nicht einer Begeisterung für die Sache dieser Organisation, deren martialisches Gehabe in krassem Widerspruch zur soldatischen Wirklichkeit stand. Stauffenberg und seine Kameraden wollten mit den Übungen erreichen, daß der Dienst der SA sich nicht in der Organisation von Schlägereien und sinnlosem Hurra-Gebrüll erschöpfte, sondern einen gewissen militärischen Sinn erhielt. Hinzu mag von seiten der Reichswehr das Bestreben gekommen sein, diese Parteiarmee unter Kontrolle zu bekommen.

Stauffenberg hat natürlich die grauenhafte Entwicklung des nationalsozialistischen Regimes ebensowenig vorausgesehen wie viele andere auch. So entsprach seine Reaktion auf den 30. Juni 1934, die sogenannte Röhm-Affäre, zunächst der der deutschen Bevölkerung und des größten Teils des Offizierskorps: Er empfand die Vorgänge als das Platzen einer Eiterbeule, durch das endlich klare Verhältnisse geschaffen wurden.[20]

Zwischen der Reichswehr und der SA hatte sich seit

dem Beginn der Hitlerschen Regierung eine immer stärker werdende Spannung ergeben. Die SA betrachtete sich als Kerntruppe des neuen Staates und forderte, daß ihr die Reichswehr eingegliedert werde. Im Jahre 1934 reifte der Konflikte zur Krise, jede Seite rechnete mit einer Revolte der anderen. Die SA versuchte, ihr Waffenarsenal zu vervollständigen, vor allem durch Plünderung von Waffenlagern der Reichswehr. Es gab damals geheime Depots des Heeres, die vor den alliierten Kontrollorganen verborgengehalten wurden, weil sie über das in Versailles zugestandene Kontingent hinausgingen. Deshalb wurden Waffen zum Teil bei Gutsbesitzern auf dem Lande deponiert. Nachdem die SA einige dieser Lager entdeckt hatte, begann ein Wettrennen zwischen SA und Reichswehr, diese Waffen entweder in die Hand zu bekommen oder sie in der Hand zu behalten. Auch in der Umgebung von Bamberg kam es zu derartigen Auseinandersetzungen; Stauffenberg selber stellte Wagen zur Verfügung, um die Waffen aus den Depots abzutransportieren.[21]

Als der Wunsch des Reichsheeres nach Entwaffnung der SA immer dringender wurde und Hitler an der Loyalität des SA-Stabschefs Röhm zu zweifeln begann, entschied er den Konflikt dadurch, daß er am 30. Juni 1934 die Führung der SA, an der Spitze Röhm, innerhalb weniger Stunden erschießen ließ. Die Reichswehr hielt sich für den Sieger, und als kurz darauf der alte Reichspräsident von Hindenburg starb, ließ sie sich herbei, einen neuen Fahneneid zu schwören, der sie in ihrem Gehorsam nicht mehr an den Staat, sondern an die Person Hitlers band.

Aber trotz einer augenblicklichen Befriedigung scheint Stauffenberg nicht übersehen zu haben, daß die Vorgänge des 30. Juni 1934 eine unheilvolle Entwicklung anbahnten. Wenn auch die SA als Machtfaktor in Deutschland ausgeschaltet worden war, so ließ sich doch nicht beschönigen, daß Hitler seine ihm lästig gewordenen ehemaligen Mitkämpfer bedenkenlos erschießen ließ, ohne sich um die Gerichte zu kümmern. Auch das nachträgliche Plazet, das er sich durch den Reichstag geben ließ – »Die [...] Maßnahmen sind als Staatsnotwehr rechtens«[22] – konnte nicht darüber hinwegtäuschen, daß die Regierung des deutschen Staates in den Händen von Männern lag, die sich nicht mehr an die Rechtsnormen zu halten gedachten. Schon damals tauchte bei Stauffenberg der Gedanke auf, daß es eines Tages notwendig sein könnte, eine solche Regierung mit Gewalt aus ihrem Amt zu entfernen. Mit seinem Eskadronschef führte er in den Tagen nach dem 30. Juni 1934 ein Gespräch unter vier Augen.

> »Wir erörterten die Möglichkeit«, so berichtet Walzer, »einer gewaltsamen Beseitigung des NS-Systems und welche Stellung wohl die Kirchen dazu einnehmen würden. Insbesondere wurde der etwaige Einfluß der katholischen Kirche besprochen. Einig waren wir uns in der Ansicht, daß eine gewaltsame Beseitigung nur von oben her erfolgen könnte, denn eine Revolution von unten, aus dem Volke heraus, war bei dem Einfluß und bei den Machtmitteln der Partei nicht zu erwarten.«[23]

Es wäre allerdings falsch, von diesem Gespräch im Jahr 1934 eine direkte Linie zum 20. Juli 1944 ziehen zu wollen. Noch vom Ende des Jahres 1936 berichtet ein Kamerad von der Kriegsakademie, daß Stauffenberg, »beeindruckt von einem Vortrag des Reichsleiters Buch, den neuen Geist nicht ablehnte.«[24] Stauffenberg bemühte sich zweifellos eine Zeitlang, zwischen Idee und Wirklichkeit zu trennen, ein Versuch, mit dem sich in Deutschland viele ehrenwerte Menschen den politischen Amoralismus der Nationalsozialisten als eine zeitbedingte Beschwernis, die um der Stabilisierung willen ertragen werden müsse, zu erklären versuchten.

Stauffenberg sah in Hitler »den Typus eines modernen Massenbewegers mit einer erstaunlichen Potenz seines Trommelns, der zwar vielfach nur Gedanken, die ihm die Zeit bot, nach seinem Bedürfnis übernahm, der aber fähig war, sie zu vereinfachen und politisch wirkungskräftig zu machen und damit eine große Gefolgschaft auch gegen ihren Vorteil zu Hingabe und Opfer zu begeistern«.[25]

Obwohl Stauffenberg von der barbarischen, mit der Unbildung manchmal geradezu posierenden Art der nationalsozialistischen Führer abgestoßen wurde, so beherrschte ihn doch auf Grund seiner Herkunft und seines Berufes ein starkes nationales Ethos, das ihn mit der von den Nationalsozialisten beschworenen nationalen Bewegung sympathisieren ließ. Er empfand hierin nicht anders als viele seiner Kameraden und unterschied sich von diesen nicht in der anfänglichen Fehlbeurteilung des Nationalsozialismus, sondern darin, daß er sich einer korrigierenden Einsicht nicht verschloß. Als er erkannte, daß die sogenannte »nationale Bewegung« nichts anderes war als eine unmenschliche Starre, war er bereit, mit vollem persönlichen Einsatz für einen neuen Weg einzutreten.

5. *Die Kriegsakademie*

Im September 1936, kurz bevor er sein Studium an der Kriegsakademie aufnahm, reiste Stauffenberg für vierzehn Tage nach England. Er hatte auf Grund seiner hervorragenden Leistungen im Dolmetscher-Examen ein Stipendium erhalten, mit dem er die Reise finanzieren konnte. In einem Brief in englischer Sprache an seinen Englischlehrer in Hannover, Prof. Pfau – einer der wenigen Briefe, die von ihm erhalten geblieben sind –, teilte er mit, daß er sich zuerst ein paar Tage in London aufgehalten und dann die »Sandhurst Cadet School«, die berühmte englische Offiziersschule, besucht habe, wo er mit Offiziersanwärtern, die die deutsche Sprache studierten, eine Diskussion führen konnte.[1]

Am 1. Oktober wurden 100 Offiziere zur Generalstabsausbildung an die Kriegsakademie in Berlin-Moabit versetzt, unter ihnen auch Graf Stauffenberg. Am 1. Januar 1937 erhielt er seine Beförderung zum Rittmeister.

Die Ausbildung umfaßte zwei Lehrgänge: Im ersten wurden Führungsaufgaben bis zum Regiment behandelt, im zweiten die Führung von Divisionen und größeren Verbänden. Jeder Lehrgang bestand aus fünf Hörsälen; in jedem arbeiteten etwa 20 Offiziere.

Der Hörsaal Stauffenbergs umfaßte 22 Offiziere, und aus diesem kleinen Kreis kamen drei der maßgeblichen Träger der Erhebung vom 20. Juli: Stauffenberg, Mertz von Quirnheim und Eberhard Finckh.

> »Sie und einige andere bildeten – ohne eine Clique zu sein – die geistig führende Schicht des Hörsaales, die zur gegenseitigen Erziehung, zur wissenschaftlichen Anregung und zur Verträglichkeit viel beigetragen haben.«[2]

Stauffenbergs Neigung zu wissenschaftlicher Durchdringung der militärischen Probleme schlug sich in zwei Arbeiten nieder, deren erste aus angeregten Fachgesprächen im Hörsaal hervorging und mit der er sich an einem Preisausschreiben beteiligte; sie brachte ihm unerwartet einen ersten Preis ein und galt noch während des Krieges als grundlegendes Werk.[3] Ihr Thema lautete: »Die Abwehr von feindlichen Fallschirmtruppen im Heimatgebiet«.

Stauffenberg hielt vor der Lilienthal-Gesellschaft in Berlin zu diesem Thema auch einen Vortrag, der dann in der Monatszeitschrift *Wissen und Wehr* der Deutschen Gesellschaft für Wehrpolitik und Wehrwissenschaften abgedruckt wurde.[4] Generaloberst Student, der die deutsche Fallschirmtruppe von 1938 an führte, gab folgendes Urteil über diesen Aufsatz ab:

> »Die Studie des Grafen Stauffenberg enthält für die damalige Zeit – als noch ein tiefes Geheimnis über dieser neuen epochalen Waffe lag – bemerkenswert kluge, gut durchdachte und weitsichtige, moderne Gedanken, zumal er auch schon von ›Fallschirmkampftruppen‹ spricht.«[5]

Die zweite Arbeit – *Heereskavallerie* – hatte keinen Erfolg, obwohl Stauffenberg viel Sorgfalt auf ihre Ausarbeitung verwandte. Von ihr wurde ein Exemplar gerettet.[6]

Die Kritiker in der Kriegsakademie warfen der Arbeit vor, sie versuche eine unzeitgemäße Aufwertung der Reiterei. Dieses Urteil beruht auf einem Mißverständnis, wie folgende Sätze aus dem Schlußabschnitt der Arbeit beweisen:

> »Die oft gehörte Frage: Kavallerie oder Kampfwagen? ist ein Irrtum. Die Forderung muß lauten: Kavallerie und Kampfwagen [...] Taktischer und operativer Durchbruch ist ohne Masseneinsatz von Kampfwagen kaum mehr zu denken. Die operativen Aufgaben der Kavallerie werden hiervon nicht berührt [...] Schalten wir das Gefühlsmoment endgültig aus: Inwieweit das Pferd, inwieweit das Kraftfahrzeug zum Mittel kavalleristischer Beweglichkeit wird, hängt von Erwägungen ab, die hier nur gestreift wurden; diejenigen über die

Verhältnisse an und jenseits unserer Grenzen und über die Treibstofffrage gehören zu den wichtigsten.«[7]

Ein besonderer Abschnitt der Arbeit trägt den Titel »Der Kavallerie-Führer«. Während die anderen Teile der Studie taktische Beweisführungen und kriegsgeschichtliche Ableitungen enthalten, schrieb Stauffenberg in diesem Abschnitt Gedanken nieder, die nicht mehr rein militärtechnischer Natur waren.

Die Kavallerie hänge mehr als jede andere Waffe von der Qualität ihrer Führer ab, schrieb er. »Ohne großen General, ohne wirklich kavalleristischen Führer ist sie nichts als ein kostspieliges Impedimentum [...] Nur wenigen Begnadeten ist das kavalleristische Führertum mit in die Wiege gegeben.«

Der Stil des Abschnitts unterscheidet sich spürbar von den übrigen Teilen der Arbeit; es tauchen Wendungen auf, die von Stefan George inspiriert scheinen: »Auch sie werden sich erst in ihrer Waffe bestätigt finden und durch sie die letzte Anregung zur kavalleristischen Tat empfangen.« – »Ja, fast scheine es, als bedürfe es des kriegerischen Genius, um in der Kavallerie die Waffe für große operative Aufgaben zu sehen.« Wohl sei »Führertum« eine Gnade der Geburt, man könne es nicht allein durch technische Unterweisung und Erkenntnis erzeugen. Aber die Führereigenschaften seien »das Ergebnis einer langen Erziehung, die gar nicht früh genug einsetzen kann«.

Gegen den Lehrplan der Kriegsakademie hat sich manche kritische Stimme erhoben.[8] Ziemlich einhellig wird festgestellt, daß die Bedeutung der Taktik überschätzt worden sei, während die Disziplinen Wehrwirtschaft und Wehrtechnik zu kurz kamen. Das wirkte sich während des Krieges auf die operativen Anschauungen des Generalstabs aus: Ihm wird vorgeworfen, es habe ihm an Verständnis für die Gesamtkriegsführung gemangelt.

Stauffenberg versuchte für sich diesen Mangel seiner Ausbildung zu beseitigen. Schon auf der Kavallerie-Schule in Hannover beschäftigte er sich mit Geopolitik.[9] Einer seiner Kameraden von der Kriegsakademie, der spätere amerikanische Viersterne-General A. C. Wedemeyer, Gasthörer der Kriegsakademie in Berlin, erinnert sich noch heute daran, mit Stauffenberg, der z. B. mit der Wirtschaftstheorie von Keynes[10] vertraut gewesen sei, über ökonomische Fragen gesprochen zu haben. Nach Stauffenbergs Ansicht seien die katastrophalen Entwicklungen in Europa während dieses Jahrhunderts im Grunde auf wirtschaftliche Ursachen zurückzuführen, so auch der 1. Weltkrieg: Das industrielle Schwergewicht Europas habe sich während der Zeit vor dem Kriege von den britischen Inseln nach Deutschland verlagert, der britische Absatz sei auch in weit entfernten Gegenden durch die sich ausdehnende deutsche Wirtschaft beeinträchtigt worden. »Es war die Ansicht von Claus, daß das die eigentliche Ursache des 1. Weltkrieges war.«[11]

In anderen Gesprächen ging es um die Stahlproduktion der USA, die bereits damals der deutschen um ein Vielfaches überlegen war; Stauffenberg brachte auch seine Bewunderung für Roosevelt zum Ausdruck, der mit drastischen Mitteln die Gesundung der amerikanischen Wirtschaft nach der Depression von 1929 eingeleitet hatte. Wedemeyer hebt hervor, daß ihn die Kenntnisse Stauffenbergs über englische und amerikanische Geschichte überrascht hätten, und schreibt:

> »Diese Zusammenstellung [im Brief Wedemeyers] zeigt Ihnen, daß Claus von Stauffenberg zweifellos nach Information suchte und über Welt-Probleme nachdachte.«[12]

Politische Gespräche mit spezieller Blickrichtung auf die Verhältnisse in Deutschland wurden allerdings zwischen den beiden Männern nicht geführt.

> »Ich möchte betonen, daß er zu keiner Zeit seine Gedanken in bezug auf Hitler erkennen ließ, der auf dem Höhepunkt seiner Macht stand. An seiner Loyalität gegenüber seinem Vaterland war nicht zu zweifeln, aber ich hatte das Gefühl, daß er nicht mit der Politik der Nazi-Regierung übereinstimmte. Das war jedoch nicht so deutlich, daß man seine Opposition hätte offen feststellen können.«[13]

Unterstellen wir, daß Stauffenberg in jedem Falle Zurückhaltung geübt hätte, wenn er in Gesprächen mit einem Ausländer auf innenpolitische Themen gekommen wäre, so trifft doch das Urteil Wedemeyers recht genau die damalige politische Einstellung Stauffenbergs. Er ließ sich zu keiner Zeit von der nationalsozialistischen Psychose hinreißen, aber im Jahre 1937 hatten die politischen Entwicklungen noch nicht die Zuspitzung erfahren, die für ihn die Loyalität gegenüber seinem Vaterland mit der Loyalität gegenüber dem Staat, dessen Soldat er war, unvereinbar gemacht hätte.

Stauffenberg pflegte den Kontakt zu Wedemeyer zunächst, um sein Englisch zu üben, »das er, nebenbei bemerkt, sehr gut sprach«.[14] Aber im Laufe der Zeit ergaben sich engere freundschaftliche Beziehungen, familiäre Einladungen zu Essen und Cocktail-Parties. Der Eindruck, den Stauffenbergs Persönlichkeit auf Wedemeyer machte, war sehr nachhaltig. »Er war ein sehr gut aussehender Mann mit einem ausgezeichneten Benehmen, freundlich, aufmerksam und sensitiv.«[15] Er sei innerhalb seiner Klasse auf der Akademie sehr beliebt gewesen und fachlich außerordentlich respektiert worden. Habe er einen abweichenden Standpunkt vertreten, so niemals verbohrt oder arrogant, sondern immer höflich, wenn auch durchaus bestimmt. Stauffenberg habe sich bei aller Freundlichkeit immer um Zurückhaltung bemüht, gern zugehört und innerhalb einer Gruppe seine Meinung nur gelegentlich vorgebracht[16], eine Bekundung, die gegenüber früheren Zeugnissen erkennen läßt, daß Stauffenberg seine in den Vordergrund drängende Art verloren hatte.[17]

Große Bedeutung gewann eine weitere Freundschaft aus der Berliner Zeit für Stauffenberg; sie blieb bis in die Zeit der Widerstandsplanungen hinein wirksam. Vermittelt wurde sie durch Frank Mehnert, den Bildhauer aus dem Kreis Georges, bei dem Stauffenberg damals viel verkehrte. Mehnert nahm starken Anteil an seiner Arbeit und half ihm sogar bei der Redaktion seiner schriftlichen Arbeiten.[18] Bei ihm lernte Stauffenberg den Germanisten Dr. Rudolf Fahrner kennen, der damals gerade an einer Biographie Gneisenaus arbeitete und damit Stauffenbergs spontanes Interesse gewann, war ja Gneisenau einer seiner Vorfahren. Aber über dieses familiäre Motiv hinaus faszinierte es ihn, daß ein Offizier auch an Staatsaufgaben und Staatsreformen entscheidenden Anteil genommen hatte. Ein Satz, der in der später von Fahrner veröffentlichten Schrift über Gneisenau steht, kann so gut wie über diesen auch über Stauffenberg geschrieben werden:

> »Sein Geist ergibt sich nicht in das, was anderen unabwendbar scheint, sondern sinnt, wie man Preußen [oder Deutschland!] aus eigenen Kräften befreien [...] könne.«[19]

Stauffenberg sah in Gneisenau, wenn er auch nicht darüber sprach, sein geheimes Vorbild. Deshalb ist es aufschlußreich, daß er die Arbeit Fahrners nicht nur verfolgte, sondern diesen auch beeinflußte, von einer allzu freimütigen Darstellung der revolutionären, auf eine Volkserhebung abzielenden Praktiken Gneisenaus abzusehen, weil Staatsumstürze und Erhebungen gegen die Staatsführung nach Stauffenbergs Meinung nicht Sache einer unverantwortlichen Masse seien und deshalb auch nicht vor einer breiten Menge erörtert werden sollten, sondern daß, wenn schon der gewaltsame Angriff auf den eigenen Staat unumgänglich sei, solche Vorgänge von verantwortungsbewußten und vor allem verantwortungsfähigen Männern in der Hand behalten werden müßten.[20]

Stauffenberg war für historische Fragen immer aufgeschlossen und schnitt sie auch in der Unterhaltung mit Kameraden gern an.

Eine Übung des Bereiterlehrgangs führte zum Hohentwiel. Auf dem Berg entwickelte er im Kreise seiner Kameraden ein Bild des weltweiten Staufischen Reiches, »in dessen Mitte stehend sie sich hier betrachten sollten«.[21] Die Abschlußreise des Kriegsakademie-Jahrganges führte nach Südwestdeutschland an den Rhein.[22] Stauffenberg erreichte eine gemeinsame Besichtigung der Kaiserdome, bei der er führte. Auch hielt er während dieser Reise einen Vortrag über die Bedeutung des Stroms zwischen Deutschland und Frankreich. Den geschichtlichen Ablauf des jahrhundertealten Kampfes schilderte er nur in Umrissen; es ging ihm darum, den Sinn dieses Kampfes zu deuten. Er sah ihn darin, daß, wo auch immer er begonnen hatte, an den Ufern dieses Schicksalsstromes die Herrschaft über das Abendland ausgefochten wurde. Er befürchtete, daß diese Selbstzerfleischung eine substantielle, vor allem moralische, ethische und religiöse Ermattung der westeuropäischen Völker heraufbeschwören könne. Wenn diese Welt nicht bereits nach dem 1. Weltkrieg zusammengebrochen sei, so nur deshalb, weil es gelungen war, die letzte Schlacht am Rhein zu vermeiden. Stauffenberg beendete seinen Vortrag mit einer Frage: Was werde geschehen, wenn neue Verwicklungen die Gewalt aus dem Osten in diesen Kampf eingreifen ließen?[23]

6. *Der erste kriegerische Einsatz*

Am 1. Januar 1937 erhielt Stauffenberg seine Beförderung zum Rittmeister. Nach dem Abschluß seiner Ausbildung an der Kriegsakademie wurde er im Sommer 1938 nach Wuppertal zur 1. Leichten Division versetzt, die unter dem Kommando von Generalleutnant Hoepner stand. Mit diesem Verband nahm er an der Besetzung des Sudetenlandes, am Polenfeldzug und bis Mitte Mai 1940 am Feldzug gegen Frankreich teil.

Die Berichte, die über Stauffenberg aus dieser Zeit vorliegen, beziehen sich auf seinen dienstlichen Einsatz, sein Verhältnis zu seinen Kameraden und eröffnen einen Einblick in seine Einstellung zu den politischen Ereignissen dieser Jahre.

In der 1. Leichten Division übernahm Stauffenberg die Stelle eines Ib, des zweiten Generalstabsoffiziers. Er war in diese Stellung kommandiert worden, obwohl er bereits von der 2. Abteilung des Generalstabes des Heeres angefordert worden war. Dieses Gesuch wurde jedoch mit der erstaunlichen Begründung abgelehnt, in der Organisationsabteilung des Generalstabes gebe es schon genügend ausgeprägte Persönlichkeiten; eine Berufung Stauffenbergs könne das Gleichgewicht stören.[1]

Die Aufgabe eines zweiten Generalstabsoffiziers (Ib) bestand in der Organisation der Versorgung. Da die Division bis dahin noch keine selbständige Nachschubstaffel besaß, mußte sich Stauffenberg seinen Stab ohne Voraussetzungen aufbauen. Die Tür seines Arbeitszimmers stand immer offen, niemand brauchte sich anzumelden oder zu warten. Jeder konnte zu ihm hereinkommen, um einen Rat zu holen, etwas zu besprechen oder eine Unterschrift zu erhalten, gleichgültig, wie schwierig die Arbeit war, an der Stauffenberg gerade saß.

»Ich erinnere mich heute noch oft und gern an das Bild des arbeitenden Grafen: Die Tür weit offenstehend, eine schwarze Brasil genüßlich rauchend, im Zimmer mit Riesenschritten auf und ab gehend, diktierte er maschinenreif die schwierigsten Berichte, oft dazwischen durch einen Rat suchenden Besucher oder durch ein Telefongespräch unterbrochen, und anschließend mit seinem Bericht genau dort fortfahrend, wo er vor der Unterbrechung aufgehört hatte«, berichtet der damalige 1. Ordonnanzoffizier der Division. Er charakterisiert die Arbeitsweise Stauffenbergs als »elegant und mitreißend«; Stauffenberg sei niemals mißgestimmt oder launisch, sondern immer ausgesprochen kameradschaftlich gewesen.[2]

In einer Schilderung aus dem Jahre 1940 erfährt die Arbeitsweise Stauffenbergs eine weitere Charakteristik. Der Widerspruch zwischen den beiden Berichten, der hinsichtlich der Formulierungsfähigkeit Stauffenbergs in Erscheinung tritt, löst sich auf, wenn man die verschiedenartige Situation beachtet, die in den Berichten geschildert wird: Während es zuerst um das Diktat eines fertigen Konzepts ging, so im folgenden um Stauffenbergs Art, die verschiedenen ihm zugetragenen Berichte sofort in eine Befehlsdisposition einzuordnen.

»Als ich den Grafen Stauffenberg kennenlernte, war er Quartiermeister der 6. Panzerdivision beim Vormarsch durch die Ardennen im Frankreich-Feldzug. Unvergeßlich bleiben die Quartiermeisterbesprechungen, die er abhielt. Gewöhnlich war kein fester Zeitpunkt vereinbart; nach und nach trafen die Leiter der einzelnen Abteilungen, die Führer der Sonderkommandos, die Verbindungsoffiziere ein. Stauffenberg, groß, schlank, beweglich, ein Mann von ausgesprochen persönlichem Charme, empfing uns mit echter, strahlender Liebenswürdigkeit; sorgte dafür, daß jeder ein Glas zu trinken bekam, eine Zigarre, eine Pfeife Tabak. Er informierte, fragte, forschte nach scheinbar nebensächlichen Dingen, gab die neuesten Anekdoten zum besten, die aus dem Raum zwischen Aufklärungsabteilung und Feldbäckereikolonne der Division zu berichten waren, sprang von einem Thema zum anderen, unterbrach jedes Gespräch, um zunächst einmal den zuletzt ins Zimmer Getretenen anzuhören und auszuforschen. So verging Viertelstunde um Viertelstunde, und noch immer war keine unserer Fragen entschieden – keinerlei Dispositionen für den nächsten Tag oder auch nur für die nächste Stunde waren getroffen, kein Befehl war gegeben. Bis dann, ganz und gar unkommissig und durchaus zwanglos, die Worte fielen: ›Ja, also – ich denke, wir machen das jetzt so …‹, und nun gab Stauffenberg, die Linke in der Hosentasche, die Rechte am Weinglas, gedankenvoll durchs Zimmer gehend, bald hier, bald da stehenbleibend, dann wieder zur Karte greifend, den Quartiermeisterbefehl in allen seinen Einzelheiten. Er sprach nicht ›schulgerecht‹, wie man es von einem Generalstäbler erwartet; das Schema lag ihm nicht. Auch fiel ihm das Formulieren durchaus nicht leicht, und das, was er sagte, war weit entfernt von einem flüssigen, ›schreibfertigen‹ Befehlsdiktat – aber was er da an sorgfältig ausgewogenen Überlegungen und Dispositionen entwickelte, war im Sachlichen fertig und vollkommen.«[3]

Für die organisatorischen Aufgaben, die er als Ib zu bewältigen hatte, besaß Stauffenberg eine besondere Begabung:

»[Er] konnte wirklich den ›zwölften Zug‹ im Schachspiel vorausdenken und alle möglichen Varianten überblicken. Bei rascher Auffassungsgabe schied er das Wesentliche vom Unwesentlichen und erkannte mit intuitiver Sicherheit das Entscheidende. Er hatte die Fähigkeit zu logischem und abstraktem Denken und eine schöpferische Phantasie, die ihn aber doch die Grenzen des praktisch Möglichen nicht übersehen ließ und besonders auf operativem und organisatorischem Gebiet zu großen Leistungen qualifizierte.«[4]

Zunächst hatte Stauffenberg die Probleme zu lösen, die mit der Heeresvermehrung anfielen. Die 1. Leichte Division war am 12. 10. 1937 aufgestellt worden; sie gehörte zu jenen Verbänden, die Hitler unter rücksichtsloser Anspannung des gesamten staatlichen Potentials aufbauen ließ. Bei der Machtübernahme 1933 hatte Hitler eine Wehrmacht von 7 Infanterie- und 3 Kavalleriedivisionen vorgefunden. Vier Jahre später standen 39 Infanterie- und 5 Panzerdivisionen, 4 Leichte Divisionen und 22 Maschinengewehrbataillone.[5] Die »Leichten Divisionen« bildeten einen Kompromiß zwischen der Forderung nach zügiger Vermehrung der Panzerwaffen und der konservativen Einstellung im OKH. Sie bestanden aus 2 motorisierten Schützenregimentern, einem Aufklärungs- und einem Artillerieregiment, einer Panzerabteilung und einer Reihe von Einzelwaffen. Nach Kriegsbeginn wurde dieser Zwitterzustand aufgehoben und die Division zur 6. Panzerdivision umgewandelt.[6]

Am 4. Oktober 1938 rückten die deutschen Truppen in das Sudetenland ein, unter ihnen die 1. Leichte Division. Sie war – zu »Übungen« wie es offiziell hieß – bereits im September in den Raum Greiz-Plauen-Chemnitz verlegt worden.

Das Kriegstagebuch dieses Einsatzes vom 5. September bis zum 19. Oktober blieb in einem Exemplar erhalten.[7] Es umfaßt 26 Seiten; die ersten neun berichten über die Tätigkeit des 1. Generalstabsoffiziers (Ia) der Division: Sie beschreiben das Einrücken der Division zu den Herbstübungen. Am 23. September wurden die den Angriff vorbereitenden Befehle ausgegeben, am 27. September begann die Division, in die Angriffsräume einzurücken. Aber am 30. September wurde das Ergebnis der Konferenz von München bekannt: Das in fünf Zonen eingeteilte Gebiet werde vom 1. bis zum 10. Oktober durch die deutsche Wehrmacht besetzt. Das Kriegstagebuch verzeichnet:

> »Eindruck beim Stabe: Die Kriegsgefahr ist endgültig behoben. Die Spannung der letzten Tage löst sich.«[8]

Am 4. Oktober überschritt die Division die Grenze, wobei sie zu verhindern hatte, daß das »Sudetendeutsche Korps« selbständig in das Sudetenland einmarschierte.[9] Am 5. und am 9., 10. Oktober wurden weitere Abschnitte besetzt. Die Bevölkerung der Stadt Mies, die am 9. Oktober erreicht wurde, empfing »jedes einzelne Fahrzeug mit unbeschreiblichem Jubel und einem großen Blumensegen«, berichtet das Kriegstagebuch.[10] Anders in Nürschan, kurz vor Pilsen, einem Ort mit tschechischer Bevölkerung: Hier war der Empfang spürbar feindselig. Es bestand auch keine völlige Klarheit darüber, ob Nürschan überhaupt zu dem Gebiet gehörte, das an Deutschland abgetreten werden solle. Die englische Kommission erschien mit einem tschechischen Stabschef beim Divisionsstab und forderte die Herausgabe der Stadt.[11] Das Kriegstagebuch verzeichnet die Stellungnahme der Division, die zwar sehr selbstbewußt klingt, aber wenig Verständnis verrät für den Gedanken der völkischen Selbstbestimmung, dem gerade durch die Übergabe des Sudetenlandes an Deutschland Genüge getan werden sollte:

»Die Division antwortet, daß einmal von deutschen Truppen besetztes Gebiet nicht mehr herausgegeben wird.«[12]

Auf Seite 10 des Tagebuches beginnen die Eintragungen, die Stauffenbergs Arbeitsbereich betreffen: den Nachschub für die Truppe und die Versorgung der Bevölkerung.

»Besatzungsgebiet der Division hat fast ausschließlich landwirtschaftlichen Charakter. Die längere, vor allem durch die tschechische Mobilmachung bedingte Stagnation der Wirtschaft ist spürbar. Die Lebensbedingungen der Bevölkerung sind sehr einfach, großen Teils weniger auf die Armut als auf den mangelnden Sinn für Wohnkultur zurückzuführen; dagegen [herrscht] in den Wald-und-Gebirgsgegenden große Armut. Art der Bodenbewirtschaftung ist zum Teil noch recht primitiv. Es fehlen überall Pferde und Fahrzeuge zur Einbringung der Ernte und Bestellung der Felder, da alles requiriert ist.«[13]

Stauffenberg nahm sich der anfallenden Probleme sofort mit Energie an. Die Versorgung des Sudetenlandes durch die Tschechoslowakei hörte nach der Besetzung schlagartig auf, während sie von Deutschland her erst allmählich anlief.

»Der Bürgermeister von Haid meldet, daß in Haid und Umgebung die Brothefe zum Backen ausgegangen sei. Durch die Division wird im Altreich Hefe gekauft und der Bevölkerung zugeführt. [...] Weiterhin fehlen, vor allen Dingen bei den großen Gütern, Arbeitskräfte zum Einbringen der Kartoffelernte und zur richtigen Lagerung der Getreideernte. Ein Zug Nachschub-Kp. wird zur Erntehilfe der fürstlich Löwensteinischen Domänenverwaltung zur Verfügung gestellt. Die Div. vermittelt die Überführung von 2 Lastkraftwagen aus dem Altreich zur Bierbeförderung im besetzten Gebiet für ortsansässige Brauereien.« [14]

Von der Erntehilfe sprechen auch andere Eintragungen:

»Die Truppe hilft bei der Ernte, soweit sie Mannschaften abstellen kann.«
»Die Truppe wird angewiesen, in ihren Unterkunftsbereichen nach eigenem Ermessen Erntehilfe abzustellen. Benzin wird zum Selbstkostenpreis abgegeben, sofern es sich um lebenswichtige Transporte für die Bevölkerung oder Wirtschaft handelt.« [15]

Außerdem hatte sich Stauffenberg darum zu kümmern, daß sich keine Tierseuchen ausbreiteten:

»Es wird notwendig, für den neuen Vormarsch Maßnahmen zu befehlen, durch welche die Ausbreitung der Maul- und Klauenseuche festgestellt und weitere Verschleppung nach Möglichkeit verhindert wird. Ib nimmt Verbindung mit den Bezirkshauptleuten von Plan und Tachau auf.«

»Die Division setzt im Benehmen mit dem Bezirkshauptmann einen vorläufigen Bezirks-Tierarzt für Mies ein.«[16]

Die Glaswerke in Hermannshütte gerieten in die Gefahr, die Arbeit einstellen zu müssen, da der Braunkohlenvorrat zu Ende ging.

»Das Ausblasen der Schmelzöfen bedeutet die Entlassung von 300–400 Arbeitern; die Wiederinbetriebnahme dauert 3–4 Wochen. Der Direktor [der Glaswerke] wird sofort nach Karlsbad zur Heeresgruppe in Marsch gesetzt, um unmittelbar Braunkohlentransporte anzufordern. Darüber hinaus fordert die Division selbst Braunkohle an.«[17]

Für den 10. Oktober berief Stauffenberg eine Sitzung im Rathaus von Mies ein:

»Bei der Sitzung im Rathaus unter Vorsitz des 1b sind zugegen: Div.-Arzt, Intendant, Vertreter der Ortskommandantur, Vertreter der Bezirkshauptmannschaften (Bezirkshauptmann in Karlsbad), die Bürgermeister der Stadt Mies, Vertreter der NSV [Nationalsozialistische Volkswohlfahrt] und der SDP [Sudetendeutsche Partei]. Die dringendsten Bedürfnisse sind

a) Pferde und Fahrzeuge für die Nachholung der bereits stark im Rückstand befindlichen Ernte- und Bestellungsarbeiten,
b) Braunkohle, vor allem für Bäckereien,
c) Benzin, um die wenigen vorhandenen Kfz. für die Versorgung der Bevölkerung auszunutzen.«[18]

Andere Folgen der Grenzsperre waren, daß Butter und Milch, für Pilsen bestimmt, zu verderben drohten und Hunderte von Arbeitern ihre bisherigen Arbeitsplätze in Pilsen nicht mehr erreichen konnten. Die Quartiermeisterabteilung der Division, die Stauffenberg unterstand, wurde mit der Ausstellung von Passierscheinen für die Arbeiter beauftragt und die Grenze für die Versorgung Pilsens geöffnet.[19]

Der Divisionsintendant besprach im Auftrage des Ib mit den Bürgermeistern des Bezirks, wo Verpflegung von Bedürftigen notwendig ist:

> »Entsprechend werden die verfügbaren Zusatzportionen auf die betreffenden Truppenteile verteilt.«[20]

Als die Division am 16. Oktober wieder aus dem Sudetenland abmarschierte, fanden die Leistungen, die die Nachschubeinheiten unter der Leitung Stauffenbergs erbracht hatten, eine ausdrückliche Würdigung durch den Divisionskommandeur.

> »Der Kommandeur erläßt in Anerkennung der Leistungen der rückwärtigen Dienste während der Übungen einen Tagesbefehl an die rückwärtigen Dienste.«[21]

Nach der Sudetenlandbesetzung fand eine Quartiermeisterreise statt, an der auch Stauffenberg teilnahm und die wegen eines taktischen Scherzspieles interessant ist, das er mit zwei Kameraden zum Abschluß der Reise vorführte. Man trieb, ohne sich um rechts oder links zu kümmern, einen Panzerkeil bis zum Ural. Stauffenberg improvisierte als Versorgungsoffizier die unglaublichsten Aushilfen, um den Nachschub zu bewältigen, und führte damit eine Strategie ad absurdum, die empfahl, man solle sich am eigenen Zopf aus dem Sumpf ziehen. Als dem Panzerkeil in der Ukraine der Treibstoff ausging, eroberte man nebenher Baku, legte schnell eine Überlandröhre und pumpte das Benzin heran. Das ganze Spiel ging unter dem immer wiederkehrenden Zauberwort vor sich »Das Auge des Herrn macht die Kühe fett«, der beliebten Redewendung eines der leitenden Offiziere.[22]

Den ersten Beweis seines organisatorischen Talents im Ernstfall hatte Stauffenberg während des Polenfeldzugs anzutreten. Freiherr von Loeper, der Ende 1938 nach General Hoepner das Kommando der Division übernahm, erinnert sich, daß Stauffenberg alle Energie aufwenden mußte, um die Versorgung der Division zu sichern, da die mangelhaften Vorbereitungen des Feldzuges zu sehr schlechten Nachschubverhältnissen geführt hatten.

»Das gelang ihm hervorragend; die Division litt nie Mangel.«[23] Ähnlich urteilt der damalige erste Generalstabsoffizier der Division (Ia): »Stauffenberg war wegen seines Organisationstalentes, seiner Allgemeinbildung und seiner Weitsicht ein sehr guter Ib. Er hat damals plötzlich und unerwartet an ihn herantretende Aufgaben, wie die Versorgung unerwartet großer Mengen von Kriegsgefangenen, Hilfe bei der Versorgung der Zivilbevölkerung, sehr gut gemeistert.«[24]

Über die Beseitigung plötzlich auftretender Schwierigkeiten und die Improvisation schneller Aushilfen hinaus versuchte Stauffenberg, den Störungen auf den Grund zu kommen. Der Ordonnanzoffizier der Division berichtet:

> »September 1939 beim Polenfeldzug machten wir unsere ersten Erfahrungen mit dem Einsatz motorisierter Verbände. Hierbei stellten sich naturgemäß auch erste Mängel heraus, von denen wir bei Planspielen oder Übungen und Manövern noch nichts geahnt hatten. Um alles zu

erfassen und vor allem um die Schlagkraft der Truppe zu erhöhen, startete Stauffenberg nach dem Polenfeldzug eine große Fragebogenaktion, an der, vom Kommandeur angefangen, jeder bis zum letzten Mann in der Division beteiligt wurde: U. a. Fragen über Verbesserung von Waffen, Ausrüstung, Kraftfahrzeugen, Panzern, Versorgung, Verwundetenversorgung usw. Diese Fragebogen wurden von Stauffenberg eingehend ausgewertet und zu einem umfassenden Bericht verarbeitet.«[25]

Im Februar 1940 wurde die Stelle des ersten Generalstabsoffiziers (Ia) der Division frei. Man erwartete, daß Stauffenberg nachrücken werde, und die Mißstimmung war groß, als sich diese Erwartung nicht erfüllte.[26] Der neue Ia, Major i. G. Helmut Staedke, mußte sich deshalb gegen gewisse Widerstände durchsetzen. Daß ihm das gelang, war nicht zuletzt ein Verdienst von Stauffenberg selbst.

»Die ersten Tage waren für mich nicht leicht, da die außergewöhnliche Persönlichkeit Stauffenbergs bei allen Offizieren und Mannschaften des Divisionsstabes ein so tief verwurzeltes und natürliches Ansehen genoß, daß sich alle darüber ärgerten, daß nicht Stauffenberg in die Stelle des Ia eingerückt war. Vielleicht war auch Stauffenberg im ersten Augenblick enttäuscht, aber er stand in seiner Großzügigkeit und Kameradschaft über der Situation und bemühte sich vom ersten Augenblick an in selbstloser Weise, mir den Einstand in die neue Umgebung zu erleichtern.«[27]

General von Loeper rühmt noch heute den außerordentlichen Arbeitseinsatz Stauffenbergs. Sowie er seine eigentlichen Tagesaufgaben abgeschlossen hatte, stellte er sich dem Kommandeur für andere Arbeiten zur Verfügung.

»Er konnte gar nicht genug Arbeit erledigen.« Stauffenberg gewann damit derart das Ohr seines Generals, daß jeder, der sichergehen wollte, daß irgendeine Angelegenheit beim Divisionskommandeur bearbeitet wurde, sich an ihn wandte. Die Urteile aus dieser Zeit wiederholen vieles, was bereits früher über ihn gesagt wurde, aber gerade die Tatsache, daß die Menschen, die ihm jetzt neu begegneten, ebenfalls seine gewinnende Kameradschaftlichkeit hervorheben, bestätigt die früheren Zeugnisse.

Zu Weihnachten verzichtete er einmal auf eigenen Urlaub, um einem Kameraden den Besuch seiner Familie zu ermöglichen, einem jüngeren Mitoffizier des Stabes half er viele Abende hindurch bei der Vorbereitung auf die Wehrkreisprüfung.[28] Auch hier soll wieder eine Äußerung für viele stehen:

Die Frau des damaligen Divisionsadjutanten Hauptmann von Blomberg, mit dem Stauffenberg befreundet war, charakterisiert ihn als einen Menschen »voll tiefstem Verantwortungsbewußtsein, [voller] Hilfsbereitschaft und Kameradschaft, voller Selbstlosigkeit und – was in meinen Augen seine schönste Eigenschaft war, da sie gepaart mit so viel überdurchschnittlichen Gaben äußerst selten ist – innerer und äußerer Bescheidenheit«.[29]

Seine Kameradschaftlichkeit fand jedoch eine ganz scharfe Grenze, wenn von anderen die Maßstäbe der Anständigkeit verletzt wurden. Nach dem Einmarsch in das Sudetenland benutzten Soldaten und Offiziere die Gelegenheit, billig einzukaufen. Sie verfügten über reichlich Geld, während bei den Sudetendeutschen die Mark sehr gefragt war; außerdem gab es hier noch manches, was in Deutschland bereits zu den Mangelwaren gehörte. Stauffenberg empörte sich über diese schamlose Ausnutzung und Ausbeutung der Sudetendeutschen, die durch die Gegebenheiten gezwungen wurden, ihre Waren zu Schleuderpreisen zu verkaufen. Er setzte durch, daß die Großeinkäufe der Soldaten sofort unterbunden wurden, und wenn doch noch jemand das Verbot übertrat, so zwang er ihn, ob Offizier oder Mann, die Waren wieder zurückzugeben.[30]

Ein anderer Fall, der beweist, wie rücksichtslos Stauffenberg vorgehen konnte, wenn jemand gegen die auch im Kriege notwendigen Regeln der Menschlichkeit verstieß, ereignete sich während des Polenfeldzuges am 4. September 1939 in Wielun. Ein Feldwebel meldete seinem Offizier, man habe zwei Frauen festgenommen, die mit Taschenlampen vom Boden eines Hauses aus das feindliche Artilleriefeuer auf Wielun gelenkt hätten. Der Feldwebel fragte, was mit den Frauen geschehen solle. Der Offizier gab etwa sinngemäß zur Antwort: »Ach, weg damit!« Das faßte der Feldwebel als Erschießungsbefehl auf und ließ die beiden Frauen exekutieren. Es stellte sich jedoch bald heraus, daß die beiden Frauen, Mutter und Tochter, im Ort bekannt wegen ihrer geistigen Schwäche, sich aus Angst vor den deutschen Soldaten auf dem Boden ihres Hauses versteckt und dabei mit der Taschenlampe herumhantiert hatten. Von Blinkzeichen konnte keine Rede sein. Dieser Tatbestand wäre bei einer einigermaßen korrekten Untersuchung sofort herausgekommen. Als Stauffenberg von der Erschießung hörte, ruhte er nicht eher, bis der Offizier vor ein Kriegsgericht gestellt wurde. Er ließ sich nicht dadurch beeinflussen, daß es sich dabei um einen Duzfreund von ihm handelte. Das Kriegsgericht verfügte die Degradierung.[31]

Während des Polenfeldzuges gehörte Stauffenbergs Division zur Heeresgruppe Süd des Generalobersten von Rundstedt, die von Schlesien aus zum Angriff antrat. Wegen der günstigen geographischen Lage Deutschlands Polen gegenüber sah die Strategie dieses Feldzuges einen weiträumigen Zangenangriff vor. Die Heeresgruppe Süd bildete den einen Hebel der Zange, den anderen die Heeresgruppe Nord unter Generaloberst von Bock beiderseits des »Korridors«.

Die 6. Panzerdivision eroberte zuerst Wielun, setzte – nach dem Übergang über Warthe und Widanka – zu einer überholenden Verfolgung südlich der zurückgehenden polnischen Truppen bis zur Weichsel an und wandte sich dann innerhalb des XVI. Panzerkorps nach Norden. Jenseits von Radom schloß sich um sieben polnische Divisionen der erste Kessel. Trotz heldenhaften Widerstandes bestand für die polnischen Truppen gegenüber der deutschen Übermacht nicht die geringste Chance.[32]

Als die Kriegserklärungen Englands und Frankreichs gegen Deutschland bekannt wurden, befand sich der Divisionsstab gerade an einer Straßenkreuzung in der Nähe von Wielun in Polen. Die Stimmung der Männer fiel auf den Nullpunkt, und Stauffenberg machte eine Bemerkung, mit der er den Verlauf des Krieges, seine Dauer und seine Abnutzungsstrategie recht genau voraussagte:

> »Kinder, wenn wir den Krieg gewinnen wollen, dann ist das eine Frage des Aushaltenkönnens für uns, und dieser Krieg dauert dann mit Sicherheit seine zehn Jahre.«[33]

7. *Berührung mit dem Geist des Widerstandes*

In den knapp zwei Jahren, in denen Stauffenberg zu der 1. Leichten Division (bzw. 6. Panzerdivision) gehörte – 1938 bis 1940 –, hatte die politische Entwicklung in Europa unter dem brutalen Zugriff des nationalsozialistischen Deutschland Frontstellungen heraufgeführt, die sich zwar noch in einem Nationalkrieg entluden, die aber geeignet waren, die historisch gewachsenen Einheiten zu zerstören und die Treue zu Vaterland, Nation und Staat fragwürdig werden zu lassen, wenn sie nicht höheren Werten untergeordnet wurde.

Diese Entwicklungen sind uns heute klar. Wie klar waren sie damals? Die Mitteilungen, die uns Stauffenbergs Stellungnahme zu den politischen Ereignissen jener Jahre überliefern, vermitteln kein geschlossenes Bild, und gerade diese Uneinheitlichkeit ist bezeichnend. Daß die Treue gegenüber dem Vaterland und die Loyalität gegenüber dem Staat unvereinbar auseinanderklaffen würden, hat Stauffenberg damals noch nicht erkannt. Obwohl er die Spannung, die sich anbahnte, bereits spürte, so befand er sich damals noch in keinem existentiellen Zwiespalt.

In der Friedensgarnison in Wuppertal hatte Stauffenberg einen Kreis junger Offiziere um sich versammelt, die er gern in sein Haus einlud. Es ging ihm dabei nicht um die Pflege kulinarischer Geselligkeit, er versuchte vielmehr, bei diesen Zusammenkünften durch Vorträge die allgemeinen Kenntnisse und den geistigen Horizont seiner Kameraden zu erweitern. Im Winter 1938/39 bat er z. B. seinen Freund Rudolf Fahrner, über Gneisenau zu referieren. Nach dem Vortrag sagte er, um das Vorbild Gneisenaus noch besonders zu unterstreichen: »Ja, sehen Sie, das haben wir nun gelernt, so hat es Der gemacht.«[1]

Das gesellschaftliche Leben in Wuppertal brachte Stauffenberg auch mit zivilen Kreisen der Stadt in Berührung. Er verkehrte in einem Klub mit dem Namen »Concordia«, der von Industriellen gegründet worden war. Am 20. November 1938 hielt er während eines Dämmerschoppens vor dem Klub ein Referat über das Thema »Aus dem Arbeitsgebiet eines zweiten Generalstabsoffiziers anläßlich des Einmarsches der deutschen Truppen in das Sudetenland«.[2] Zwar leben noch Persönlichkeiten, die dieses Referat gehört haben, sich jedoch nicht mehr an Einzelheiten erinnern können. Es hat sich nur der Gesamteindruck erhalten, daß sich Stauffenberg »nicht kritisch über das Dritte Reich geäußert« habe.[3]

Wir können nicht erwarten, daß Stauffenberg 1938 in einem öffentlichen Referat Kritik an Partei und Staat äußert. Aber es scheint auch, als habe die Lösung der Sudetenfrage, die im In- und Ausland den Glauben an die diplomatischen Fähigkeiten Hitlers außerordentlich festigte, auf Stauffenberg ihren Eindruck nicht verfehlt. Nach dem Einmarsch der deutschen Truppen in Österreich Mitte 1938 vertrat er in einem Gespräch die Meinung, Hitler werde nichts tun, was einen Krieg heraufbeschwören könnte. Sein Partner, der infolge seiner Arbeit in der Abteilung »Landesverteidigung« mehr Einblick in die Planungen und Vorarbeiten besaß, widersprach. Aber Stauffenberg ließ sich von seiner Meinung nicht abbringen: Hitler habe bisher alles ohne Krieg erreicht; er, der immer betone, als Gefreiter des Weltkrieges die Schrecken des Krieges zu kennen, könne nicht willentlich einen Krieg ansteuern, bei dem vorauszusehen sei, daß er gegen die ganze Welt geführt werden müsse.[4]

Als nun die Sudetenkrise trotz aller bedrohlichen Zuspitzung doch ein unblutiges Ende fand, mag ihn das in seiner Zuversicht bestärkt haben, Hitler werde nichts unternehmen, was wirklich zu einem Kriegsausbruch führen könnte. Er legte in dieser Zeit eine tagebuchartige Gedankensammlung an, die allerdings nach dem 20. Juli vernichtet wurde. Gräfin Stauffenberg glaubt sich zu erinnern, daß sie sich im wesentlichen mit der Zuspitzung der Krise beschäftigte. Stauffenberg erkannte einerseits den Erfolg Hitlers an, befürchtete aber auch, daß jetzt schon die Gefahr der Selbstüberschätzung heraufziehe.[5]

Stauffenberg konnte nicht wissen, daß sich inzwischen in Berlin eine Entwicklung angebahnt hatte, die auf eine erste konkrete Staatsstreichplanung hinauslief. Der Chef des Generalstabes des Heeres, Generaloberst Ludwig Beck, hatte Mitte 1938 sein Amt niedergelegt, als für ihn offensichtlich wurde, daß Hitler die Sudeten-Frage mit kriegerischen Mitteln zu lösen gedachte. Sein Nachfolger wurde Generaloberst Franz Halder, ein Mann, der ebenfalls zu den Gegnern Hitlers zählte und der bereit war, den Ausbruch des drohenden Krieges durch einen Staatsstreich und die Verhaftung Hitlers zu verhindern. Bei diesem Plan spielten General Hoepner und seine 1. Leichte Division eine besondere Rolle. Sie wurde, wie bereits berichtet, in den Aufmarsch gegen die Tschechoslowakei einbezogen und in den Raum Greiz-Plauen-Chemnitz verlegt. Wäre in Berlin der Staatsstreich abgerollt, so hätte sie an dieser Stelle der in Süddeutschland befindlichen »Leibstandarte Adolf Hitler« den Weg nach Berlin verlegt. Dazu kam es jedoch nicht, weil Hitler mit der Münchener Konferenz eine friedliche Lösung der Sudetenfrage ermöglicht wurde. Es ist angenommen worden, daß Stauffenberg damals von den Absichten seines Divisionskommandeurs gewußt habe. Das ist aber höchst unwahrscheinlich. Hoepner scheint in der Division niemanden über seine Absichten unterrichtet zu haben. Weder der damalige erste Generalstabsoffizier, Major i. G. Schöne, noch Freiherr von Loeper, der unter Hoepner ein Regiment führte, haben etwas davon gewußt. Er hätte aber, um seine Pläne durchzuführen, diesen beiden Männern in erster Linie etwas mitteilen müssen, bevor er etwa seinen Ib Stauffenberg informierte.

Während der Mittagspausen wurden häufig politische Gespräche geführt. Offiziere, die mit Stauffenberg täglich zusammenzuarbeiten hatten, berichten, daß er bei diesen

Diskussionen ein besonders anregender Teilnehmer gewesen sei, aber noch nicht als entschiedener Gegner Hitlers in Erscheinung trat.

»Wenn bei diesen Gesprächen auch oft an vielen Dingen der Partei arge Kritik geübt wurde, so kann ich doch keineswegs behaupten, daß hierbei bereits eine Kontrastellung Stauffenbergs zu Hitler und der NSDAP zu Tage getreten wäre. Hitler war für Stauffenberg ebenso wie für uns der Kanzler unseres Vaterlandes, dem wir unseren Fahneneid hatten schwören müssen.«[6]

Zu diesem Bericht fügt sich erläuternd eine Bemerkung von Rudolf Fahrner, der darauf hinweist, daß man Stauffenberg nicht mit den vereinfachenden Maßstäben des Für und Wider beurteilen dürfe. Jeder Versuch, so zu urteilen, übersehe »das Eigenständige seiner politischen Potenz, die das jeweils Vorhandene sachlich und wirkungsmäßig beobachtete und beurteilte als etwas, mit dem sie umgehen muß. Ich habe in dieser sachlich beobachtenden Einstellung zu Hitler und zum Nationalsozialismus, die emotionalen Äußerungen abgeneigt war, keine Abwandlung bemerkt, ebenso war die Ablehnung des Niedrig-Betrügerischen immer gleich deutlich.«[7]

So hat sich Stauffenberg, wie überliefert ist, einmal Anfang 1940 über einen Satz von Goebbels besonders empört, der erklärt hatte: »Die Tapferkeit, mit der die deutschen Kreuzfahrer in Palästina kämpften, wird zu Recht gerühmt. Um wieviel tapferer aber wird der deutsche Soldat in diesem Kriege kämpfen, in dem es nicht um fiktive Werte geht, sondern um das tägliche Brot und den Lebensraum des deutschen Volkes.« Stauffenberg fand diesen auf Proletariermaß zugeschnittenen Vergleich unerträglich.[8]

Eine besonders tiefgreifende Wirkung übten die brennenden Synagogen der Kristallnacht auf ihn aus; hier scheint sich eine entscheidende Wendung seiner Haltung gegenüber dem Regime angebahnt zu haben, eine Veränderung, die selbst seinen Kameraden erkennbar wurde.

> »Die Ereignisse der Kristallnacht November 1938 allerdings führten insbesondere bei Stauffenberg, der sich immer ganz besonders für Recht, Anstand und Sitte einsetzte, zu einer krassen Verurteilung der Geschehnisse mit dem Hinweis, welcher Schaden hierdurch für unser Vaterland in der gesamten Welt geschehen würde. In der Zeit nach dem November 1938 kritisierte Stauffenberg Personen der Gliederungen der NSDAP, die ihm dem Charakter und dem Benehmen nach ein Dorn im Auge waren, allerdings stärker als vorher.«[9]

Auch Loeper erinnert sich, daß es vor allem die Judenverfolgungen und die Unterdrückung der Kirchen waren, die Stauffenbergs Widerstand gegen den Nationalsozialismus zugrunde lagen.[10]

Im Frühjahr 1939 traf er seinen Freund Fahrner wieder und berichtete ihm von einer Panzerübung, bei der er selber in einem kleinen Panzer mitgefahren sei, um die Einsatzleistung der Panzersoldaten kennenzulernen. In diesem Zusammenhang sagte er einen Satz, der zeigt, wie weit er sich jetzt bereits von dem politischen Optimismus des Vorjahres entfernt hatte: »Der Narr macht Krieg.« Ein Jahr voraus hatte er sich noch nicht von der Meinung abbringen lassen, daß Hitler alles vermeiden werde, was zum Ausbruch eines Krieges führen könnte. Anfang 1939 war es so weit, daß er den Krieg selber voraussagte. Dabei beschäftigte ihn der Gedanke, was einem Volk drohe, das in der gleichen Generation zweimal bestes Blut verliere.[11]

Nach seiner Rückkehr aus dem Polenfeldzug wurde Stauffenberg zum erstenmal mit dem Gedanken einer Erhebung konfrontiert, und zwar bei dem Besuch seines Onkels, des Grafen Nikolaus von Üxküll, und des Stellvertretenden Oberpräsidenten von Ober- und Niederschlesien, des Grafen Fritz von der Schulenburg. Die beiden Männer schilderten ihm die Entwicklung im Reich und erklärten ihm, daß er verpflichtet sei, einzugreifen oder wenigstens eine Stellung anzustreben, die ihm ein Eingreifen ermögliche.[12] Stauffenberg ging auf den Vorschlag nicht ein, weil er unrealistisch war. Selbst beim besten Willen hätte er von seiner Stelle als Ib einer Division aus nichts bewirken können, und auch die Stellungen, die rangmäßig anzustreben im Bereich des Möglichen lag, gaben ihm keine Chance zum Eingreifen.

Immerhin wurde Stauffenberg durch die Gespräche mit Üxküll und Schulenburg so bewegt, daß es seiner Umgebung auffiel. Vielleicht war es das Gefühl der Machtlosigkeit, vielleicht auch die Resignation, daß dieses scheinbar so mächtige und siegreiche Heer unfähig war, die Sauberkeit des Staates aufrechtzuerhalten. Anläßlich eines Gespräches mit Fahrner Anfang 1939 äußerte er sich sehr pessimistisch über die Widerstandskraft weiter Kreise des höheren Offizierskorps oder gar des maßlos aufgeblähten Heeres: Von Leuten, die sich schon ein- oder zweimal die Wirbelsäule gebrochen hätten, könne man nicht erwarten, daß sie bei einer neuen Entscheidung geradestünden.[19] Allerdings wies er in diesem Gespräch, das bei einem Spaziergang durch den winterlichen Wald stattfand, bereits auf den Mann hin, um den sich schließlich der deutsche Widerstand kristallisieren sollte, auf Generaloberst Beck: Er sei die zentrale Figur der Opposition gegen Hitler in der Wehrmacht.

II.

1940–1943

1. *Im Generalstab*

Im Feldzug gegen Frankreich wurde die 6. Panzerdivision bei der Ardennenoffensive eingesetzt. Ursprünglich hatte das deutsche Oberkommando für die Westoffensive einen Plan ausgearbeitet, der den Vorstellungen folgte, die Schlieffen – Chef des Generalstabes der Armee vor dem 1. Weltkrieg – für einen Angriff gegen Frankreich ausgearbeitet hatte. Danach sollte das operative Schwergewicht der Offensive im Norden liegen, der entscheidende Durchbruch über Südholland und Belgien erfolgen und deshalb das Gros der deutschen Truppen am nördlichen Teil der Front zusammengezogen werden. Aber General von Manstein gelang es, Hitler für die Idee eines Panzerdurchbruchs durch die Ardennen zu gewinnen. Die Franzosen erkannten zwar dank ihres Feindnachrichtendienstes, des 2. Büros, daß sich der deutsche Schwerpunkt des Aufmarsches nördlich der Mosel befand – und auch fast alle deutschen Panzerverbände. Gamelin, der französische Generalstabschef, hielt jedoch einen Panzerdurchbruch durch die Ardennen und über die Maas für unmöglich.[1]

Am 10. Mai begann die Offensive, am 13. Mai waren die südbelgischen Festungen bereits durchbrochen, am 13. und 14. Mai wurde der Maasübergang bei Monthermé erzwungen. Damit stand den deutschen Panzern kein gravierendes natürliches Hindernis mehr im Wege. Sie stießen in einer zügigen Panzeroperation gegen die

Somme-Mündung nach Abbéville vor, eine Bewegung, die später als »Sichelschnitt« charakterisiert wurde.

Während dieses Vorstoßes erhielt Stauffenberg seine Versetzung in die Organisationsabteilung des Generalstabes, die ihn 1938 vergeblich angefordert hatte. Mit deren Chef, Oberst Buhle, der Stauffenberg mit einer gewissen Skepsis empfing, verband ihn bald vorbildliche Zusammenarbeit und Vertrauen.[2]

Der Generalstab hatte seit 1918 eine Entwicklung durchgemacht.[3] In der aus dem kaiserlichen Heer herauswachsenden Reichswehr verschmolzen die bisher getrennten preußischen und süddeutschen Stäbe. Schlieffen hatte den königlich-preußischen Generalstab im Sinne preußischen Machtdenkens erzogen; in der Reichswehr machte sich die viel freiere, einseitigen Dogmen abgeneigte Art des Süddeutschen geltend. Das Gewicht des süddeutschen Elements brachte es mit sich, daß nach der Wiederaufrichtung eines selbständigen Generalstabes im Jahre 1935 zuerst Ludwig Beck, ein Hesse, und dann Franz Halder, ein Bayer, an die Spitze dieser Kommandobehörde gestellt wurden. Auch die Ausbildung und Erziehung des Nachwuchses lag im wesentlichen in den Händen älterer Generalstabsoffiziere, die aus dem Süden stammten. Nach außen wirkte der Generalstab weiterhin als streng hierarchisch aufgebautes Ganzes, aber der viel freiere und namentlich in seiner Einstellung zur Staatsautorität viel ungebundenere süddeutsche Charakter machte sich geltend und wurde von Beck und Halder bewußt gefördert.

Die Wandlung wirkte sich besonders wohltuend auf das Verhältnis zwischen den jungen Offizieren und ihren Vorgesetzten aus. Generaloberst Halder schreibt:

»Ich habe in meinem langen Leben nirgends einen so

offenen, natürlich immer formgerechten, aber oft genug sich zu einem erbitterten Ringen auswachsenden Meinungsaustausch erlebt wie innerhalb des Generalstabes ohne Rücksicht auf Dienstgrad und Alter. So kam es, daß die Generalstabsoffiziere in Chefstellungen mit ihren Mitarbeitern jüngerer Dienstgrade in einem Verhältnis standen, in dem jeder Kommandoton fehlte, die geistigen und menschlichen Qualitäten im Vordergrund standen und die jungen Offiziere den Älteren persönlich näherstanden und genauer bekannt waren, als das früher in der mir aus dem königlich-preußischen Generalstab wohlbekannten preußischen Schule der Fall gewesen war.«[4]

Bis zum Ende des Jahres 1942 herrschte, solange Halder Chef des Generalstabes war, hier eine von Mißtrauen freie Atmosphäre. Auch die dem Nationalsozialismus ablehnend gegenüberstehenden Offiziere konnten ihre fachliche und politische Meinung äußern, ohne daß sie eine Denunziation befürchten mußten.[5]

Aus der Zeit seines Amtsantritts in der Organisationsabteilung ist ein sehr aufschlußreicher Brief Stauffenbergs an seine Gemahlin erhalten geblieben, in dem Stauffenberg seinen Arbeitsbereich beschreibt und in dem er bereits die Schwierigkeiten erwähnt, denen sich der Generalstab schon damals ausgesetzt sah und die im Laufe des Krieges immer größer wurden:

17. 6. 40

»Gestern Abend!! erhielt ich erstmals Post von Dir durch den guten Berndt. Es scheint in die OKH-Post ein völliges Durcheinander geraten zu sein. Wahrscheinlich ist viel verloren gegangen.

Du frägst nach meiner Tätigkeit: Ich habe das Referat

Friedensheer. Dieses mitten im Krieg, aus den beweglichsten und durchschlagendsten Operationen, die je denkbar waren, herausgerissen, zu übernehmen, hat etwas zumindest höchst Eigentümliches. Die Aufgabe kann naturgemäß jetzt sehr interessant werden, denn nach jedem Krieg fängt man gewissermaßen ganz neu wieder an. So wird man die ganze bisherige Organisation, Aufbau, Zusammensetzung, innere Gliederung usw. überprüfen müssen und gleichzeitig ganz neue Gedanken erwägen müssen. Auf diese Weise wird dies Arbeitsgebiet demnächst zentrale Bedeutung erlangen. Trotzdem ist das Brot, das man ißt, nicht leicht, denn in einer so großen und hohen Behörde, die in so vielen und gerade den wichtigsten Fragen mit gleichgestellten Behörden gekoppelt und wiederum von einem absoluten Führer mit höchst eigenen Gedanken abhängig ist, ist die Divergenz der sachlichen Meinungen nicht nur ungewöhnlich groß, sondern es sind auch dauernd die verschiedenartigsten Erwägungen politischer, personeller und taktischer Art zu berücksichtigen. So wird man sich damit abfinden müssen, daß in den großen Fragen alle Mühe und Arbeit durch einen unvorhergesehenen Führerentscheid umsonst war und daß in vielleicht den meisten anderen der Kompromiß, oft der windige Kompromiß zur Herrschaft kommt.
Meine Erfahrungen aus dem Aufbau der Führung und Versorgung einer neuzeitlichen Panzerdivision kommen mir hier natürlich zugute. Das sind wahrscheinlich auch für meine Vorgesetzten die Gründe, mich auf diesen Stuhl zu setzen. Daß es gelingen wird, nun manches durchzusetzen, wofür ich von der Truppe aus lang und vergeblich gekämpft habe, ist offenbar.
Neben den grundsätzlichen Fragen des Friedensaufbaus ist natürlich dauernd Laufendes auf organisatori-

schem Gebiet zu erledigen, und das nimmt, wie meist, zunächst die Hauptzeit in Anspruch.

Abt.-Chef ist Oberst Buhle, ein energischer, nicht übertrieben feiner Schwab. Sein Vertreter ist Helmut Reinhardt, der gleichzeitig mit mir hinversetzt wurde. Das Kriegsheer bearbeitet ein Hptm. Schmidt, auch schwäbischer Infanterist, so daß das Unternehmen reinrassig ist.«[6]

Wie der Brief erkennen läßt, standen die Aufgaben, die durch die Kriegführung aufgeworfen wurden, an erster Stelle und überfremdeten die eigentliche Aufgabenstellung, die durch die Referatsbezeichnung »Friedensheer« zum Ausdruck kam. Deshalb wurde später diese Bezeichnung aufgegeben und das Referat als »Gruppe II« der Organisationsabteilung geführt.

Stauffenbergs Aufgabengebiet umfaßte die Kriegsspitzengliederung und die rückwärtigen Dienste. Er hatte die Organisation und die Befugnisse von hohen Kommandobehörden des Feldheeres, des Ersatzheeres und der besetzten Gebiete auszuarbeiten und vorzuschlagen, eine bei der damaligen Zersplitterung der Spitzengliederung sehr wichtige Aufgabe. Hinzu kamen die Organisationsfragen des Ersatzheeres und der Freiwilligenverbände innerhalb des Heeres sowie aller nicht zum Feldheer gehörenden militärischen Verbände – Polizei, Zollgrenzschutz – und der paramilitärischen Formationen wie SS und SA. Manche dieser Organisationen wurden auch außerhalb des Oberkommandos des Heeres (OKH) verantwortlich bearbeitet, z. B. beim Oberkommando der Wehrmacht (OKW), bei der SS-Führung, beim Reichsinnenminister. In solchen Fällen hatte Stauffenberg die Forderungen des Heeres auf diesen Gebieten zu vertreten.[7]

Stauffenberg war anfangs entsetzt über die nüchterne

Skepsis und die Sorgen, die im Generalstab herrschten. Er, der gerade von der Front kam, war erfüllt von jenem Siegesgefühl, das damals in Deutschland die meisten Menschen erfaßt hatte, selbst solche, die Hitler und seinem System ablehnend gegenüberstanden. Stauffenberg glaubte, 1918 sei überwunden, Deutschland habe nun alles in der Hand und könne die Neuordnung des europäischen Gefüges bestimmen. Dabei schwebte ihm allerdings etwas anderes vor als jene »Neuordnung Europas«, wie sie die Nationalsozialisten planten. Der Krieg durfte nach seiner Vorstellung nicht zu einer Kolonialisierung Europas führen, sondern nur zu einer endgültigen Beseitigung der jahrhundertealten Spannungen. Stauffenberg bezeichnete es später als eine der Hauptursachen der deutschen Niederlage, daß es Hitler nicht vermocht habe, das Verhältnis zwischen Deutschland und Frankreich zu bewältigen.[8]

Mitte 1940 aber hielt Stauffenberg noch alle Möglichkeiten einer positiven politischen Entwicklung für offen. Als er in die Organisationsabteilung kam, fand er hier, wie er es damals sehen mußte, nahezu Defaitisten, die sich Sorge über Stahl und Mannschaftsstärken machten, während die Armee an der Front Sieg um Sieg errang. Die durch die verschiedenen Standpunkte bedingten Differenzen in der Lagebeurteilung drohten sogar einen Schatten auf die langjährige Freundschaft zu werfen, die ihn mit seinem Vorgänger, Major von Pezold, verband. Dieser übergab daher das Ressort innerhalb von drei Tagen, obwohl hierfür zwei Wochen vorgesehen waren.[9]

In der Organisationsabteilung blieb Stauffenberg bis zum Anfang des Jahres 1943. Er machte alle Standortveränderungen des Generalstabes mit – Godesberg, Chimay in Belgien, Fontainebleau, Zossen, Mauerwald in Ostpreußen, Winniza in der Ukraine und wieder Mauerwald[10] – und erlebte hier die entscheidenden Jahre des

Krieges, die Zeit der Feldzüge auf dem Balkan, in Afrika und das Vordringen der deutschen Truppen nach Rußland, aber auch das Jahr 1942, in dem der Krieg seine für Deutschland katastrophale Wendung nahm.

Der Aufgabenbereich Stauffenbergs erforderte viele Dienstreisen, sowohl an der Front als auch in den rückwärtigen Gebieten. Er ist von den Offizieren der Organisationsabteilung derjenige, der im Kriegstagebuch von 1942, das erhalten geblieben ist, wegen seiner Reisen am häufigsten namentlich erwähnt wird. Stauffenberg hatte Truppen auf ihre Einsatzbereitschaft zu prüfen, in Berlin mit dem Chef des Heimatheeres über Feld-Unteroffizier-Schulen, Ausbildungsfragen bis hin zur Ersatzlage des Sanitätspersonals Verhandlungen zu führen, aber auch grundsätzliche Fragen des Aufbaus des Offizierkorps zu lösen oder mit dem Kommando der Schutzpolizei über eine einheitliche Regelung für die baltischen Schutzmannschaften zu verhandeln.[11]

Bei diesen Besprechungen kamen ihm sein Verhandlungsgeschick und seine gewinnende Art besonders zugute.

»Urteilsfähigkeit, Sicherheit des Auftretens und die Fähigkeit, überlegen mit allen möglichen Gegenstellen zu verhandeln, hatten ihn mehr bekannt werden lassen, als es aus seinem Alter, Dienstgrad und seiner Dienststellung zu erwarten war«, schreibt Müller-Hillebrand, von April bis Oktober 1942 Stauffenbergs unmittelbarer Vorgesetzter. Stauffenberg erfüllte seine dienstlichen Aufgaben vom ersten bis zum letzten Tag mit aller ihm zur Verfügung stehenden Genauigkeit und Energie. Auch als die Einsicht in ihm reifte, daß dieser Krieg Deutschland in eine unermeßliche Katastrophe zu stürzen drohte, beeinträchtigte das seine Arbeitsintensität nicht.[12]

Stauffenbergs Arbeitsweise schildert der 1942 als Reserveoffizier in den Generalstab versetzte und mit ihm befreundete Major Freiherr von Thüngen:

»Wie war dieser Mann? Ein wenig ahnte ich das schon nach dem Ruf, der ihm vorausging. ›Einer unser Allerbesten, weit über dem Durchschnitt, das Beste ist sein Charakter.‹ Dieser Ruf wurde bestätigt, wenn man ihn bei der Arbeit zu sehen Gelegenheit hatte. Ich habe die Tür von Claus nie geöffnet, ohne ihn am Fernsprecher anzutreffen, vor Stößen von Papier, die Linke am Hörer, die Rechte, mit dem Bleistift bewaffnet, die Akten wendend. Mit lebhafter Miene, je nach dem Gesprächspartner lachend (ohne das ging's eigentlich nie) oder schimpfend (auch das fehlte selten) oder befehlend oder dozierend, gleichzeitig aber schreibend, entweder nur die großen raumgreifenden Buchstaben der Unterschrift oder die kurzen, auffallend präzisen Aktenvermerke. Neben ihm meist der Schreiber, der in Wartepausen in fliegender Eile Aktenvermerke, Briefe, Notizen aufnimmt, nicht ohne daß Claus vergessen hätte, das so peinlich eingehaltene Beiwerk eines hohen Stabes (Briefkopf, Betreff, Bezug) pedantisch genau zu diktieren. Claus gehörte zu den Menschen, die gleichzeitig mit aller Konzentration mehrere Arbeiten erledigten. In erstaunlichem Maß hatte er die Fähigkeit, Akten zu bearbeiten, d. h. zu lesen und Wesentliches von Unwesentlichem mit einem Blick zu trennen, bei seiner Arbeit ein ungeheurer Vorteil. – Ebenso erstaunlich und auffallend waren seine Konzentrationsfähigkeit, die Klarheit seiner Ausdrucksweise und die blitzartigen, den Nagel auf den Kopf treffenden Zwischenbemerkungen, die seinen Partner nicht selten in Verwirrung brachten. Bei meinen Besuchen hatte er meistens einen zwölf-, auch vierzehn- bis sechzehnstündigen Arbeitstag mit Telephon,

Vortrag, Besuch, Diktat, Aktenstudien, Vortragsnotizen usw. hinter sich. Sein Arbeitstempo war rasend, seine Konzentration eisern, in diesen Nachtstunden so frisch wie am Morgen. Seine Nerven und seine Gesundheit, die er gewiß nicht schonte, waren beneidenswert.«[13]

Auch von seinen Mitarbeitern forderte Stauffenberg diese rücksichtslose Einsatzbereitschaft.

»Sie sahen oft angespannt und ermüdet aus bis zum Äußersten ihrer Leistungsfähigkeit, das Arbeitstempo war auch bei ihnen rasend, die Anforderungen ihres Chefs ohne Rücksicht, aber man spürte es bei allen Gelegenheiten, allen Kleinigkeiten, in denen sich das Verhältnis von Menschen kundtut: Sie liebten und verehrten ihren Chef, und daher gaben sie das Letzte her, weil sie von seinem Geist der Pflichterfüllung und der Leistung gepackt waren.«[14]

Trotz seiner Jugend gewann Stauffenberg auch hier überall Vertrauen. Jeder, der ihn einmal kennengelernt hatte, besucht ihn gern wieder, wenn er seinem Herzen Luft machen wollte. Nicht nur gleichaltrige oder ranggleiche Offiziere, selbst Generäle, die von der Front oder dem Ersatzheer zum Generalstab kamen, suchten häufig die Gelegenheit, sich mit ihm zu unterhalten. Kam Stauffenberg zu spät zum Essen, hieß es sofort: »Da weint sich wieder ein General bei ihm aus.« Es strömten Dinge auf ihn zu, die ihm eigentlich seiner Kompetenz nach gar nicht zukamen. Daß er damit gegen eine Hitlersche Verfügung verstieß, kümmerte ihn nicht.[15] Interessierte ihn etwas, dann beschäftigte er sich damit, selbst wenn er seinen formalen Zuständigkeitsbereich überschritt.

Was ihn für seine Gesprächspartner so anziehend machte, war sein klares, niemals voreiliges Urteil, sein Mut zur Offenheit und seine Fähigkeit, für jeden Besucher Zeit zu haben und ihm in Ruhe zuzuhören.[16]

So war er für viele »die Idealgestalt eines jungen Generalstabsoffiziers, ein Feuerkopf, dessen Temperament durch Nüchternheit und die strenge Schule der Generalstabsausbildung so gezügelt war, daß man mit ihm schnell zu sachlichen Ergebnissen kommen konnte«.[17]

Vor allem bestach er immer wieder durch seinen großen Charme und seinen herzerfrischenden Humor. Das gab ihm die Möglichkeit, seinen Vorgesetzten Dinge zu sagen, die sie von anderen nicht hingenommen hätten. Er hielt mit seiner Meinung auch dort nicht zurück, wo schon Mut dazu gehörte, sie auszusprechen, aber er konnte selbst einen scharfen Widerspruch in eine Form kleiden, die nie brüskierend oder unangemessen wirkte.[18]

Auch über seine Tätigkeit im Generalstab finden sich Urteile, die frühere Zeugnisse sinngemäß wiederholen. Fachliche Leistung und charakterliche Integrität – davon spricht schon Walzer in seiner Charakteristik 1933, diese Begriffe finden sich in den Bekundungen aus der Dienstzeit bei der 1. Leichten Division und wiederholen sich in den Mitteilungen von Kameraden und Vorgesetzten aus dem Generalstab. Generaloberst Zeitzler, Halders Nachfolger als Chef des Generalstabes, sah in Stauffenberg »schon damals einen späteren guten Korps- und Armee-Chef«.[19] Generalmajor Kleikamp, seit 1942 als Oberst Chef der Personalabteilung für Generalstabsoffiziere (Generalstab/Zentralabteilung), erinnert sich, daß sämtliche Beurteilungen über Stauffenberg sehr gut waren.

»Graf Stauffenberg hatte die Anlagen und das Zeug dazu, einmal die höchsten militärischen Stellen zu erreichen. Er war zweifellos ein Nachwuchs bester Prägung, wie wir ihn für die höchsten Kommandostellen brauchten.«[20]

Über zweieinhalb Jahre arbeitete Stauffenberg in der Zentrale, in ständiger Nähe zum Führerhauptquartier, in dauernder Verbindung zu den führenden Offizieren des Heeres, in fortwährender Auseinandersetzung mit den militärischen und politischen Gegebenheiten dieses Krieges. Die Erfahrungen dieser zweieinhalb Jahre im Generalstab haben seinen Weg in die aktive Opposition gegen Hitler bestimmt. Besondere Bedeutung für ihn gewannen die Freundschaft und das Vertrauen, mit dem ihn Generaloberst Halder seit 1940 auszeichnete. Wenn auch der Umgang des Generalstabschefs mit jüngeren Offizieren seines Stabes ein normaler Vorgang war, so wurde doch die persönliche Verbindung Stauffenbergs zu Halder von seinen Kameraden als ungewöhnlich empfunden. So erklärt der damalige Major i. G. de Maizière:

»Er, der zwei bis drei Stufen tiefer stand, war von der Organisationsabteilung neben dem Abteilungschef der einzige, der von Zeit zu Zeit unmittelbar bei Halder vortrug und mit dem sich Halder persönlich unterhielt.«[21]

Der Impuls für die über das Fachliche hinausreichenden Meinungsäußerungen Stauffenbergs ging von Halder selbst aus.

»Der Anlaß zu Alleinvorträgen junger Mitarbeiter bei mir war immer eine rein militärisch-fachliche Frage. Die Offiziere hätten wohl keine weltanschaulichen oder politischen Fragen angeschnitten, wenn ich ihnen nicht das Stichwort dazu in der Aussprache unter vier Augen gegeben hätte. Ich wußte von Stauffenbergs Einstellung zu Hitler und gab ihm durch Äußerungen oder Fragen die Bahn zur Aussprache frei. Nachdem einmal der Gleichklang festgestellt war und Stauffenberg bei mir eine Einstellung spürte, die vielleicht noch schroffer, dafür vielleicht aber überlegter war als die seinige, bedurfte es keines Stichwortes meinerseits mehr, um ihn nach Erledigung seines militärischen Auftrages zu freimütiger Aussprache zu bringen. Dann bat er selbst, seine Gedanken vortragen zu dürfen.«[22]

Stauffenbergs charakterliche Eigenart zog Halder – nach eigenem Urteil – »magnetisch« an:

> »Ich habe Claus von Stauffenberg als eine tief in der Verantwortung vor Gott verwurzelte Herrennatur empfunden, die sich nicht mit gedanklichen Klärungen und Diskussionen zu begnügen geneigt war, sondern zur Tat drängte.«[23]

»Herrennatur«, so erläutert Halder diesen Begriff, sei hier »im Sinne der abtretenden Generation, zu der auch [er] gehöre«, zu verstehen und habe mit den Klassenbegriffen ›Herr‹ und ›Diener‹ nichts zu tun. »Im Gegensatz zu dem in seinem Denken und Handeln von äußeren Einflüssen abhängigen Massenmenschen verstehe ich unter ›Herrennatur‹ einen Menschen, der Kraft und Mut in sich trägt, die Aufgaben des Lebens unter eigener Verantwortung zu lösen. ›Herrentum und Dienen‹ widersprechen sich nicht, wenn die Herrennatur in eigener Verantwortung sich zum Dienen entschließt, z. B. dem Vaterland oder einer Idee.«[24]

Nächst Beck, dem Chef des Generalstabes des Heeres bis zum August 1938, verbinden sich mit dem Namen Halder die ersten konkreten Staatsstreichpläne gegen Hitler. Als die Sudetenkrise im September 1938 ihrem Höhepunkt zustrebte und es offensichtlich wurde, daß Hitler, nach seinen eigenen Worten, entschlossen war, »um der Rückführung der Sudetendeutschen willen auch einen Weltkrieg nicht zu scheuen«, war es Generaloberst Halder, der zusammen mit General von Witzleben, Oberst Oster und Admiral Canaris diese Entwicklung verhindern wollte. Es wurde bereits oben erwähnt,[25] daß die beabsichtigte Festnahme Hitlers und seine Verklagung vor dem Reichsgericht deshalb nicht durchgeführt wurde, weil dieser in letzter Minute dem Konferenzvorschlag Mussolinis zustimmte, der zu dem Münchener Abkommen vom 29. September 1938 führte. Damit entfiel für die Opposition das Argument, Hitler treibe verantwortungslos in einen neuen Weltkrieg.[26] Sie fürchtete, im deutschen Volk bei der neuen Lage kein Verständnis für einen Staatsstreich zu finden. Das Scheitern dieses Planes und die Faszination, die die erfolgreiche Hasardpolitik Hitlers auch auf seine Gegner ausübte, führten dazu, daß 1939, als der Krieg tatsächlich ausbrach, keine Absprache mehr vorlag, um Hitler in den Arm zu fallen.

Zwischen dem Polen- und dem Frankreichfeldzug verdichteten sich die Pläne, Hitler zu verhaften, noch einmal. Halder erteilte Anfang November 1939 Oberst Oster den Auftrag, die Vorbereitungen von 1938 zu überprüfen und zeitgemäß zu überarbeiten. Während dies geschah, kam es am 5. November zu einem dramatischen Zusammenstoß zwischen Hitler und von Brauchitsch, dem Oberbefehlshaber des Heeres. Hitler erhob gegen die Generalität schwere Beschuldigungen und drohte an, er werde den »Geist von Zossen« ausrotten. In Zossen saß der Generalstab des Heeres; Halder befürchtete, Hitler habe von den Plänen erfahren, und wies Oster an, die den Staatsstreich betreffenden Unterlagen zu vernichten. Als sich jedoch später herausstellte, daß die Bemerkung Hitlers nicht auf einem bestimmten Verdacht beruhte, sondern nur auf seiner allgemeinen Aversion gegen die »Schwarzseherloge«, wie er den Generalstab gelegentlich bezeichnete, war es für eine Rekonstruktion zu spät. Zu dem schnellen Entschluß Halders, die Putschpläne aufzugeben, mag beigetragen haben, daß seine Recherchen über die Teilnahmebereitschaft der Truppenkommandeure kaum brauchbare Zusagen erbracht hatten.[27] Auch noch bei einem dritten Ansatz für einen Umsturz war Halder beteiligt. Anfang 1940 hatte der Rechtsanwalt Dr. Joseph Müller im Auftrag von Generaloberst Beck in Rom mit dem englischen Geschäftsträger verhandelt, um festzustellen, wie sich die Westmächte verhalten würden, wenn in Deutschland eine neue Regierung an die Macht käme. Die Verbindung lief über den Vatikan; Pius XII. wirkte persönlich bei der Vermittlung mit. Die Westmächte zeigten sich sehr konzessionsbereit, in der Hoffnung, der Umsturz könne einer Eröffnung des Kampfes im Westen zuvorkommen. Den Bericht über diese Verhandlungen erhielt Halder, der ihn seinem Oberbefehlshaber vorlegte. Aber Brauchitsch ließ sich zu keiner neuerlichen Aktion mitreißen. Damit wurde diese für Deutschland vorteilhafte Übereinkunft hinfällig: Am 10. Mai 1940 begann die Offensive gegen Frankreich.[28]

Als Stauffenberg zum Generalstab versetzt wurde, bewegte alle, die sich nicht dem blinden Glauben an die Größe des Führers hingaben, sondern die militärische und politische Lage selbständig zu überdenken wagten, diese eine Frage: Was nun? Stauffenberg erklärte, der Sieg sei ohne Sinn, wenn es nicht gelinge, Deutschland und Frankreich einander näherzubringen; aus der alten Feindschaft der beiden Nationen müsse endlich etwas Neues entstehen.[29] Aber Hitler, wohl auf dem Höhepunkt

Die Familie: Graf Alfred Stauffenberg (sitzend) mit seinen Söhnen Berthold, Claus und Alexander, 1924.

Gräfin Nina und Claus Schenk Graf von Stauffenberg verlassen nach ihrer Trauung am 26. September 1933 in Bamberg die Jakobskirche.

Claus Schenk Graf von Stauffenberg in Bingen, 1935.

Oben: *Stauffenberg als Leutnant, 1934.*

Unten: *Stauffenberg mit seinen Söhnen Franz Ludwig und Heimeran, 1940.*

Stauffenberg auf seinem Pferd anläßlich der Abschiedsparade in Bamberg, 1934.

Bei einem Reitturnier in Heiligenhaus, 1935.

Stauffenberg mit Albrecht Mertz von Quirnheim (rechts) im Hauptquartier in Winniza (Ukraine), 1942.

Stauffenberg mit Freiherr von Bonin auf seinem Gefechtsstand in Afrika vor seiner Verwundung 1943.

seines Erfolges, versagte – nach dem Urteil Halders – in dem Augenblick, als er wirklich seine staatsmännische Größe beweisen mußte. Der Krieg war von ihm ausgelöst worden, ohne daß die aus dem Kriegsentschluß sich ergebenden Möglichkeiten durchdacht worden wären. Ein politisches Konzept für die Behandlung des besiegten Frankreich gab es nicht. Solange der Krieg weiterging, waren die Formen militärischer Besetzung gerechtfertigt, zumal England den Krieg weiterführte und, selbst nach Hitlers Meinung, unangreifbar blieb.[30] Wohl hatte Deutschland mit dem Sieg über Polen und Frankreich sowie der Besetzung von Dänemark, Norwegen und den Benelux-Staaten seine territorialen Nachbarn unterworfen, aber wie konnte man zu friedensmäßigen Formen zurückkehren?

> »Diese völlig unbefriedigende Situation, trotz aller Siege nicht gesiegt zu haben, erschien den nicht vom Geist Hitlers Geblendeten nur lösbar auf politischem Wege, das heißt durch Verzicht auf jede deutsche Machterweiterung nach Westen und durch weitgehendes Entgegenkommen zu einem baldigen Friedensschluß«, schreibt Halder und fährt fort: »An diesen Fragen entzündete sich auch die Diskussion der jüngeren Generalstabskreise im OKH. Die Verfechter kühler Überlegung und weisen Maßhaltens diskutierten mit den stürmischen Vertretern Hitlerscher Uferlosigkeit [...] Natürlich war Claus Stauffenberg ein Vertreter der ruhigen Überlegung und des Maßes.«[31]

In einem Feldpostbrief vom 19. Juni machte Stauffenberg einige Bemerkungen über den Ausgang des Frankreich-Feldzuges, die keineswegs ein übersteigertes Siegesbewußtsein zum Ausdruck bringen, sondern beinahe so etwas wie ein Bedauern erkennen lassen über den Zusammenbruch dieser großen Nation.

> »Das französische Débacle ist furchtbar. Sie sind völlig geschlagen, ihr Heer vernichtet, ein Schlag, von dem sich dieses Volk nicht so leicht wird wieder erholen können.«[32]

In einem Brief zwei Tage später kam Stauffenberg noch einmal auf die Frage des französischen Zusammenbruchs zurück, der ihn sehr bewegt zu haben scheint: Ebenso wie Frankreich aus der Sicherheit seines Sieges von 1918 gestürzt wurde, so könne es jeder Nation ergehen, die sich des Erreichten zu sicher fühle. Die Hellsicht des damals 33jährigen Offiziers ist bewundernswert, der in diesem Augenblick des großen militärischen Triumphs das Ziel einer wirklichen nationalen Erziehung darin sieht, der Jugend bewußt zu machen, daß nur das ständige Streben nach Erneuerung den Bestand einer Nation garantieren könne:

> »Heute in einer Woche jährt sich der Tag des Versailler Vertrages. Welche Veränderung in welcher Zeit! Neben Triumph und Freude ist da unvermeidbar die Überschau über die drei Jahrzehnte, die wir miterlebten mit dem Wissen, wie wenig Endgültiges es gibt und daß die schroffste Umwandlung, ja Umkehr wahrscheinlicher ist als ein Beharren auch nur für wenige Jahre. Wenn wir das unseren Kindern beibringen, daß nur der dauernde Kampf und das dauernde Streben nach Erneuerung vor dem Untergang rettet – und dies um so mehr, je größer das schon Erreichte ist – und daß Beharren, Erhalten und Tod identisch sind, dann haben wir den größten Teil unserer nationalen Erziehungspflicht geleistet.«[33]

Die Gespräche, die Halder mit seinen Gesinnungsfreunden führte, kreisten immer wieder um die Frage, wie man die Bindung Deutschlands an einen Menschen verhindern könne, der weder Maß noch moralische Qualität besitzt. Der Kreis derjenigen, die mit Halder sofort gleichen Sinnes waren, »denen der Widerstand gegen den Geist Hitlers gewissermaßen im Blute saß« (Halder), bestand aus den Offizieren der älteren Jahrgänge, Mitarbeitern des Generalstabschefs, wie den Generälen Fellgiebel und Wagner oder Admiral Canaris. Aber Halder bemühte sich ständig, »vielversprechende junge Generalstabsoffiziere heranzuholen, obwohl ich wußte, daß sie praktisch wenig zur Lösung der großen Fragen [...] dafür um so mehr stimmungsmäßig für die richtige Beurteilung des Diktators« beitragen konnten.[34] Halder und Stauffenberg fanden sich in der Überzeugung, daß Hitler von der Spitze des Staates entfernt werden müsse. Ein Attentat wurde aber abgelehnt:

> »[...] Stundenlang haben wir immer wieder die Möglichkeiten geprüft, wie man den Unhold beseitigen könne, ohne die in Feindberührung stehende Armee in der Erfüllung ihrer Vaterlandsverteidigung empfindlich zu schädigen und ohne das ganze Staatsgefüge zu erschüttern [...] Die Stimmung weiter Kreise Deutschlands war durch den französischen Feldzug für Hitler eingenommen worden. Neben den Möglichkeiten und Mitteln eines Umsturzes stand daher der Zeitpunkt besonders zur Diskussion. Alles das sind Gedanken, die ich mit Claus Stauffenberg, soweit ich mich erinnere, besprochen habe. Auch in der späteren Zeit, in welcher sich der Entschluß Hitlers zum Angriff auf Rußland immer mehr herausbildete, und schließlich in der Zeit der Kriegsführung in Rußland drehten sich die Ge-

> sprache um ähnliche Fragen, wie Hitler, ohne zum Märtyrer gemacht zu werden, mit militärischen Mitteln aus dem Sattel gehoben und die Gewalt der Partei gebrochen werden könne.«[35]

Über die Frage, wer nach einem Staatsstreich die Führung des Staates übernehmen solle, wurde zwischen Halder und Stauffenberg nicht gesprochen; es sei nicht die Aufgabe der Soldaten gewesen, »über den vierten oder fünften Schritt zu diskutieren, bevor die Möglichkeit zum ersten gegeben war«. Nach Halders Auskunft schwebte Stauffenberg eine am englischen Vorbild orientierte »Demokratie mit straffer Führung« vor. Aber die Männer wußten, daß zuerst nur eine Militärdiktatur in Frage kommen konnte, die allerdings so bald wie möglich von einer zivilen Staatsführung abgelöst werden mußte. »Ebenso klar war, daß diese zivile Staatsführung demokratisch organisiert sein müsse.«[36]

Halder hatte schließlich an den Ereignissen des 20. Juli keinen Anteil mehr, aber es ist sicher, daß Stauffenberg in den Gesprächen mit ihm an Klarheit des politischen Urteils gewann, die ihn später, in Verbindung mit der ihm eigenen Tatkraft, befähigte, die deutsche Opposition zu ihrer geschichtlichen Tat mitzureißen. Stauffenbergs Ablehnung des Hitlerschen Systems datierte nicht erst, wie behauptet wurde,[37] aus den Tagen der Katastrophe von Stalingrad:

> »Seine Kritik fußte einwandfrei auf dem weltanschaulich begründeten Gegensatz seines Wesens zum Geiste Hitlers.«[38]

Kritik allein ist jedoch noch keine aktive Opposition. Stauffenberg war nicht der einzige, der sich mit eigenwilligen Äußerungen hervorwagte. Aber die meisten blieben hier stehen. Halder selbst liefert das beste Beispiel. Ihm, dem wir den inneren Abscheu gegen Hitler durchaus glauben, war es nicht möglich, sich aus den Verpflichtungen seines Amtes zu lösen, bis Hitler ihn nach schweren Zerwürfnissen selbst entließ. Wir spüren es aus den Mitteilungen Halders selbst, daß er sich in ein Netz von Bedenken eingesponnen hatte – die in Feindberührung stehende Armee, die Stimmung weiter Kreise in Deutschland, die Absicht, Hitler nicht zum Märtyrer werden zu lassen –, ein Netz, das ihn am Durchbruch zu einer entscheidenden Tat hinderte, und so wie ihm ging es vielen an der Spitze der Wehrmacht. Die Gespräche mit Halder waren für Stauffenberg zweifellos von großem persönlichem Wert, aber letztlich waren es andere Einflüsse, die seinen Weg in den entschlossenen Widerstand gegen Hitler bestimmten, Anstöße, die aus seiner täglichen dienstlichen Arbeit kamen.

2. *Das Jahr 1942*

In der Form, in der dieser Krieg geführt wurde, enthüllte sich weit mehr als nur der strategische Dilettantismus Hitlers. Der ganze Ungeist des Nationalsozialismus konnte sich unter Berufung auf die militärische Notwendigkeit austoben.

Das begann bereits bei der Kriegsspitzengliederung. Stauffenberg hatte sich ständig mit den Auswirkungen der unsinnigen, von Hitler angeordneten Befehlsverhältnisse auseinanderzusetzen, und er scheute nicht davor zurück, seine schroffe Kritik in aller Öffentlichkeit zu äußern. Einen Vortrag vor Absolventen der Kriegsakademie in Berlin 1941 begann er mit einem Satz, der sich in der Erinnerung eines Zuhörers in folgender Form erhalten hat:

»Unsere Kriegsspitzengliederung ist noch blöder, als die befähigsten Generalstabsoffiziere sie erfinden könnten, wenn sie den Auftrag bekämen, die unsinnigste Kriegsspitzengliederung zu erfinden.«[1]

Hitler ließ die Führung des Krieges nicht von einer zentralen, verantwortlichen Kommandobehörde leiten, sondern förderte die Entwicklung einer Reihe rivalisierender Stellen. Aus seinem Mißtrauen gegen das OKH und den Generalstab heraus versuchte er, deren Einfluß möglichst zu beschränken. Den Generalstab degradierte er zu einem Frontoberkommando und beschränkte seine Zuständigkeit allein auf die Ostfront; alle anderen Kriegsschauplätze wurden vom Wehrmachtführungsstab geleitet. Damit wurde dieser aber seiner eigentlichen Aufgabe, der Verantwortung für die Wehrmacht als Ganzes, entzogen, so daß schließlich nicht nur ein Mangel an Koordinierung der Kriegsschauplätze, sondern auch der Wehrmachtsteile entstand.[2] Das bereits bestehende Führungschaos gegeneinander abgeschirmter und miteinander rivalisierender Gruppen – OKW/GenStdH mit Auslandsabwehr (Canaris), OKW/Wehrmachtführungsstab, Hermann Göring, das Reichssicherheitshauptamt – wurde mit der Zeit noch durch Organisationen einzelner Ministerien und der Partei – »Auswärtiges Amt« gegen »Büro Ribbentrop«, das Ostministerium unter Rosenberg und seitens der Partei die A(uslands) O(rganisation) der NSDAP unter dem Gauleiter Bohle – vergrößert. Von manischem Mißtrauen besessen, war es Hitler wichtiger, mit Hilfe dieses Durcheinanders eine ihm möglicherweise gefährliche Machtkonzentration an irgendeiner Stelle zu verhindern, als eine angemessene Kriegsspitzengliederung zuzulassen.

Für einen Augenblick schien sich Ende 1941 das Befehlsgestrüpp zu lichten. Nach dem Mißerfolg der deutschen Offensive gegen Moskau kam es zwischen Hitler und Brauchitsch zu schweren Auseinandersetzungen, weil dieser die Rücknahme der Truppen für unumgänglich hielt. Als Hitler den Oberbefehlshaber des Heeres, wie schon oft, mit schweren Vorwürfen überhäufte, reichte Brauchitsch sein Rücktrittsgesuch ein. Daraufhin übernahm Hitler selber den Befehl über das Heer: »Das bißchen Operationsführung kann jeder machen.«[3]

Dieser Entschluß sollte in der Zukunft die unseligsten Folgen haben. Im Augenblick aber vermochte er die Zuversicht im Heer und in der Heimat wieder zu heben. Noch war das Vertrauen zu Hitler ungebrochen, und die Propaganda unterstrich nachdrücklich sein tiefes Verantwortungsbewußtsein, das ihn bewogen habe, selbst in die Bresche zu springen.[4]

Auch Stauffenberg ließ sich erstaunlicherweise von diesem momentanen Optimismus anstecken. Aus seinem Arbeitsbereich heraus hoffte er, es werde sich jetzt eine sinnvollere Spitzengliederung ergeben, eine Änderung, die dem Heer zugute kommen werde. Wie er einem Freund gegenüber erklärte, sei Brauchitsch mit seinen Nerven am Ende gewesen und habe nicht mehr die Kraft besessen, die Interessen des Heeres gegenüber den anderen Wehrmachtteilen, besonders gegenüber allen Parteiformationen, vor Hitler zu vertreten und durchzusetzen. Jetzt ergebe sich für den Chef des Generalstabes des Heeres endlich die Möglichkeit, Hitler unmittelbar Vortrag zu halten; dieser sei an dem Ergehen »seines Heeres«, zu dem jetzt ein unmittelbarer Kontakt bestehe, ganz anders interessiert als früher. Stauffenberg äußerte sogar die Zuversicht, daß die Lage an der Ostfront gemeistert werden könne.[5]

Die Entwicklung des Rußlandfeldzuges hatte die deutsche Armee zum erstenmal in diesem Krieg an den Rand einer Niederlage gebracht. Hitler hatte den ursprünglich vom Generalstab des Heeres direkt auf Moskau angesetzten Stoß zwei Monate nach dem Beginn der Offensive, seiner von Anfang an verfolgten Intention entsprechend, in zwei auseinanderstrebende Angriffskeile aufgeteilt, den einen nach Norden gegen Leningrad gerichtet, den anderen nach Süden gegen das Donez-Becken. Halder notierte in seinem Kriegstagebuch folgenden Führerbefehl: »Das wichtigste, noch vor Einbruch des Winters zu erreichende Ziel ist nicht die Einnahme Moskaus, sondern die Wegnahme der Krim, des Industrie- und Kohlengebietes am Donez und die Abschnürung der russischen Ölzufuhr aus dem Kaukasusraum, im Norden die Abschließung Leningrads und die Vereinigung mit den Finnen.«[6]

Dem Generalstab war von vornherein klar, daß die deutsche Wehrmacht einer personell und materiell überlegenen russischen Armee gegenüberstand, deren Kraft auf Grund der ungeheuren russischen Menschenreserven noch wachsen mußte. General Köstring, der langjährige Militärattaché in Moskau, später Kommandeur der Freiwilligenverbände, erklärte Ende 1941 ironisch, wenn man so weiter operiere, werde der Russe noch mobil machen.[7]

Die Unterlegenheit ließ sich anfangs nur wettmachen durch eine bewegliche Führung und die größere Kriegserfahrung der deutschen Truppen. Trotzdem bildete der Feldzug gegen Rußland von Anfang an ein so risikoreiches Unternehmen, daß Hitler dringend davor gewarnt wurde. Als er auf seinem Plan beharrte, erschien als einzige Möglichkeit, einen entscheidenden Erfolg zu erreichen, die Operationsrichtung auf Moskau unbedingt beizubehalten. Als Hitler von diesem Plan abging, schienen ihm zunächst die Anfangserfolge wieder recht zu geben.

Aber trotz großer Geländegewinne und Gefangenenzahlen wurden den Russen wohl taktische, aber keine strategisch entscheidenden Niederlagen beigefügt.

Deshalb entschloß sich Hitler schießlich doch noch zum Angriff auf die russische Hauptstadt. Aber es war zu spät; der Anfang Oktober erfolgte Angriff blieb bald im Schlamm stecken, weil der Winter, früher als erwartet, hereingebrochen war. Am 10. Oktober 1941 hatte der »Völkische Beobachter« noch mit roter Schlagzeile verkündet: »Der Feldzug im Osten entschieden«, zwei Monate später versackte der »Angriff auf Moskau« im Weichbild der Stadt, während der Gegner für die nächsten Monate das Gesetz des Handelns an sich riß. Der Zenit der deutschen Erfolge war überschritten.[8]

Stauffenberg hat die Strategie Hitlers mit diesem Angriff auf Moskau nicht grundsätzlich abgelehnt. Ende April 1942 traf er in Wuppertal mit seinem alten Divisionskommandeur von Loeper zusammen. Auf einem stundenlangen Spaziergang wurde über die Frontlage gesprochen. Dabei erzählte Loeper, er habe noch im Dezember 1941 den Befehl erhalten, mit seiner Division über eine Entfernung von reichlich 600 km hinweg bis nach Gorki, weit ostwärts von Moskau, vorzustoßen, um die hinter der Metropole liegenden Eisenbahnknotenpunkte zu besetzen und die russische Hauptstadt von ihren rückwärtigen Verbindungen abzuschneiden. Nach seiner Meinung, so erklärte Loeper, sei dieser Befehl Wahnsinn gewesen. Aber Stauffenberg widersprach: Man müsse gelegentlich alles auf eine Karte setzen, um ein entscheidendes Ziel zu erreichen, und die Eroberung der feindlichen Hauptstadt sei ein solches Ziel.[9]

Diese teilweise Zustimmung zu strategischen Entscheidungen Hitlers hinderte Stauffenberg jedoch nicht daran, dessen innenpolitische Maßnahmen schroff zu verurteilen. In dem Gespräch mit Loeper wurde auch die Rede berührt, die Hitler am 26. April 1942 vor dem Reichstag gehalten hatte und in der er die Forderung erhob, von nun an als oberster Gerichtsherr allein entscheiden zu können, wenn es das »Wohl« des deutschen Volkes erheische, »ohne an bestehende Rechtsvorschriften gebunden zu sein«.[10] Stauffenberg und Loeper waren sich darin einig, daß mit dieser Forderung und ihrer Erfüllung jede Rechtlichkeit aufgegeben worden sei.[11] Die Willkürjustiz erreichte nun gesetzmäßige Anerkennung: Hier kulminierte die Entwicklung, die am 30. Juni 1934 begonnen hatte, als Hitler, ohne sich um die ordentlichen Gerichte zu kümmern, die SA-Führer liquidieren ließ. Legislative, Exekutive und Jurisdiktion lagen von nun an in einer Hand. Recht war, was –nach Hitlers Meinung – dem Volke nützte. Diese bewußte Abwendung von jeder rechtlichen Norm mußte auch für die Wehrmacht entsprechende Konsequenzen haben. Schon der am 6. Juni 1941 erlassene sogenannte »Kommissar-Befehl« – alle in Gefangenschaft geratenen sowjetischen Kommissare sofort dem SD zur Liquidierung zu übergeben – ließ ahnen, in welcher Richtung er seine neuen Vollmachten ausüben würde. Ein Jahr später folgten dann auch Befehle wie der, Angehörige sogenannter Kommandounternehmen der Alliierten bei Gefangennahme sofort zu erschießen, oder der »Befehl für die Bandenbekämpfung«, der anordnete, daß jedes Mittel angewendet werden dürfe, wenn es zum Erfolg führe, selbst die Erschießung von Frauen und Kindern.[12]

Stauffenbergs Hoffnung auf eine sachkundigere Führung und klarere Befehlsverhältnisse nach der Übernahme des Heeresbefehls durch Hitler wurde schnell enttäuscht. Die alten Rivalitäten zwischen Heer, Luftwaffe, SS und anderen Organisationen brachen erneut aus. Hitler bevorzugte weiterhin diejenigen Wehrmachtteile, die ihm im nationalsozialistischen Geiste gefestigter erschienen als das Heer.

Schon 1941 hatte Stauffenberg in seinem erwähnten Vortrag vor Absolventen der Kriegsakademie die Frage gestellt: »Wodurch unterscheiden sich SS-Divisionen von Heeres-Divisionen?« und die ironische Antwort gegeben: »Dadurch, daß die SS-Divisionen die bessere Ausrüstung bekommen, aber keine Divisions-Geistlichen haben.«[13]

Mit welchen Schwierigkeiten der Generalstab bei der Versorgung des Heeres zu kämpfen hatte, schilderte Stauffenberg dem ehemaligen Ordonnanzoffizier der 6. Panzerdivision, Werner Reerink, den er im April 1942 im OKH traf. Verfüge z.B. die Organisationsabteilung, daß von einem Automobilwerk eine feste Anzahl von Kraftfahrzeugen zu einem bestimmten Termin bereitgestellt werden müsse, weil sie für die Aufstellung oder Auffrischung neuer Divisionen benötigt werde, dann habe entweder bereits die SS die Hand daraufgelegt oder die Luftwaffe über Göring schon alles »einkassiert« und nach eigenem Gutdünken eingesetzt. Ebenso liege es mit der Munition, mit den Panzern, ja sogar mit dem Rekrutennachschub. Der gesunde Menschenverstand gelte in dieser Atmosphäre kaum verhohlener Gegnerschaft nichts mehr.[14]

Das Kriegstagebuch der Organisationsabteilung des Generalstabes des Heeres aus dem Jahre 1942 belegt diese Bemerkung Stauffenbergs mit exakten Beispielen. Bei der Zuteilung der Freiwilligen, von denen man einen im militärischen Sinne besonders guten Einsatz erwarten konnte, erhielt das Heer nur 45 %, obwohl es den weitaus größten Anteil an kämpfender Truppe zu stellen und die höchsten Ausfälle zu verzeichnen hatte. Aber Hitler hielt es für wichtiger, die Freiwilligen den nationalsozialistischen Kerntruppen zuzuweisen. Trotz eines mündlichen

Vortrags des Chefs des Generalstabes in dieser Sache lehnte er eine Änderung der Quote ab.[15] Die SS-Truppen wurden materiell in den besten Zustand gebracht, selbst wenn dadurch die Ausrüstung des Heeres in Gefahr geriet. Zwischen dem 1. Juli und dem 30. September 1942 bezog die Waffen-SS fast doppelt so viele Personen- und Lastkraftwagen, wie ihr nach dem Kontingent zustanden, und erreichte damit fast 50% der Heereszulieferung. Bei den Opel-Werken konnte sie sogar mit einem eigenen Material-Kontingent und eigenen Arbeitskräften produzieren lassen.[16]

Auch die Luftwaffe erhielt nicht nur einen unverhältnismäßig hohen Anteil an Freiwilligen, sie konnte auch unangemessene Ansprüche für die materielle Ausstattung stellen. Als es darum ging, durch den Einsatz von Frauen die Ausfälle des Heeres zu decken, blockierte die Luftwaffe dieses Programm durch maßlose Forderungen. In einer Besprechung beim OKW am 23. Oktober 1942 standen sich folgende Zahlen gegenüber: Heer 31000, Marine 33000 und Luftwaffe 136000 Frauen.[17] Mitte September 1942 erging vom OKW der Befehl zum Aufbau von 10 bis 12 Luftwaffenfeldbrigaden, die in ihren Mannschaften von der Luftwaffe stammen und in ihrer Ausrüstung vom Heer versorgt werden sollten. Sie waren dazu bestimmt, das Heer im Erdkampf zu unterstützen. Einen Monat später wurde die Aufstellung weiterer 12 Luftwaffenfelddivisionen angeordnet, obwohl dieses Programm aller militärischen Vernunft widersprach. Da diese Einheiten nicht mit den Bedingungen des infanteristischen Kampfes vertraut waren, ließ sich voraussehen, daß sie, ihren Aufgaben nicht gewachsen, viel zu schnell ausbrennen würden. Das Richtige wäre gewesen, die Luftwaffensoldaten in die für den Erdkampf geschulten Truppen des Heeres, vor allem nach entsprechender Ausbildung als Unterführer, einzugliedern. Hinzu kam, daß die technische Ausstattung der Luftwaffenformationen den notwendigen Nachschub an Material für das Heer erheblich beeinträchtigte:

»Der für 11–12 Luftwaffenfelddivisionen notwendige Kfz-Bedarf beläuft sich auf 6000 Kraftfahrzeuge, was wiederum die Zurückstellung der Auffüllung von 4–5 Pz.-Div. zur Folge hat.«

Der damalige Chef der Organisationsabteilung, Oberstleutnant Müller-Hillebrand, entschloß sich, seine Bedenken gegen die Aufstellung der Luftwaffenfelddivisionen in einer Denkschrift niederzulegen. Aber Göring wachte darüber, daß er das Personal der Luftwaffe unter seiner Kommandogewalt behielt. Trotz der Einwände der Organisationsabteilung hielt die Führung an den Luftwaffeneinheiten fest.[19]

Seit dem Winter 1941/42 konnten die Verluste des Heeres durch den herbeigeführten Ersatz nicht mehr gedeckt werden. Das Kriegstagebuch notierte am 20. Januar einen Fehlbetrag von 93000 Mann. Besonders schwere Verluste entstanden bei der Heeresgruppe Mitte, wo 95000 Toten, Verwundeten und Vermißten nur 10300 Zugänge gegenüberstanden.[20] Dieser Fehlbestand, so ergaben die Vorausberechnungen, würde sich bis zum 1. Juni 1942 auf 340000 Mann erhöhen.[21] Aber die tatsächliche Entwicklung überholte alle Prognosen. Als man am 1. Juni die vorhandene Mannschaftsstärke mit den Vorausberechnungen verglich, waren die Voraussagen noch um 25000 Mann hinter den Verlusten zurückgeblieben.[22] Am 1. November 1942 betrug die Fehlstellenzahl bereits 800000 Mann, und man erwartete, daß sie bis zum Frühjahr 1943 auf 1,2 Millionen steigen werde.[23] Besonders schwere Verluste erlitt das Heer im August und September 1942: In diesen beiden

Monaten lagen die Abgänge um 270 000 Mann über den Zugängen.[24]

Stauffenberg und seine Mitarbeiter in der Organisationsabteilung suchten verzweifelt nach Möglichkeiten, diese Entwicklung in irgendeiner Form abzufangen.

Die Forderung nach weiteren Einberufungen von Uk.-Gestellten in der Heimat fand ihre Grenze an den Forderungen der Wirtschaft.[25] Die Möglichkeit, durch Auflösung stark angeschlagener und auseinandergerissener Verbände das Potential für den Aufbau neuer, voll besetzter Formationen zu gewinnen, lehnte Hitler aus »politischen und propagandistischen Gründen grundsätzlich ab«.[26]

Das Kriegstagebuch schreibt hierzu:

> »Die Zahl der Fehlstellen [verteilt sich] auf etwa 110 Infanterie-Verbände des Ostens. Die dann bei diesen Divisionen noch vorhandenen Fehlstellen sind so hoch, daß sich das Aufrechterhalten des Divisionsrahmens im Verhältnis zur geringen Gefechtskraft nicht mehr lohnt. Daraus ergibt sich als günstigste Lösung die Auflösung einer so hohen Zahl von Infanterie-Divisionen, daß bei den verbleibenden Verbänden das Verhältnis zwischen Rahmen und Gefechtskraft tragbar und rationell wird.«[27]

Da Hitler sich jedoch dieser Lösung verschloß, ging die Organisationsabteilung dazu über, die Stärke der Divisionen von neun auf sechs Bataillone herabzusetzen und unterschiedliche Divisionstypen zu schaffen, »so unangenehm für die Führung es auch sein mag, innerhalb der Verbände mit verschiedener Gefechtskraft und Beweglichkeit rechnen zu müssen«. Außerdem wurde im März 1942 die Kürzung der Militärverwaltung und der Kommandobehörden im Westen befohlen.[28] Am 8. Oktober 1942 erging eine Anordnung »zur Hebung der Gefechtsstärke«, die Stauffenbergs Abteilung ausgearbeitet hatte. Der Befehl ordnete eine zehnprozentige Kürzung auch der Kommandobehörden des Ostheeres und des Oberkommandos des Heeres an. Außerdem sollten sämtliche nicht an der Front eingesetzten Verbände Alarmeinheiten bilden, in denen vorübergehend die entbehrlichen Offiziere, Unteroffiziere und Mannschaften zusammengefaßt und planmäßig infanteristisch ausgebildet werden sollten, um entweder Fronteinheiten vorübergehend abzulösen oder zusätzlich bei schweren Kämpfen eingesetzt werden zu können.

Dieser Schilderung der Lage scheint es zu widersprechen, daß die »Ist-Stärke« des Feldheeres während des Jahres 1942 noch immer anstieg. Im Juni betrug die Gesamtstärke 3954862 Offiziere, Unteroffiziere und Mannschaften, am 1. November 4207000 Mann.[30] Aber die militärischen Anforderungen hatten diese Steigerung des Potentials bereits weit überholt.

In Afrika wandte sich die Lage nach dem Festlaufen der deutschen Operation vor El Alamain immer mehr zu Ungunsten der deutsch-italienischen Truppen.[31] Die Befürchtung wuchs, daß die Alliierten irgendwo an der französischen oder norwegischen Küste eine Landung versuchen könnten. Für die Erhöhung des Küstenschutzes mußten Truppen aus der Ostfront herausgezogen, Divisionen, die bereits für die Rußlandfront vorgesehen waren, im Westen belassen und ausgebaut werden.[32] Gegen Ende des Jahres erzwang die Entwicklung in Afrika zusätzlich noch eine beschleunigte Verstärkung der Küstenverteidigung Italiens.[33]

Die entscheidende Überforderung des deutschen Potentials führte jedoch die Offensive in Südrußland Mitte 1942 herbei.

Schon am 21. Januar war »die neue Weisung des Führers für die Umorganisation und Auffrischung des Heeres zur Vorbereitung der Operation des Jahres 1942« eingetroffen.[34] Aus der Stellungnahme der Organisationsabteilung ging hervor, daß es nicht mehr möglich sei, die für die Operation vorgesehenen Truppen voll auszurüsten. Man werde »eine volle personelle Auffrischung bis Operationsbeginn nur dann [erreichen können], wenn über die ursprünglich vorgesehenen personellen Reserven hinaus weiteres ausgebildetes Personal aus der Heimat (Freigabe von Uk.-Gestellten) gewonnen werden kann«.[35]

Um eine hundertprozentige personelle Auffüllung der für die Offensive vorgesehenen Heeresgruppe Süd zu erreichen, mußte man im Mai und Juni die Ausbildungszeit der Rekruten, die den Heeresgruppen Mitte und Nord zugeführt werden sollten, von sechs auf zwei Monate herabsetzen.[36]

Die materielle Ausrüstung der Offensivtruppen ließ sich nicht mehr in der erforderlichen Höhe erreichen. In der Stellungnahme der Organisationsabteilung heißt es:

> »Volle kraftfahrzeugmäßige Auffrischung der Operationsverbände und Heerestruppen ist nicht möglich. Der voraussichtliche Bedarf an Kraftfahrzeugen kann nur zu etwa 50% aus Neuanfertigung gedeckt werden, wenn nicht auf eine entsprechende Zahl von Verbänden und Heerestruppen verzichtet wird.«[37]

Einen Monat vor dem Beginn der Offensive vermerkt das Kriegstagebuch,

> »daß die Verbände der Heeresgruppe Süd mit Angriffsbeginn in der Masse als ausreichend beweglich bezeich-

net werden können, falls nicht durch vorhergehende Operationen wesentliche neue Verluste und Verzögerungen der Auffrischung eintreten. Ebenso wird personell eine ausreichende bis volle Auffüllung zu erreichen sein. Entscheidend für die Führung der Operation ist jedoch, daß die materielle Durchhaltefähigheit der Verbände nicht mehr auf den Stand des Sommers 41 gebracht werden kann.«[38]

Am Tage des Operationsbeginns, am 28. Juni 1942, stellt das Kriegstagebuch fest, daß die schnellen Verbände 1. Dringlichkeit, also die wichtigsten Offensivtruppen, nur mit 80% der erforderlichen Panzerwagen ausgerüstet seien.[39]

Das Heer hatte eine Angriffstruppe aufgestellt, die zwar nicht mehr die volle Kampfkraft besaß, aber noch als einigermaßen ausreichend aufgefüllt und ausgerüstet bezeichnet werden konnte. Das gelang jedoch nur unter Anspannung aller Kräfte; es standen keine wesentlichen Reserven mehr zur Verfügung. Die deutsche Wehrmacht brachte ihre letzte Trumpfkarte in das Spiel.

Die Offensive erhielt eine doppelte Stoßrichtung: nach Süden in den Kaukasus und nach Osten auf Stalingrad zu. Trotz gewisser Anfangserfolge konnte sie jedoch ihre beiden operativen Ziele nicht erreichen; das Potential erschöpfte sich in den weiträumigen und auf zwei divergierende Ziele zugleich angesetzten Stoßrichtungen. Das eine Ergebnis dieser Kriegsführung war »Stalingrad«, und diese Katastrophe zeichnete sich im Kriegstagebuch der Organisationsabteilung bereits ab, bevor die Sommeroffensive 1942 überhaupt begonnen hatte.

Ende 1942 trafen in der Organisationsabteilung die Führerbefehle für die Operationen des Jahres 1943 ein. Obwohl der Zusammenbruch der Sommeroffensive längst zu erkennen war, vermochte Hitler immer noch nicht die Gegebenheiten realistisch zu beurteilen. Die Organisationsabteilung arbeitete pflichtgemäß die für die geplanten Operationen notwendigen Anforderungen an die Rüstung aus, aber als wolle sie sich vor dem Verdacht schützen, sie könne von sich aus auf diese irrealen Zahlen gekommen sein, setzte sie hinzu: »Für die Aufstellung der Forderungen waren ergangene Führerbefehle maßgebend.«[40] Kurz darauf erklärte der Chef der Heeresrüstung, »daß die Forderung nur zu einem Bruchteil zu erfüllen ist«.[41]

3. *Die Ostfreiwilligen*

Das wichtigste Mittel, mit dem das deutsche Heer im Osten die ungeheuren Verluste an Menschen auszugleichen versuchte, bildete die Einstellung sowjetischer Kriegsgefangener in deutsche Einheiten.

Nach den ersten erfolgreichen großen Schlachten des Rußlandfeldzuges fanden sich viele Kriegsgefangene bereit, bei deutschen Formationen zu arbeiten. Zuerst leisteten sie nur technische Hilfe, etwa als Fahrer oder an der Feldküche, mit der Zeit aber wurden sie auch als Maschinengewehrträger eingesetzt und schließlich Bestandteil der kämpfenden Truppe. Es gab Divisionen, die bis zu 15% aus derartigen Freiwilligen bestanden; schließlich diente etwa eine Million ehemaliger sowjetischer Soldaten im deutschen Heer.[1] Schon in den ersten Januartagen 1942 vermerkt das Kriegstagebuch:

> »Der Anregung verschiedener AOK folgend, wird (wegen fühlbarer Schwächung der Sicherungskräfte) der Befehl zur Aufstellung von Hundertschaften aus entlassenen Kriegsgefangenen und dem Bolschewismus

feindlich gesinnter Landeseinwohner gegeben [...] Darüber hinaus wird die Aufstellung von Legionen bis zur Regiments-Stärke erwogen, um sie auch in der Front einzusetzen.«[2]

Anfangs wurden die Kriegsgefangenen von jeder Truppe nach eigenem Ermessen eingestellt, ohne daß sich eine höhere Dienststelle zuständigkeitshalber darum kümmerte. Als jedoch die Verpflegung und Ausrüstung der Freiwilligen nicht mehr von den Truppen selbständig bewältigt werden konnten, mußte sich die Organisationsabteilung einschalten. Die Bearbeitung aller mit den östlichen Freiwilligen zusammenhängenden Fragen wurde der Gruppe II zugewiesen. Nach Aussage eines der daran beteiligten Offiziere war es im wesentlichen das Verdienst Stauffenbergs und seines Mitarbeiterkreises, daß die Freiwilligen nicht der SS, sondern dem OKH unterstellt wurden.[3]

Vorausgegangen war im Oktober 1941 der Besuch zweier türkischer Generäle im Führerhauptquartier. Sie hatten angeregt, im Osten aus den mohammedanischen Kriegsgefangenen einen türkisch-mohammedanischen Freiwilligen-Verband zu schaffen, ähnlich der im 1. Weltkrieg in Wünsdorf aufgestellten Mohammedanischen Legion.[4] Das Ostministerium griff diesen Vorschlag auf und erreichte es schließlich, daß Verbände für alle kaukasischen und Turkvölker aufgestellt werden durften. Es entstanden armenische, aserbaidschanische, georgische, nordkaukasische, turkestanische und wolgatatarische Einheiten. Später gelang sogar die Aufstellung eines Kosakenkorps unter General Helmuth von Pannwitz, da die Kosaken Hitler gegenüber als ein Volk unbekannter Herkunft bezeichnet wurden, das nicht slawischen Ursprungs sei. Russen wurden damals zu den Freiwilligenverbänden nicht zugelassen.[5]

Hitler war allerdings den Freiwilligenverbänden nicht sehr geneigt. Einmal fürchtete er, sich dadurch Verpflichtungen aufzuerlegen, die ihn später an der »Neugestaltung des Ostens« hindern könnten.

»Während die Truppe die Aufstellung möglichst vieler Hundertschaften auf Grund der erfolgten Bewährung wünscht, hält der Führer an dem Grundsatz fest, nur in dem unbedingt notwendigen Ausmaß diese Aufstellungen zu genehmigen, da er politische Auswirkungen sonst befürchtet, die einer späteren Entscheidung über die Frage der Behandlung der besetzten Ostgebiete vorgreifen würde«, schreibt das Kriegstagebuch.[6]

Zum anderen war er davon überzeugt, daß die östlichen Völker überhaupt nicht zum Kampfe geeignet seien, was den Tatsachen gröblichst widersprach, aber seiner Vorstellung gemäß war. Nach Hitlers Überzeugung war es das Vorrecht des deutschen Soldaten, sein Blut im Kampf zu vergießen, dem Russen stehe nur zu, seinen Schweiß zu vergießen. Die politischen Möglichkeiten, die sich daraus ergaben, daß Hunderttausende sowjetischer Soldaten bereit waren, auf deutscher Seite gegen die eigenen Landsleute zu kämpfen, hat Hitler nicht erkannt oder wollte er nicht erkennen. Wahrscheinlich begriff er instinktiv, daß die Motive der Freiwilligen auch sein eigenes System gefährden konnten: Die Aufnahme russischer Freiwilliger hätte bedeutet, daß im deutschen Heer Menschen kämpften, die ihr eigenes Land von einer totalitären Herrschaft zu befreien versuchten. Außerdem wäre damit die so praktikable Identifizierung des russischen Menschen mit dem Sowjetsystem ebenso hinfällig geworden wie die von Goebbels verbreitete These vom »russischen Untermenschen«.

Lehnte Hitler aus ideologischen Gründen die Freiwilligenverbände ab, so fehlte den meisten hohen deutschen Heerführern das Verständnis für eine Kriegführung mit Hilfe fremdvölkischer Freiwilliger. Es ist bezeichnend, daß die Männer, die sich heißen Herzens für eine politisch gerechte und humane Behandlung der Menschen im Osten einsetzten, überwiegend der jungen Generation des deutschen Offizierkorps angehörten.

Stauffenberg und seine Mitarbeiter vertraten die Meinung, den Freiwilligen werde man am ehesten gerecht, wenn man sie in eigenen Verbänden organisiere, ihnen eigene Uniformen und Offiziere gebe, kurz, eine »russische Befreiungsarmee« aufbaue. Er hielt es für möglich, den Krieg gegen die Sowjetunion in einen russischen Bürgerkrieg zu verwandeln. Aber diese Vorstellungen liefen sich tot, weil sie den Anschauungen der nationalsozialistischen Machthaber nicht entsprachen.[7] So mußte sich Stauffenberg darauf beschränken, die Gleichberechtigung der Ostfreiwilligen mit den Angehörigen der deutschen Wehrmacht sicherzustellen. Da sie nur in Bataillone zusammengefaßt, unter deutschem Kommando und mit deutschem Rahmenpersonal aufgestellt werden durften, setzte er sich dafür ein, daß sich die Behandlung der Freiwilligen in nichts von der der deutschen Soldaten unterschied.

Als Hitler von der ständigen Zunahme der einheimischen Bataillone erfuhr, verbot er am 10. Februar 1942 jede weitere Aufstellung.[8] Der entsprechende Befehl ging – nach Stauffenbergs abgemilderter Redaktion – an die Generalkommandos und lautete: »Der Führer hat entschieden, daß die Aufstellung zusätzlicher ukrainischer und baltischer Kampfverbände für Sicherungsaufgaben oder an der Front – als Feldeinheiten – zu unterlassen ist.«[9] Da dieser Befehl aber nicht strikt befolgt wurde, sah sich Hitler im Juni veranlaßt, abermals einzugreifen und nachdrücklich zu befehlen, daß ab 1. August keine weiteren Verbände dieser Art mehr aufgestellt werden dürften.[10]

Da aber die bis dahin aufgestellten landeseigenen Verbände nicht aufgelöst zu werden brauchten, wirkte die Gruppe II der Organisationsabteilung darauf hin, die noch herrschenden Diskriminierungen zu beseitigen. Am 25. Juni 1942[11] fand im Amtszimmer des Generalquartiermeisters, General Wagner, eine Besprechung statt, die sich mit den Freiwilligenbataillonen beschäftigte. Einer der Teilnehmer, Dr. von Mende, der Beauftragte des Ostministeriums, berichtete darüber:

> »Den Vorsitz bei der Besprechung führte General Wagner selbst. Ihm standen als Sachbearbeiter Oberstleutnant Schmidt von Altenstadt und als Vertreter der Organisationsabteilung des OKH Graf Stauffenberg zur Verfügung. Als Vertreter der politischen Instanz – und zwar des Reichsministeriums für die besetzten Ostgebiete – war außer mir der damalige Leiter der Politischen Abteilung dieses Ministeriums und Verbindungsmann zum OKH, Dr. Otto Bräutigam, zugegen.[12] [...] Dieser offiziellen Besprechung gingen eine Reihe interner Besprechungen voraus, die ich in Berlin oder Rastenburg mit den beiden Herren Schmidt von Altenstadt und Graf Stauffenberg zur Frage der Ostfreiwilligen und der Ostpolitik geführt hatte. Die Besprechung war also intern gut vorbereitet. Nach einer kurzen Eröffnung durch General Wagner trug Dr. Bräutigam die politischen Aspekte zu einer Gleichstellung der Ostfreiwilligen mit deutschen Soldaten vor, die von mir durch Hinweise zur nationalen Aufgliederung der Verbände ergänzt wurden. Zweiter Referent war Graf Stauffenberg, der in vorbildlicher Weise die politische

Anregung – entsprechend den Vorbesprechungen – aufgriff und aus dem Stegreif einen Erlaß formulierte, der die Gleichstellung der Ostfreiwilligen festlegte. In sehr geschickter Weise drang er darauf, daß die Beteiligten bereits während der Besprechung eventuelle Bedenken anmeldeten oder, wenn solche nicht vorlägen, ihre Zustimmung zu seinem Vorschlag gäben. Er wollte dadurch verhindern, daß die Frage der Ostfreiwilligen durch eine breite Behandlung in verschiedenen Ressorts unnötig verzögert würde. Das ist ihm damals ohne Schwierigkeit gelungen.«[13] Dr. Bräutigam ergänzte dazu: »In allen diesen Fragen war es eine Freude, mit Graf Stauffenberg zusammenzuarbeiten, da er auch für die mit der Aufstellung dieser Verbände verbundenen politischen Fragen großes Verständnis aufbrachte.«[14]

Zwischen den Freiwilligen und den deutschen Soldaten gab es anfangs auf fast allen Gebieten Ungleichheiten, die im Grunde auf Diskriminierungen hinausliefen: ob es sich um die Behandlung, die Ausstattung mit Marketenderwaren, den Sold, die Familienunterstützung, die Dienstgradabzeichen oder die Auszeichnungen handelte. Als Hitler die Freiwilligen mit Uniformen ausstatten wollte, die zwar den deutschen ähnlich, aber anders gefärbt sein sollten, wandte sich Stauffenberg mit der ihm eigenen Energie gegen diesen Plan wie auch gegen einen anderen, nach dem die Kriegsgefangenen durch eine Tätowierung auf dem rechten Hinterteil gekennzeichnet werden sollten.[15] Außerdem setzte er durch, daß den Angehörigen der landeseigenen Verbände nicht nur die für sie bestimmte »Tapferkeitsauszeichnung für Angehörige der Ostvölker«, sondern auch das Eiserne Kreuz verliehen wurde.[16]

Im August erschien unter dem Aktenzeichen GenStdH/

Org.Abt. (II) eine »Verfügung über landeseigene Hilfskräfte im Osten«, die durch einen gesonderten Befehl über »Turkische Einheiten im rückwärtigen Gebiet« ergänzt wurde.[17] Diese Verfügung Nr. 8000/42 enthielt alles, was die Aufstellung, den Einsatz, die Zuständigkeit und die Behandlung der landeseigenen Kräfte betraf, die in vier Gruppen eingeteilt wurden:

a) die Turk- und Kosaken-Einheiten, deren Kampfeinsatz zugelassen war,
b) die landeseigenen Sicherungsverbände für die rückwärtigen Gebiete und den Partisanenkampf,
c) der landeseigene Ordnungsdienst als ausführendes Organ örtlicher deutscher Dienststellen und
d) die Hilfswilligen, ein durch diesen Befehl in die militärische Terminologie neu eingeführter Begriff: Landeseinwohner und entlassene Kriegsgefangene, die als Freiwillige zu technischen Diensten herangezogen wurden.[18]

Soweit es die Möglichkeiten seiner Abteilung erlaubten, tat Stauffenberg alles, um die Lage dieser Einheiten zu bessern. In einer Besprechung am 5. November wurden mit der Kriegsverwaltung, dem Heeresintendanten und dem Heeresarzt die Grundlagen für weitere Maßnahmen der Versorgung und Fürsorge geregelt.[19] In einem Falle mußte zum Beispiel verhindert werden, daß Turk-Bataillone ohne ausreichende Winterbekleidung eingesetzt wurden.[20]

Von den besetzten Gebieten der Sowjetunion erfuhr der Nordkaukasus die glimpflichste Behandlung. Seine Bevölkerung war weder slawischen Ursprungs, noch lagen deutsche Siedlungspläne für dieses Gebiet vor. Außerdem schien es hier geboten, Rücksicht auf türkische Reaktionen zu nehmen. Stauffenberg suchte deshalb nach einer geeigneten Persönlichkeit für die Funktion eines militärischen Sonderbeauftragten im Kaukasus, die bei den Deutschen und den Freiwilligen gleichermaßen als Autorität anerkannt würde. Sein Mitarbeiter Hans von Herwarth schlug ihm den ehemaligen deutschen Militärattaché in Moskau, General der Kavallerie Köstring vor, von dem bereits einmal die Rede war (S. 104). Dieser, als Sohn deutscher Eltern in Rußland geboren, hatte sich die Ungnade Hitlers zugezogen, weil er beschwörend vor einem Krieg gegen Rußland warnte.[21]

Herwarth kannte Köstring von ihrer gemeinsamen Tätigkeit an der deutschen Botschaft in Moskau her und vermittelte die Bekanntschaft zwischen Stauffenberg und dem General.

> »Es erschien schwierig, diesen Mann für die Aufgabe des Organisators der Freiwilligen zu gewinnen, der keinen Teil mehr an dem haben wollte, was er selbst für ein Verbrechen hielt. Die Begegnung mit Stauffenberg überzeugte den General von der Notwendigkeit des Handelns. Beide fühlten sich wie von einer geheimen Kraft zueinander hingezogen. ›Welch wunderbare Persönlichkeit!‹ rief Stauffenberg aus, als General Köstring das Zimmer verlassen hatte. Auch Köstring erkannte das Genie des jungen Generalstabsoffiziers. Bei diesem Zusammentreffen – eine Sternstunde der Menschheit – wurde der Gedanke einer echten Befreiungsbewegung der Völker der Sowjetunion im Bunde mit einem anderen Deutschland geboren.
> An dem Widerstand der Umgebung Hitlers scheiterte der Gedanke Stauffenbergs, Köstring von Anfang an mit der Gesamtorganisation der Freiwilligen zu betrauen. Es gelang Stauffenberg nur, die Ernennung Köstrings zum General für Kaukasusfragen bei der Hee-

resgruppe A durchzusetzen. In der Zusammenarbeit mit seinem alten Freunde, Generalfeldmarschall von Kleist, ergingen Weisungen an die deutschen Truppen, sich gegenüber der Bevölkerung des Kaukasus so zu benehmen, als ob sie im Manöver im eigenen Lande wären. Die Kollektivwirtschaften wurden aufgelöst, der Bevölkerung wurde eine weitgehende Selbstverwaltung gegeben. Der Erfolg dieser Maßnahmen blieb nicht aus. Im Kaukasus gab es keine Partisanen, die nordkaukasischen Völkerschaften kämpften begeistert auf deutscher Seite.«[22]

In einer höchstwahrscheinlich von Stauffenberg für das Kriegstagebuch abgefaßten Notiz schlägt sich die Berufung von General Köstring in folgenden Sätzen nieder:

»Die Autorität des Generals Köstring erleichtert es wesentlich, an den verschiedenen Stellen (Chef H Rüst und BdE, OKW/Wpr., Gen.Qu. usw.) das richtige Verständnis zu wecken und die praktische Mithilfe zu erlangen. Org.Abt. schlägt vor, den General Köstring als Beauftragten des OKH in den Bereich der Heeresgruppe A zu entsenden, wobei der Gedanke erwogen wird, daß er späterhin als militärischer Befehlshaber im Kaukasus oder in ähnlicher Stellung verwendet werden könnte. Chef OKW stimmt nach Billigung durch den Führer dem Einsatz als Sonderbeauftragter des OKH zu.«[23]

Hitler, vom Generalquartiermeister Wagner gedrängt, erließ am 8. September 1942 eine Weisung, derzufolge im Kaukasus einheimische Marionettenregierungen errichtet werden durften. Wenige Tage später, am 13. September, trafen sich Stauffenberg, Altenstadt und Bräutigam und entwarfen ein detailliertes Programm, in dem sie formulierten, daß im Kaukasusgebiet nur »Begriffe wie Freiheit, Unabhängigkeit und Zusammenarbeit« zu verwenden seien.[24]

Stauffenberg sprach offen aus, daß der Krieg in Rußland, wenn überhaupt, nur dann zu gewinnen sei, wenn von der nationalsozialistischen Auffassung abgegangen werde, daß die Menschen im Osten minderwertige Lebewesen seien.[25] Seine harte Kritik ließ er nicht nur im Kreise von Freunden verlauten, er wandte sich auch mit einer Denkschrift an das OKW, in der er erklärte, daß die gegenwärtige Behandlung der Ostarbeiter »eine unverantwortliche Herausforderung des Ostens« darstelle.[26]

Als Stauffenberg im Oktober an einer Konferenz in Winniza teilnahm, zu der unter Vorsitz von Schmidt von Altenstadt etwa vierzig Generalstabsoffiziere versammelt waren, erhob er sich, nach dem Zeugnis eines der Teilnehmer, Otto Schiller, zu einer halbstündigen Stegreifrede und prangerte die deutsche Ostpolitik mit aller Leidenschaft an: Deutschland sei im Begriff, im Osten einen Haß zu säen, »der sich einstmals an unseren Kindern rächen« werde; der Krieg könne nur gewonnen werden, wenn es gelinge, die Menschen im Osten für Deutschland zu gewinnen. Im Augenblick sei die Ostpolitik dazu angetan, den Deutschen jene Menschenmassen zu Feinden zu machen. Es sei ein Skandal, daß zu einer Zeit, da Millionen deutscher Soldaten täglich ihr Leben in die Schanze schlügen, sich unter den führenden Männern niemand finde, der den Mut besitze, sich den Helm aufzusetzen und dem Führer diese Dinge ganz offen zu sagen, auch auf die Gefahr hin, daß er das mit seinem Leben bezahlen müsse.[27]

Einen wichtigen Erfolg konnte Stauffenberg Ende des

Jahres 1942 verzeichnen. Am 15. Dezember erhielt er die Erlaubnis, eine gesonderte Dienststelle für die einheimischen Verbände ins Leben zu rufen, den »General der Osttruppen«, eine zwar in erster Linie administrative Maßnahme, die aber die »Legitimierung« der Osttruppen innerhalb der deutschen Wehrmacht erzwang.[28]

Auch die Propagandistenschule in Dabendorf verdankte Stauffenberg ihren Etat und damit ihren Bestand. In ihr wurden russische Offiziere und Soldaten ausgebildet, die nach einem Schnellkursus in die Kriegsgefangenenlager und die Freiwilligeneinheiten geschickt wurden. Dank ihrer Tätigkeit wurden, in Zusammenarbeit mit der Abteilung Wehrmachtpropaganda (OKW/WPr IV), die gröbsten Mißstände in den Gefangenenlagern abgestellt; auch die Ostarbeiterlager profitierten davon.[29]

Die Mißstände in der Behandlung der östlichen Bevölkerung waren auch Gegenstand einer Besprechung, die am 18. Dezember 1942 im Sitzungssaal des Ostministeriums in Berlin stattfand. Zahlreiche Offiziere und Beamte – Offiziere aus den verschiedenen Abteilungen des Generalstabes, darunter auch Stauffenberg, sowie von Stellen des »rückwärtigen Heeresgebietes« – nahmen daran teil.[30] Nach dem Sitzungsprotokoll fand ein rückhaltloser Meinungsaustausch über die Mißhandlungen der Bevölkerung durch deutsche Beamte, die Zwangsaushebungen von Arbeitskräften, den Lebensmittelmangel, die tiefe Enttäuschung der Menschen statt. Für diese Lage war das Heer im Operationsgebiet nicht verantwortlich, sondern die politischen Instanzen hatten dafür einzustehen. Es gab nur eine Schlußfolgerung: Der augenblickliche Tiefstand in der Behandlung der Bevölkerung sei nicht mehr weiter tragbar; der Ernst der Lage und die notwendige Verstärkung der Truppe verlange eine positive Mitarbeit der Menschen im Osten.[31]

Alfred Rosenberg, der Chef des Ostministeriums, neigte selber zu einer humaneren Behandlung der östlichen Bevölkerung und fühlte sich nun durch das Einverständnis der Offiziere angespornt, persönlich bei Hitler anhand eines Memorandums die Hauptpunkte der Konferenz vorzutragen. Aber Hitler bestritt ihm, dem Chef des für die Ostpolitik verantwortlichen Ministeriums, die Zuständigkeit in solchen Fragen: »Er habe sich nicht in militärische Angelegenheiten einzumischen.« Den Vertretern der Wehrmacht ließ er bedeuten, sie dürften sich nicht ohne Genehmigung des OKW mit politischen Fragen befassen.[32]

Während sich Rosenberg schnell entmutigen ließ, griffen die Offiziere die Frage immer wieder auf: Die Obersten Schmidt von Altenstadt und Hans-Henning von Tresckow, der damals als Ia bei der Heeresgruppe Mitte war, verfaßten je ein Memorandum[33] – wie es bereits vorher der Chef der Abteilung Fremde Heere Ost im Generalstab, Generalmajor Reinhard Gehlen, getan hatte –, deren entscheidende Sätze in dem im Januar 1945 von der Organisationsabteilung herausgegebenen »Merkblatt für das Verhalten gegenüber ›Hilfswilligen‹« aufgegriffen wurden.[34]

Hans von Herwarth umreißt Stauffenbergs Einstellung zu der Behandlung der russischen Bevölkerung am Beispiel der Kollektivwirtschaften: Es sei, so Stauffenberg, falsch gewesen, das verhaßte Kolchossystem nach der deutschen Eroberung beizubehalten; man hätte, wie im Kaukasus, die Kollektive auflösen müssen, um den Völkern der Sowjetunion zu beweisen, daß man sie befreien wolle, und nicht, daß sie nur eine Sklaverei für die andere einzutauschen hätten.[35]

4. *Der Weg in die Entscheidung*

Ebensowenig wie Hitler wegen seines Slawenhasses fähig war, den Ostfreiwilligen eine gerechte und politisch zweckmäßige Behandlung zukommen zu lassen, so wenig vermochte er, die militärische Situation real einzuschätzen. Je bedrohlicher sich die kriegerische Lage entwickelte, um so häufiger griff Hitler in den Kampfverlauf ein und um so offensichtlicher wurde sein von reinem Wunschdenken gespeister Dilettantismus. Je weiter er sich von den Auffassungen seiner militärischen Berater entfernte, desto verhärteter und verbohrter reagierte er auf jeden nüchternen Vorschlag. Goebbels schrieb in sein Tagebuch: »Über die Generalität fällt der Führer nur negative Urteile. Sie beschwindele ihn, wo sie nur könne. Außerdem sei sie ungebildet und verstehe nicht einmal ihr eigenes Kriegshandwerk.«[1]

Die Generalstabsoffiziere hatten alle Mühe, Hitlers Einfälle, seine »Befehle«, sprachlich so zu fassen, daß wenigstens eine notdürftige militärische Logik erhalten blieb, wenn es sich auch mitunter nicht umgehen ließ, seinen Parteijargon beizubehalten, mit dem er die kämpfende Truppe »politisch ansprechen« wollte, um sie mit »fanatischem Willen« oder »heiligem Haß« zu erfüllen. Diesem propagandistischen Überschwang stand die sachliche Kühle des Generalstabes gegenüber, in dem man einhellig die Meinung vertrat: »Was von Hitler kommt, ist Unsinn.«[2]

Der Gedanke, falschen Befehlen und vor allem den von oben befohlenen Verbrechen, die in den besetzten Gebieten begangen wurden, in irgendeiner Form aktiven Widerstand entgegensetzen zu müssen, ergriff Stauffenberg zunehmend. In den Gesprächen mit Halder oder in den

Diskussionen der Generalstabsoffiziere drehten sich zunächst die Überlegungen weniger darum, eine radikale Gesamtlösung durch Absetzung oder gar Ermordung Hitlers anzustreben, sondern um die Suche nach Möglichkeiten, durch einzelne Korrekturen eine bessere Atmosphäre zu schaffen und durch Hinweise zu einzelnen Punkten eine Gesamtkorrektur der falschen Politik zu erreichen. Vor allem glaubte man, Hitler stehe unter dem Einfluß einer falschen und minderwertigen Kamarilla, von der er getrennt werden müsse.[3] Als sich aber trotz vieler Bemühungen nichts änderte, wandelte sich der Tenor der Gespräche dahin, ob es nicht erforderlich sei, Hitler den Oberbefehl über die Wehrmacht zu nehmen.[4] Auch dieser Gedanke versuchte das Problem von einem viel zu eingeengten Standpunkt her zu lösen. Konnte denn Hitler seine politische Führung aufrechterhalten, wenn er sich dazu zwingen ließ, die am 4. Februar 1938 in seiner Person hergestellte Einheit von politischer und militärischer Führung wieder aufzugeben! Etwa mit dem Eingeständnis, daß er nicht der »größte Feldherr aller Zeiten« sei? Hitler in irgendeiner legalen Form in seiner Macht zu beschränken, war unmöglich.

Während der zweiten Hälfte des Jahres 1942 rang sich Stauffenberg zu der Überzeugung durch, daß die politische und militärische Lage Deutschlands nur durch ein rücksichtsloses Vorgehen gegen Hitler selbst geändert werden könne, denn Hitler war es, der die verhängnisvolle Doppeloffensive im Sommer 1942 – Stalingrad und Kaukasus – gegen jeden besseren Rat befohlen hatte; auf ihn selbst gingen die Befehle zurück, die unter dem Deckmantel der militärischen Notwendigkeit Verbrechen anordneten.

Es wurde allmählich zweifelhaft, ob dieser Krieg überhaupt noch zu einem glimpflichen Ende geführt werden konnte – an einen strahlenden Sieg Deutschlands war sowieso nicht mehr zu denken. Diese Frage bestimmte auch eine Unterhaltung zwischen Stauffenberg und seinem Chef Müller-Hillebrand bei einem Morgenritt über die ukrainischen Felder bei Winniza, August 1942. Als sie auf einen Vorfall zu sprechen kamen, bei dem sich Hitler in unqualifizierbaren Äußerungen gegenüber Generälen ergangen hatte, brach Stauffenberg »in die ihm sonst gar nicht in dieser Form liegenden Worte aus: ›Findet sich denn da drüben im Führer-Hauptquartier kein Offizier, der das Schwein mit der Pistole umlegt?‹« [5]

Eine ähnliche Äußerung Stauffenbergs aus dem Herbst 1942 überliefert seine Reaktion auf den damals zwar gängigen, aber unverbindlichen Vorschlag, es müsse doch endlich »dem Führer« die Wahrheit gesagt werden: »Es kommt nicht darauf an, ihm die Wahrheit zu sagen, sondern es kommt darauf an, ihn umzubringen, und ich bin dazu bereit.« [6]

Wenn Stauffenberg auch bereits im Winter 1941/42 einmal auf die Frage nach einem Ausweg mit dem Wort »Töten« antwortete, so hatten seine damaligen Kameraden – rückschauend – nicht den Eindruck, als habe sich Stauffenberg damals bereits mit dem Gedanken an Staatsstreich und Attentat getragen.[7]

Es ist auch nicht zu erwarten, daß ein Major im Generalstab, der kaum die Gelegenheit hat, seinem Obersten Kriegsherrn einmal persönlich gegenüberzutreten, vor anderen, ebenso untergeordneten Rängen konkrete Attentats- und Staatsstreichpläne entwickelt. Aber die gelegentlichen Äußerungen, die überliefert sind, zeigen, daß Stauffenberg sich jetzt mit einer Entschiedenheit äußerte und zu Heftigkeiten hinreißen ließ, die seiner Umgebung an ihm ungewohnt waren. Er tat auch noch ein übriges: Während der zweiten Hälfte des Jahres 1942 begann er zu recherchieren, ob sich nicht einflußreiche Persönlichkeiten fänden, die bereit seien, Hitler entgegenzutreten. Stauffenberg dachte dabei vor allem an die Generalität. Bei seinen Reisen an die Front im Osten versuchte er in einigen Fällen zu erkunden, ob nicht die Oberbefehlshaber, vor allem die Feldmarschälle, sich zu einer gemeinsamen Aktion gegen Hitler zusammenzufinden vermochten. Aber wie er später seinem Divisionskommandeur in Afrika berichtete, kehrte er immer enttäuscht zurück.

»Sie hatten ihm alle gesagt, sie sähen alles völlig ein, daß es so nicht weitergehen könne und daß etwas geschehen müsse. Aber keiner stellte sich zur Verfügung oder wollte die Führung übernehmen.«[8]

Bei Stauffenberg erzeugte dieses Verhalten eine Verachtung, aus der er kein Hehl machte. Als bei einer Abendunterhaltung – kurz nach der Entlassung Halders – in einem größeren Kreise junger Offiziere viele die Meinung äußerten, sie seien der Arbeit im Generalstab überdrüssig und wollten an die Front, um von allem, was sie hier erfahren hatten, befreit zu werden, widersprach ihnen Stauffenberg leidenschaftlich.

»Was sei das für ein falscher Heroismus für sie, ›in treuer Pflichterfüllung‹ wie hunderttausend sich am Feind totschießen zu lassen – es sei nur feiges Ausweichen und nicht besser, als wenn sich Marschälle mit Gehorsamspflicht und ›Nur-Soldat-Sein‹ entschuldigten. Ganz anderes sei nötig. Wen Amt und Ehre in einen führenden Rang rücken, der komme an einen Punkt, wo Mann und Aufgabe zusammenfallen und keine anderen Rücksichten mehr gälten: er habe für den Sinn des Ganzen zu stehen. Wie wenige verhielten sich so

> oder empfänden auch nur die Notwendigkeit: Bürger, Pfründner, Teppichleger im Generalsrang. Man beziehe sein Einkommen, tue seine ›Pflicht‹, vertraue auf den Führer und freue sich auf den Urlaub – auf wen sollte das Vaterland denn noch bauen?«[9]

In einem Brief an General Paulus schrieb er Mitte Juni 1942, kurz vor dem Beginn der verhängnisvollen Südoffensive, wie schwer es sei, »den inneren Schwung nicht zu verlieren«, wenn man sehe, wie von den Truppen »der höchste Einsatz gewagt« werde, »während sich die Führer und Vorbilder um das Prestige zanken oder den Mut, eine das Leben von Tausenden betreffende Ansicht, ja Überzeugung zu vertreten, nicht aufzubringen vermögen.«[10]

Die gelegentliche Behauptung, Stauffenberg habe mit den meisten Oberkommandierenden der Ostfront über oppositionelle Aktionen gesprochen, ist nicht zu belegen: Von den drei heute noch lebenden Generalfeldmarschällen Georg von Küchler, Wilhelm List und Erich von Manstein haben die beiden ersteren ihn nicht kennengelernt.[11] Dagegen hat er ein Gespräch mit Generalfeldmarschall von Manstein geführt, über das dieser heute folgendes berichtet:

> »Ich habe [Stauffenberg] nur einmal gesprochen, als er im Auftrag der Organisationsabteilung zu mir zur Heeresgruppe Süd kam, um über die Frage des Ersatzes für unsere Armeen zu sprechen. Er bat mich dann noch um eine persönliche Unterredung. In dieser machte er seinem Herzen Luft über die Fehler der militärischen obersten Führung, also Hitlers. Ich konnte ihm nur beistimmen [...] und habe ihm auch gesagt, daß auch ich

die militärischen Fehler Hitlers (über dessen politisches System ist gar nicht gesprochen worden) durchaus erkenne und eine Änderung der militärischen Führung dringend erwünscht sei; mir schwebte die Ernennung eines verantwortlichen Generalstabschefs der Wehrmacht, der die tatsächliche militärische Führung innehaben sollte, mindestens aber die Ernennung eines Oberbefehlshabers Ost vor. Ich würde – wie dies auch geschehen ist – versuchen, eine solche Änderung bei Hitler zu erreichen. Eine Tendenz Stauffenbergs, ein gemeinsames Vorgehen der Oberbefehlshaber gegen Hitler – also einen Staatsstreich – zu erreichen, war aus seinen Ausführungen nicht zu erkennen [...] Ich hatte mehr den Eindruck, daß Stauffenberg verzweifelt darüber war, was er alles im OKH mit ansehen mußte, und habe ihm daher auch geraten, sich mal in eine Frontgeneralstabsstelle versetzen zu lassen, um aus dem unerfreulichen Milieu im Führerhauptquartier herauszukommen [...] Wenn ich einen Staatsstreich gegen Hitler im Hinblick auf die Frontlage im Osten für möglich und unumgänglich gehalten hätte, dann würde ich [...] selbst gehandelt haben. Ich war und bin aber auch heute der Ansicht, daß ein solches Unternehmen zum Zusammenbruch der Ostfront geführt haben würde, den zu verhindern ich bis zu meiner Entlassung noch gehofft habe.«[12]

Stauffenberg war über das Gespräch mit Generalfeldmarschall von Manstein sehr enttäuscht. »Das ist nicht die Antwort, die man von einem Feldmarschall erwartet«, kommentierte er.[13]

Es ging ihm bei diesem Gespräch um mehr als nur um Kritik an der Kriegführung. Warum bat er Manstein nach dem offiziellen Gespräch noch um eine persönliche Unterredung? Das wäre nicht notwendig gewesen, wenn Stauffenberg nichts anderes hätte äußern wollen als das, was damals in allen Stäben geläufig war. Auch das Heeresgruppenkommando Süd machte in der Kritik an der obersten Wehrmachtführung keine Ausnahme. So hat Stauffenberg in einem Gespräch mit Oberst i. G. Busse, dem Chef des Generalstabes der Heeresgruppe Süd, das dem mit Manstein unmittelbar voraufging, bereits offen seine Meinung vorgebracht.

> »Dabei wurde auch die allgemeine Kriegslage berührt, welche Stauffenberg sehr pessimistisch beurteilte. Er berührte damit Sorgen, die wir uns bei der Heeresgruppe damals schon lange machten«, schreibt Busse und fährt dann fort: »Im engeren Führungsgremium der Heeresgruppe wurde damals schon offen in sehr scharfer Form an Hitler Kritik geübt. Stauffenberg kam also bei uns in eine Atmosphäre, welche ihn zu freier Rede geradezu anregen mußte.«[14]

Die Tatsache, daß Stauffenberg Manstein trotzdem noch unter vier Augen sprechen wollte, zwingt zu dem Schluß, daß er über die gängige Kritik hinausgehen wollte. Wenn Manstein erklärt, daß Stauffenberg nichts von einer staatsstreichähnlichen Aktion geäußert habe, so stand das vermutlich doch in seiner ursprünglichen Absicht. Wahrscheinlich ließ die Art, wie Manstein über eine Änderung der militärischen Führung dachte, Stauffenberg auf sein eigentliches Thema verzichten. Der Feldmarschall vertrat eine Auffassung, die Stauffenberg zu dieser Zeit bereits verworfen hatte, nämlich Hitler zu nötigen, den militärischen Oberbefehl abzugeben, damit man, wie Busse schreibt, »endlich zu einer sachgemäßen Operationsführung kommen könne«.

»Gerade der Feldmarschall und ich haben uns in dieser Zeit immer wieder den Kopf zerbrochen, wie man Hitler zur Abgabe des militärischen Oberbefehls bringen [könne].« [15]

Manstein ging es angesichts der Lage vorerst darum, freie Hand für die Operationsführung zu bekommen. Er wurde, wie er selber erklärt, nur von dem einen Gedanken beherrscht: »Wir müssen die Ostfront halten.« Wieso es zu einem Zusammenbruch der Ostfront hätte führen müssen, wenn die Oberkommandierenden Hitler erklärt hätten, daß sie seinen Anweisungen nicht mehr zu folgen gedächten, bleibt ungesagt. Für jeden Kenner der Mentalität Hitlers war abzusehen, daß dieser die militärische Führung niemals freiwillig aus der Hand geben würde. Es blieb also, wollte man auch nur das enge Ziel »sachgemäßer Operationsführung« erreichen, bereits nichts anderes als ein Affront übrig. Manstein erkannte zwar die drohende militärische Katastrophe und versuchte sie in seinem Bereich aufzufangen, aber Stauffenberg gewann sehr schnell den richtigen Eindruck: Von ihm war keine – in Stauffenbergs Sinne – entscheidende Tat zu erwarten. Alles, was Manstein tun wollte, sollte sich auf legalem Wege vollziehen.

Als ihm Manstein schließlich den Rat gab, sich an die Front versetzen zu lassen, um »den Kopf wieder frei zu bekommen«,[16] mögen ihm jene Gedanken gekommen sein, wie er sie im Kreise junger Kameraden geäußert hatte.[17]

Ende des Jahres 1942 war Stauffenberg endgültig davon überzeugt, daß nur durch den Sturz Hitlers noch etwas zu retten sei,[18] daß alle Einwände, die Halder gegen eine gewaltsame Aktion vorgebracht hatte – die Zeit müsse erst reif werden, Hitler erst abwirtschaften –, jetzt hinfällig seien, weil sie mit der Zeit erfüllt worden waren. Ursache und Verlauf der Stalingrad-Katastrophe gaben seiner Opposition die letzte Entschiedenheit.

Am 24. September 1942 war Halder als Chef des Generalstabes entlassen worden, nachdem es zwischen ihm und Hitler wegen der Kriegführung um Stalingrad zu schweren Zerwürfnissen gekommen war. Als Halder auf die 1 ½ Millionen russischer Neuaufstellungen bei Stalingrad und die auf 1200 Panzer pro Monat gesteigerte Produktion der Russen hinwies, verbat sich Hitler solch »idiotisches Geschwätz«: Die Aufgabe, die das Heer jetzt zu lösen habe, sei keine Angelegenheit fachlichen Könnens, sondern der »Glut des nationalsozialistischen Bekennens«.[19]

Die Umbesetzung an der Spitze führte zu einer inneren Wandlung des Generalstabs. Je mehr sich Hitler gegen sachliche Argumente auch des neuen Generalstabschefs Generaloberst Zeitzler verschloß, um so mehr gewannen diejenigen an Einfluß, die ihm zum Munde redeten.[20] Stauffenberg wurde durch die veränderten Zustände im Generalstab tief deprimiert. Einige Wochen nach dem Ausscheiden Halders besuchte er ihn eines Abends in seiner Berliner Villa. Halder, der sich von der Gestapo überwacht wußte, war über den Besuch besorgt, aber Stauffenberg erklärte ihm, daß er sowieso eine Veränderung anstrebe; er sei in Berlin, um sich mit seinem Bruder Berthold auszusprechen. Die Atmosphäre im OKH sei nicht mehr zu ertragen; seit Halder aus dem Amt ausgeschieden sei, sei jeder Widerstand gegen Hitler erstorben. Man könne kaum noch seine Gedanken austauschen und müsse offenen Auges den Weg in den Abgrund verfolgen, ohne die Hand rühren zu können.[21]

Am 14. Januar 1943 traf Stauffenberg Werner Reerink wieder. Die Rede kam auf die Armee in Stalingrad, deren Untergang bevorstand. Stauffenberg berichtete ihm von jener Entscheidung vom 23./24. November, durch die das

Schicksal der Stalingradarmee besiegelt wurde und die gezeigt hatte, daß sich Hitler im wesentlichen nur noch denjenigen Argumenten öffnete, die seinem Wunschdenken entsprachen.[22] Reerink berichtet im einzelnen:

> »Stauffenberg nahm mich abends zu einem Spaziergang durch den Mauerwald mit, da man sich im Freien besser unterhalten könne, wie er sagte, als in den Barackenbüros. Er erzählte mir eingehend von den vergeblichen Anstrengungen des OKH, Hitler zu bewegen, Stalingrad den Ausbruchsbefehl zu erteilen und damit 300 000 Soldaten zu retten. Mit Unterstützung von Goebbels, der sich sehr einsichtig gezeigt habe – er sei der einzige Mann der Partei gewesen, der auf dem Standpunkt gestanden habe, daß man Stalingrad und die Gesamtsituation betreffend dem deutschen Volke klaren Wein einschenken müsse –, hätten sie Hitler so weit gehabt, den Ausbruchsbefehl fast sogar noch rechtzeitig zu erteilen. Da habe sich Hermann Göring mit den Worten in der entscheidenden Führerlage zu Wort gemeldet: ›Mein Führer, ich garantiere die Versorgung der Stalingradarmee durch meine Luftwaffe.‹ Daraufhin entschied Hitler: ›Die 6. Armee bleibt in Stalingrad!‹ Stauffenberg merkte man an, daß er ob solchen unverantwortlichen und verbrecherischen Handelns völlig niedergeschlagen war. Er brachte das auch klipp und klar mir gegenüber zum Ausdruck.«[23]

Die Haltung Görings bezeichnete Stauffenberg als glatten Verrat.[24]

Nach Stalingrad war sich Stauffenberg darüber klar, daß der Krieg militärisch nicht mehr zu gewinnen sei, sondern nur noch auf diplomatischem Wege beigelegt werden könne.[25]

Fassen wir noch einmal zusammen: Stauffenberg hatte immer aufmerksam und kritisch die Entwicklung in Deutschland beobachtet, ohne sofort die Anwendung umstürzlerischer Gewalt für notwendig zu halten. Wenn dieser Gedanke auch hin und wieder anklang, so setzte er sich doch nicht fest. Es gab eine Reihe von Phasen, in denen er hoffte, daß die Entwicklung doch noch eine Wendung zum Besseren nehmen würde, sei es, daß er 1938 das bewußte Hinsteuern Hitlers auf den Krieg für ausgeschlossen hielt, sei es sein soldatischer Stolz 1940 beim Sieg über Frankreich, sei es sein Optimismus Anfang 1942 bei der Übernahme des Oberbefehls durch Hitler. Aber während dieses Jahres rang sich Stauffenberg angesichts der von Hitler persönlich heraufbeschworenen militärischen Katastrophe und der sich in dieser Art der Kriegführung enthüllenden Menschenverachtung zu einer radikalen Beurteilung der militärischen und politischen Lage durch.

Er war »völlig von der nicht mehr zu verhindernden Katastrophe überzeugt und tief niedergeschlagen. Mehr denn je war er der Meinung, daß ›Er‹ verschwinden müsse«, berichtet Frhr. von Thüngen.

5. *Afrika*

Am 1. Januar 1943 erhielt Stauffenberg seine Beförderung zum Oberstleutnant. Unmittelbar darauf wurde er, ohne daß er darum ersucht hatte, nach Afrika versetzt[1], wenn auch diese Versetzung seinem Wunsch entsprach.[2] Wegen personeller Ausfälle erfolgte seine Abberufung so schnell, daß der ihm zustehende dreiwöchige Urlaub vor Antritt eines neuen Dienstes auf acht Tage verkürzt werden mußte.[3]

Unmittelbar vor der Übernahme seiner neuen Stellung als 1. Generalstabsoffizier (Ia) der 10. Panzerdivision besuchte Stauffenberg in Tunis seinen Vorgänger, Oberst Wilhelm Bürklin, den eine Mine schwer verwundet hatte, um sich kurz über die Division zu orientieren, deren Kommandeur ebenfalls ausgefallen war.

»Ich war damals sehr schlecht dran, so daß ich keine langen Gespräche führen konnte. Ich erinnere mich aber noch, daß ich ihn, der doch nun ohne Fronterfahrung in das deckungslose afrikanische Gelände kam, ganz besonders vor den feindlichen Tieffliegern warnte. Kurze Zeit später wurde er durch Tiefflieger schwer verwundet.«[4]

Mit Graf Stauffenberg trat auch der neue Divisionskommandeur, Generalmajor Frhr. von Broich, sein Amt an. Die beiden Männer arbeiteten sich sehr schnell aufeinander ein.

Darüber berichten sowohl Oberst Reimann, Kommandeur eines Panzerregiments der Division: »Die harmonische Zusammenarbeit beider erwies sich in ihren Auswirkungen für die Division als sehr wertvoll, da schwere Kämpfe bevorstanden« – als auch der Divisionskommandeur selber: »Nach kurzer Zeit verband mich mit ihm eine aufrichtige Freundschaft [...] In allen Lagen war er ruhig und ausgeglichen und persönlich tapfer. Die Aufgaben der Panzerdivision wechselten fast täglich. So sagte mir Stauffenberg einmal: ›Hier auf dem afrikanischen Kriegsschauplatz kommt fast jeden Tag eine andere Art der Truppenführung zur Anwendung: Heute Angriff, morgen Verteidigung, dann Rückzug, wieder Angriff, hinhaltender Widerstand usw. Alles, was man auf der Kriegsakademie gelernt hat, kommt hier in 14 Tagen zur Anwendung.‹

Als Ia war er jeder Situation bestens gewachsen.«[5] Dem Kommandeur des Panzerartillerieregiments der Division, Oberst Heinz Schmid, fiel besonders Stauffenbergs Begabung auf, »taktische Zusammenhänge rasch zu erfassen und die Dinge in den von ihm verfaßten Befehlen in einem ausgezeichneten Stil lebendig zu formulieren. Sein Befehlsdeutsch war nie schematisch, sondern ausgesprochen persönlich.«

Im Frühjahr 1943 stand die 10. Panzerdivision in fortwährendem Einsatz und war bei den schweren Kämpfen am 14. Februar um den Faid-Paß und den Kasserine-Paß ebenso dabei wie am 6. März bei dem großen Angriff des Afrika-Korps aus der Mareth-Linie im Süden Tunesiens gegen die anrückende 8. britische Armee.[6]

Trotz der Schwere der Kämpfe »kamen die Befehle der Division zeitgerecht und waren immer von nüchterner Klarheit. Die Truppe hatte immer das Gefühl, gut geführt zu werden. Es gab auch bei Absatzbewegungen keine Unordnung, weil der Divisionskommandeur und sein Ia alle Friktionen mit ruhiger Gelassenheit überwanden und diese ruhige Stetigkeit auf die Truppe übertrugen.«[7]

Über die Mareth-Schlacht gibt Oberst Schmid den folgenden Bericht:

»Als sich im Süden Tunesiens die britische 8. Armee mit starken Kräften vor der Mareth-Stellung festgesetzt hatte, sollte ein Angriff geführt werden, aus der westlichen Hälfte dieser Stellung und aus dem Gebirgsgelände südwestlich davon. Dort, im ›Djebel‹, hielt die 134. Infanterie-Division ein weites Gelände mit schwächeren Kräften besetzt. 15., 21. und 10. Panzerdivision verfügten zusammen noch über 150 einsatzbereite Panzer. Die 10. Panzerdivision schlug vor, den Angriff mit diesen Panzern unter einheitlichem Befehl von

Westen her aus dem Djebel gegen die linke Flanke und den Rücken der 8. britischen Armee anzusetzen, was – leider – abgelehnt wurde. Nach Auffassung einiger erfahrener Regimentskommandeure hatte diese Lösung die günstigsten Aussichten. Ich weiß natürlich nicht, in wie weit dieser Vorschlag von Stauffenberg ausging, doch war es sicher der Vorschlag des Divisionskommandos, dessen Zweckmäßigkeit uns allen vor dem Mißerfolg der ›Schlacht bei Medenine‹ [...] bereits eingeleuchtet hat. Statt mit überlegenen Panzerkräften gegen die Flanke und in den Rücken stießen wir gegen Front und neu ad hoc gebildete Abwehrräume mit drei Panzerkeilen, wir kleckerten, statt zu klotzen. In Gefangenschaft erfuhr ich von einem älteren Offizier, der selbst dort war, wie es während der Schlacht bei Medenine hinter dem linken Flügel der Briten aussah und damit, wie recht die 10. Panzerdivision mit ihrem Vorschlag hatte. Beteiligt war Stauffenberg mit Sicherheit daran.«[8]

Alle, die Stauffenberg während seiner Tätigkeit in der 10. Panzerdivision kennenlernten, unterstreichen sein ausgezeichnetes Verhältnis zur Truppe.

»Nach kurzer Zeit war er in der Division sehr beliebt und geschätzt wegen seiner Tüchtigkeit, Zuverlässigkeit und Einsatzbereitschaft und nicht zuletzt wegen seiner herzlichen, offenen Art und seiner Hilfsbereitschaft.«[9]

»Stauffenberg war ein liebenswürdiger, vielseitig begabter Offizier, den die Kommandeure in der Division bald sehr schätzten [...] Nach einigen Tagen fragte ich ihn, wie ihm so der Geist der 10. behage. Seine Antwort war, daß er von der ausgezeichneten Zusammenarbeit, von den immer verläßlichen und überraschend schnellen taktischen Meldungen und von dem gesunden Selbstbewußtsein der Truppe höchst beeindruckt sei. So soldatisch gut habe er sich das vorher gar nicht vorgestellt. Diese Antwort entsprang aber nicht der Absicht, schön zu färben, sondern war seine Überzeugung, wie man deutlich spürte.« [10]

»Trotz aller Stabsarbeit fand der Ia der Division immer Zeit, mit der Truppe Verbindung aufzunehmen. Sehr oft besuchte er die Regimenter und Bataillone, um mit ihren Kommandeuren über dienstliche oder persönliche Dinge zu sprechen. Eine Reihe dienstlicher Probleme, die sonst auf dem Dienstweg geklärt werden mußten, erledigte er in zwangloser Besprechung an Ort und Stelle. Die Unterhaltung mit ihm umfaßte nicht nur dienstliche Dinge, sondern erstreckte sich auch auf Geschichte, Geographie und Literatur und zwangsläufig auch auf Politik. Bei aller spürbaren Ablehnung des damaligen Systems versuchte er niemanden zu überreden oder zu beeinflussen. Ich hielt ihn keineswegs für einen Fanatiker, Stürmer oder Dränger, der alle Dinge sofort ändern wollte. – Bei jeder sich bietenden Gelegenheit unterhielt er sich mit Soldaten aller Dienstgrade; man sah ihn oft im Gespräch mit Fahrern, Unteroffizieren und Grenadieren, die keineswegs nur mit ›Jawohl‹ antworteten und oft präzise Fragen stellten, die ebenso klar beantwortet wurden. Er hatte eben diesen natürlichen schwäbischen Charme, dem sich keiner entziehen konnte.« [11]

Ein Beispiel dafür ist der nachstehende Bericht eines jungen Offiziers, der den Befehl über eine Kompanie übernehmen und sich deshalb bei Stauffenberg melden sollte – am 6. April, einen Tag vor dessen schwerer Verwundung:

»Bei meiner Fahrt zum Divisionsgefechtsstand, der sich westlich Sidi Mansour in einem Olivenwäldchen befand, geriet ich in den britisch-amerikanischen Doppelangriff des 6. April [...] Als ich mich dem Divisionsgefechtsstand näherte, lag dieser unter Artilleriefeuer. Ich wartete den Überfall ab und fuhr dann zur Meldung beim Ia. Als ich den Befehlsbus betrat, sah ich mich einem jugendlich wirkenden, großen, schlanken Offizier gegenüber, der sich damit beschäftigte, Glassplitter und Schmutz von den Karten zu schütteln. Er trug eine amerikanische Hose und das Hemd der Afrikauniform mit den Schulterstücken eines Oberstleutnants. Es war Graf Stauffenberg. Sofort nach der Meldung führte mich der Ia an ein Fenster, wies auf zwei Deckungslöcher und sagte: ›Wenn das wieder losgeht, dann nehmen Sie das rechte, ich das linke Loch.‹ Dann habe ich etwa 40 bis 45 Minuten in dem Bus gesessen. Zu einer ungestörten Aussprache ist es jedoch nicht gekommen, im Gegenteil. Das Gespräch füllte die Pausen zwischen andern, vordringlicheren Handlungen. Der amerikanische Angriff war in vollem Gange, der Gefechtslärm war stark, man hörte auch Infanteriefeuer. Ununterbrochen trafen Meldungen sowohl vom eigenen Abschnitt als auch über die Lage im Süden ein. Die verzweifelten Bitten seiner Truppenkommandeure um Zurücknahme oder Verstärkung mußte der Ia abschlägig beantworten. Reserven waren nicht vorhanden, und die Stellungen mußten bis zum Abend gehalten werden, sollten nicht die im Süden ringenden Italiener im Rücken gefaßt werden. Nach meinen Fahrterlebnissen und einem Blick auf die Karte war mir das klar. Davon wußten aber die Truppenkommandeure nichts. Mit höflicher Bestimmtheit und einem ganz unkonventionellen, kameradschaftlichen Ton tröstete und vertröstete Stauffenberg, hin und wieder scherzhaft einflechtend, daß er selbst eben auch im Dreck gelegen habe. Er führte die Gespräche in einer Weise, daß – nach meinem Empfinden – am anderen Ende der Leitung auch die abschlägige Antwort als Aufrichtung empfunden wurde. Den gleichen Ton offener Kameradschaftlichkeit schlug Stauffenberg auch mir, dem 22jährigen Oberleutnant, gegenüber an. Nachdem er sich – vielfach unterbrochen – nach meinen persönlichen Verhältnissen erkundigt und hin und wieder ein erklärendes Wort zur Lage im Divisionsabschnitt wie auch in Tunesien überhaupt gesagt, mich nach meinen Verlade-Erfahrungen [der Berichterstatter hatte als Verlade-Offizier Dienst getan] gefragt hatte, richtete er ziemlich unvermittelt und mit einem Unterton, der nur eine ehrliche Antwort zuließ, an mich die Frage: ›Was meinen Sie wohl, zu welchem Zweck Sie jetzt noch nach Tunis gekommen sind?‹ Ich antwortete: ›Doch wohl zur Gefangennahme.‹ Lachend erwiderte er: ›Ja, ja, dann haben wir Glück, für uns ist der Krieg zu Ende.‹ Darauf verabschiedete er mich.

Von der Person des Grafen war ich außerordentlich beeindruckt. Er erschien mir als das Idealbild eines Offiziers. Bei seiner lebhaften, offenen Art konnte ein Untergebenenkomplex überhaupt nicht aufkommen, die Fürsorglichkeit mußte Vertrauen einflößen. Andererseits nötigte die Bestimmtheit, mit der er sprach, Respekt ab, eine Persönlichkeit, die in sich Autorität bedeutete. Bezeichnend für seine Art ist es, daß Stauffenberg bestrebt war, möglichst bald die Offiziere der Division bis hinab zum Kompanieführer persönlich kennenzulernen, deshalb auch meine Meldung. Das entsprach nicht dem Brauch. Der Kontakt zwischen Stab und Truppe sollte ganz eng gestaltet werden.« [12]

Der Divisionskommandeur und der 1. Generalstabsoffizier verstanden sich nicht nur dienstlich, sondern fanden auch schnellen persönlichen Kontakt, so daß in den Erörterungen beider neben der allgemeinen Lagebeurteilung auch weiterreichende politische Probleme auftauchten. Sie saßen oft »nachts gegen 12 Uhr noch im Befehlswagen zusammen, nachdem die Befehle heraus waren, und sprachen über Politik, Philosophie und Literatur [...] Schon damals tauchte bei Stauffenberg der Gedanke einer gewaltsamen Änderung der Machtverhältnisse auf.«[13]

So schilderte er General von Broich auch seine mißglückten Versuche, Armee-Oberbefehlshaber zu einer Aktion gegen Hitler zu bewegen.

> »Seine Ansicht war damals schon, nur mit Hilfe und unter Führung des Militärs sei eine Änderung möglich, und zwar nur eine gewaltsame, weil er glaubte und wußte, auf Grund seiner persönlichen Kenntnis des Hauptquartiers, daß Hitler und sein verbrecherisches Regime nie freiwillig auf ihre Macht verzichten würden. Und wenn das nicht bald vor sich gehe, sei Deutschland verloren. Dieser Entschluß zu einer gewaltsamen Lösung war für ihn besonders schwerwiegend und belastend, da er ein überzeugter Christ und Katholik war.«[14]

Aber andererseits bildete gerade die christliche Bindung Stauffenbergs die Grundlage seiner Opposition gegen Hitler.

> »Sein Widerstand entwickelte sich sowohl aus der Kenntnis der hoffnungslosen militärischen Lage, die er ja auch als Chef der Organisationsabteilung[15] und der

Nachschublage besonders gut kennen mußte, als auch aus seinem prinzipiellen Widerstand gegen den Nationalsozialismus als gläubiger Katholik.«[16]

Als sich Anfang April das Ende des tunesischen Feldzuges abzeichnete, verabredete Broich mit Stauffenberg, daß er nach Italien zurückfliegen solle, weil sein Kommandeur ihn in Deutschland für wichtiger hielt als in Afrika. Zu der Rückkehr kam es wohl, aber auf andere Weise: mit einem der letzten Lazarettschiffe, die Afrika verlassen konnten.[17]

Die Alliierten hatten in Afrika die völlige Luftüberlegenheit gewonnen. Sie konnten es sich daher leisten, mit ganzen Staffeln von Jagdflugzeugen auf einzelne deutsche Wagen Jagd zu machen. Eines ihrer Opfer wurde auch Graf Stauffenberg. Freiherr von Broich schreibt:

»Ich sehe ihn noch heute, wie er sich im Gelände von mir verabschiedete. Wir ›übten‹ mal wieder ›Rückzug und hinhaltenden Widerstand‹. Da wegen der Fliegerangriffe die Bestimmung bestand, daß Divisionskommandeur und Ia nicht in demselben Wagen fahren durften, meldete er sich bei mir ab, um zum neuen Gefechtsstand weiter rückwärts zu fahren. Ich sagte ihm noch: ›Nehmen Sie sich vor den Fliegern in acht. Ich komme in etwa einer Stunde nach, wenn das letzte Bataillon hier durch ist.‹ Als ich dann selbst zurückfuhr, nur mit Funkwagen und zwei Meldern, wurden wir auf der völlig deckungslosen Ebene sehr bald von ca. 20 Jägern angegriffen, kamen aber noch aus dem Wagen heraus und konnten uns im Gelände verteilen, wo uns die MG-Garben zufälligerweise nicht trafen. Als wir weiterfuhren, stießen wir gleich darauf auf den völlig durchlöcherten Wagen von Stauffenberg. Wir wußten, was passiert war, und fürchteten das Schlimmste. Er war wohl diesmal schwer verwundet mit dem Leben davongekommen – das Schicksal hatte ihn für später aufgehoben.« [18]

III.

1943–1944

1. *Die Zusage*

Stauffenberg wurde in das Lazarett von Karthago gebracht. Erst nach einigen Tagen stand fest, daß wenigstens ein Auge erhalten geblieben war. Die rechte Hand, die beiden letzten Finger der linken und das linke Auge hatte er jedoch verloren.

Kaum transportfähig, überführte man Stauffenberg in ein Münchener Lazarett. Wochenlang lag er in hohem Fieber; die Ärzte waren nicht sicher, ob es ihnen gelingen werde, sein Leben zu retten. Auch nachdem die unmittelbare Krise überstanden war, kam der Heilungsprozeß nur schwer voran und wurde immer wieder durch Komplikationen gestört; Stauffenberg verbrachte ein Vierteljahr im Krankenhaus. Im Juni versuchte er mit den drei Fingern der linken Hand einen Brief an seinen Freund Wilhelm Bürklin und teilte ihm mit, daß er wegen einer Mittelohreiterung operiert worden sei und eine Kniegelenkoperation habe durchstehen müssen. Der Brief erfuhr eine Unterbrechung durch einen neuerlichen Fieberanfall, und als Stauffenberg ihn fortsetzte, schrieb er lakonisch; »So wird man eben in unserer Lage immer mit Komplikationen und Rückschlägen rechnen müssen.«[1]

Aber Stauffenberg überwand mit aller ihm eigenen Energie die Folgen seiner Verwundung. Alle schmerzstillenden Medikamente und Schlafmittel lehnte er ab.[2] Ein Offizier, der ihn besuchte, berichtet:

»Es war bewegend, ihn so schwer zusammengeschossen wiederzusehen. Seine Mutter pflegte ihn [...] Trotz Schmerz und Verstümmelung war Stauffenbergs Geist ungebrochen.«[3]

Obwohl seine Bewegungsfähigkeit erheblich eingeschränkt war, brachte er es doch fertig, später weitgehend ohne die Hilfe anderer auszukommen. Als ihm ein Kamerad gelegentlich einer Fahrt im Schlafwagen beim Ausziehen behilflich sein wollte, lehnte er es »lächelnd ab, und im Nu hatte er sich mit den drei Fingern und den Zähnen ausgezogen«.[4] Wilhelm Bürklin fragte ihn später einmal, warum er sich nicht die Zeit nehme, sich eine Arm- und Augenprothese anlegen zu lassen; er antwortete lachend, er finde sich gut mit seinem Zustand zurecht und wisse kaum mehr, was er einmal mit seinen zehn Fingern angefangen habe.[5]

Das Ansehen, das sich Stauffenberg erworben hatte, zeigte sich jetzt, während er im Lazarett lag, in der warmen Anteilnahme, die von allen Seiten an seinem Schicksal genommen wurde. Generaloberst Zeitzler, der Chef des Generalstabes, besuchte ihn; er überreichte ihm das goldene Verwundetenabzeichen und brachte Erfrischungen.[6] Auch andere hohe Offiziere suchten Stauffenberg auf, häufig mit der Absicht, ihn für ihren Stab zu gewinnen. Derartige Anfragen ließ er jedoch immer unbeantwortet und erklärte, es sei Sache seiner Vorgesetzten, sich über seine Verwendung den Kopf zu zerbrechen.[7]

Inzwischen hatte die Personalabteilung ihn als Chef des Stabes beim Chef des Allgemeinen Heeresamtes in Berlin vorgesehen.[8] Etwa Anfang Mai diktierte er seiner Frau den ersten Brief, der an seinen neuen Vorgesetzten, General Olbricht, gerichtet war und die Mitteilung enthielt, daß Stauffenberg hoffe, in einem Vierteljahr »zur Verfügung« zu stehen.[9]

Im Krankenhaus erhielt er auch den Besuch seines Onkels Graf von Üxküll, der ihn – wie schon früher – beschwor, sich der aktiven Opposition gegen das Regime anzuschließen. Stauffenberg erbat sich – einem Bericht der Tochter des Grafen Üxküll an Wilhelm Bürklin zufolge – eine Bedenkzeit. Als ihn sein Onkel zum zweitenmal besuchte, erklärte Stauffenberg: »Nachdem die Generäle bisher nichts erreicht haben, müssen sich nun die Obersten einschalten.«[10]

Wir können vermuten, daß er durch Graf Üxküll erfuhr, daß auch sein neuer Chef, General Olbricht, zu den entschiedenen Gegnern des Regimes gehörte.

Nun ergeben sich allerdings zwischen den Aussagen Widersprüche, die sich nicht ganz auflösen lassen. Generaloberst Zeitzler erinnert sich nämlich daran, daß Stauffenberg, kaum einigermaßen genesen, sich bei ihm zurückgemeldet und um erneute Frontverwendung gebeten habe.[11] Aber Zeitzler »wollte ihm erst Gelegenheit geben, wieder ganz auf die Höhe zu kommen, und stellte ihn dem Befehlshaber des Ersatzheeres als Generalstabsoffizier zur Verfügung«.[12]

Diese Rückmeldung an die Front läßt sich mit einer genauen Kenntnis dessen, was ihn in Berlin erwartete, nicht vereinbaren. Es läßt sich deshalb nur vermuten, daß Stauffenberg noch nicht bis ins einzelne voraussah, daß ihn die von Zeitzler in Berlin vorgesehene Stellung in den Mittelpunkt einer gegen Hitler gerichteten Aktion stellen würde.

Anfang August sollte ihm eine sogenannte »Sauerbruch-Hand« angelegt werden. Die Operation wurde aber wegen eines plötzlich herauswachsenden Knochensplitters um vier Wochen verschoben.[13]

Stauffenberg, wahrscheinlich von Olbricht dazu aufgefordert, fuhr nach Berlin, in der Annahme, daß der Chef AHA mit ihm über seinen Arbeitsbereich sprechen wolle. Aber das Gespräch nahm, so läßt es sich vermuten, eine unerwartete Wendung: Olbricht stellte ihn vor die Entscheidung, ob er sich für die bereits in Gang befindlichen Staatsstreichpläne gegen Hitler zur Verfügung stellen wolle. Stauffenberg sagte zu. Er unterzog sich einer Untersuchung durch den Chirurgen Prof. Sauerbruch. Als dieser ihm mitteilte, daß er noch zwei Operationen und eine längere Rekonvaleszenz für notwendig erachte, lehnte Stauffenberg die Behandlung ab und erklärte, er habe eine dringende Aufgabe zu erfüllen.[14]

Die Frage Olbrichts traf Stauffenberg vielleicht unerwartet, aber nicht unvorbereitet. Die Verwundung hatte auf ihn eine tiefe seelische Wirkung ausgeübt. Er war davon überzeugt, daß es eine Gnade sei, eine derart schwere Verwundung überlebt zu haben; in ihm wuchs die Gewißheit, für eine höhere Aufgabe bewahrt worden zu sein.[15] Viele, die ihm jetzt wieder begegneten, konnten beobachten, daß sein Wesen konzentrierter, gesammelter und noch zielstrebiger wirkte als früher. »Wir sind als Generalstäbler alle mitverantwortlich«, sagte er, noch im Krankenhaus, zu seiner Frau. »Weißt du«, erklärte er in dem ihm eigenen lachend-ernsten Ton, hinter der scheinbaren Übertreibung seinen echten Impuls verbergend, »ich habe das Gefühl, daß ich jetzt etwas tun muß, um das Reich zu retten.«[16]

Einem Freunde gegenüber äußerte er später einmal: »Ich könnte den Frauen und Kindern der Gefallenen nicht in die Augen sehen, wenn ich nicht alles täte, dieses sinnlose Menschenopfer zu verhindern.«[17]

Nachdem Stauffenberg sich mit Olbricht ausgesprochen hatte, fuhr er nach Lautlingen. Hier traf er seinen Bruder

Berthold und besprach mit ihm die Konsequenzen, die sich aus seiner Entscheidung ergaben. Was sie bewegte, war die Frage, was an die Stelle des nationalsozialistischen Systems treten solle.

Ende August erhielten sie den Besuch von Rudolf Fahrner, der sich an ihren Gesprächen beteiligte und die Themen der Unterhaltungen stichwortartig überliefert hat:

> »Wie menschliche Existenz auch im Staat ohne Bindung an Göttliches nicht gedeihen könne und daß man niemand, der diese Bindung noch in den christlichen Kirchen fände, stören oder beeinträchtigen dürfe,
> wie man gewachsene Lebensformen und Lebenssitten nicht durch auf Vorteile berechnete Konstruktionen ersetzen könne, weil bestimmte Dinge des Wachstums bedürfen,
> wie es möglich sei, unter Menschen eines Volkes ein freies Verhältnis zu den mit Notwendigkeit sich immer wieder ergebenden Unterschieden an Stellung, Besitz und Ansehen zu begründen,
> inwiefern Einigungen unter den Völkern schon in den Völkern vorgegeben seien und vielleicht gerade spruchreifer als je, wenn sie von den jeweils Regierenden nicht hintertrieben, sondern gefördert würden, daß sich zum Beispiel die Gegensätze zwischen den europäischen Völkern in der Weise von Stammesgegensätzen austragen und fruchtbar machen ließen,
> wie man geeignete Kräfte aus allen Schichten zu Regierenden gewinnen könne: ob und wie es möglich sei, eine Volksvertretung in Deutschland vielleicht auf eine ganz andere Weise als durch politische Parteien bisheriger Art zu begründen, etwa aus den politischen Realitäten von Gemeinden, Berufsgruppen und Interessengemeinschaften, die dann im Parlament öffentlich für sich

selbst einstünden und nicht durch Behandlung von Parteien mit Eigeninteressen oder durch Handel mit solchen Parteien ihre Ziele umwegig verfolgten,
daß das Verhältnis von Unternehmern und Ausführenden in ihrer gemeinsamen Arbeit, in ihrer gemeinsamen Verantwortung gegenüber dem Ganzen und gegenüber der Menschlichkeit des Menschen zu begründen sei,
über das Verhältnis von Technik, Industrie und Wirtschaft zum Staat: daß sie bei aller ihrer Bedeutung eine dienende Rolle spielen müssen, nicht eine wissentlich und systematisch Bedürfnisse erweckende und damit Menschen beherrschende,
über die Kraft, die von freiwilligen Verzichten ausgeht: wie eine freiwillige Teilung des Großgrundbesitzes, die von den Besitzenden ausginge (dazu zeigten sich Ansätze), ein wirkungsreiches Beispiel geben und zu neuen sozialen Wirtschaftsformen führen könne, daß die führend Tätigen bei ihrem Erwägen und Handeln der Teilnahme von nicht Amtsgebundenen, von unabhängigen Geistern bedürfen, wie früher einsichtige Regierende sie auf mancherlei Art um sich versammelt haben,
wie vorsichtig man mit Fixierungen und Dogmatisierungen sein müsse, da es immer darum gehe, in gegebenen Verhältnissen und mit gegebenen Menschen Möglichkeiten der Entfaltung zu eröffnen und offenzuhalten.« [18]

Diese Gedankensammlung ist, wenn auch durch die sprachliche Form Fahrners geprägt, ein aufschlußreiches Dokument für die politischen Vorstellungen Stauffenbergs. Zwar weit davon entfernt, die Fixierung nach der einen oder anderen politischen Seite zu erlauben, zeigt sie doch bestimmte Tendenzen, die sein politisches Denken prägten.

Einmal lassen sich die Nachwirkungen der negativen Erfahrungen aus der Weimarer Zeit feststellen, am offensichtlichsten in dem Gedanken, ob man nicht bei der Konstituierung der zukünftigen Volksvertretung auf Parteien verzichten solle. Diese Überlegungen sind nicht ausgereift, denn, wäre zu fragen, wie entstehen die politischen Realitäten von Gemeinden, nach welchem Prinzip bilden sich die Berufs- und Interessengruppen? Wären nicht die Verhältnisse in einem derartigen Parlament chaotisch?

Aber es handelt sich ja bei all diesen Themen, die Fahrner erwähnt, nur um Fragen. Viele der Probleme, die unsere gegenwärtige Diskussion beherrschen, werden hier bereits aufgeworfen, und wenn die Fragen auch keine entschiedenen Antworten erhalten, so ist es doch beachtenswert, daß die Brüder Stauffenberg bereits das richtige Gefühl für die anstehenden Probleme hatten.

Sie waren sich darüber klar, daß nach diesem Krieg unbedingt ein dauerhafter Ausgleich zwischen den Völkern Europas hergestellt werden müsse, und es ist für ihre Denkweise bezeichnend, daß sie nicht einen formalistischen Aufriß europäischer Institutionen entwarfen, sondern daß sie nach einem Ansatz suchten, der die geschichtlichen Erfahrungen verwertet. Ihre Suche nach neuen politischen Wegen verbanden die Brüder immer mit einer Besinnung auf die historische Überlieferung. Sie suchten keine voraussetzungslosen Neuerungen. Sie wollten keine Überschärfung, sondern den Ausgleich vorhandener Gegensätze, aber nicht dadurch, daß man verwischte, sondern dadurch, daß man hinter den Gegensätzen eine gemeinsame Basis anerkannte. Das tritt hervor, wenn es etwa heißt, es müsse unter den Menschen »ein freies Verhältnis« zu den sich immer wieder ergebenden Unterschieden begründet werden und die Arbeitsverhältnisse auf der »gemeinsamen Verantwortung gegenüber dem Ganzen« beruhen.

Besonders bezeichnend für die politische Haltung Stauffenbergs ist der Schlußgedanke. Die Brüder waren keine Politiker für den Tageskampf, ihre Gespräche kreisten nicht um die Formulierung massenwirksamer Thesen. Man solle vorsichtig mit Fixierungen und Dogmatisierungen sein; was damit gemeint ist, läßt sich leicht deuten. Die Brüder erkannten die Gefahr, die durch klassenkämpferische, nationalistische und utopische Klischees heraufbeschworen werden kann. Man muß mit den Gegebenheiten Politik machen, sonst gerät man in die Gefahr, daß die Wirklichkeit und die vorgefaßte Schablone nicht zusammenpassen und die Realität mit Gewalt dem Dogma angepaßt wird.

Auf der Rückreise von Lautlingen besuchte Claus von Stauffenberg für einige Tage seine Familie in Bamberg. Seine Frau stellte eine spürbare Veränderung an ihm fest und erklärte ihm, er mache den Eindruck, als wenn er sich an einer Verschwörung beteilige. Er antwortete ohne jede Ausflucht: Das stimme. Olbricht habe ihn gebeten, und er habe zugesagt.[19]

Von Bamberg aus fuhr Stauffenberg unmittelbar nach Berlin. Da Henning von Tresckow noch einmal für einige Wochen nach Berlin kommen konnte, sagte Stauffenberg die für Anfang September angesetzte Prothesenoperation ab und quartierte sich bei seinem Bruder in Berlin ein. Offiziell verbrachte er in den Wochen bis zu seinem neuen Dienstantritt noch einen Genesungsurlaub, in Wahrheit diente ihm diese Zeit jedoch zu intensiver Arbeit an den Plänen für den Staatsstreich.

2. *Die Männer des Widerstandes*

Nachdem Stauffenberg sich zur Mitarbeit bereiterklärt hatte, gewann er sehr schnell engste Fühlung zu den Männern der Berliner Oppositionskreise. Schon im August stellte Tresckow ihn Dr. Goerdeler vor, der daraufhin den Rechtsanwalt Joseph Wirmer informierte, daß nun ein besonders befähigter Generalstabsoffizier gefunden sei, der in Verbindung mit General Olbricht alle militärischen Vorbereitungen treffen werde. Goerdeler und Stauffenberg besprachen die zivilen und militärischen Maßnahmen bei der Verhängung des Ausnahmezustandes, die Verhaftungen von Ministern und anderen politischen Führern, die Besetzung von Ministerien, Eisenbahn- und Nachrichtenanlagen und von wichtigen Durchgangsstraßen.[1]

Andere Verbindungen wurden Stauffenberg durch Fritz-Dietlof Graf von der Schulenburg eröffnet. Dieser, bekannt als Fachmann für Rationalisierung und Koordinierung, gehörte dem Sonderstab des Generals von Unruh an, der alle Dienststellen der Wehrmacht und der Behörden durchzukämmen hatte, ob alle »Kriegsverwendungsfähigen« wirklich bereits der Truppe zugeführt worden waren.[2] Diese Position ließ Schulenburg mit vielen Persönlichkeiten bekannt werden, die geeignet sein konnten, nach dem Umsturz wichtige Stellen zu besetzen.

Eine der wertvollsten Verbindungen, die Schulenburg für Stauffenberg herstellte, war die Bekanntschaft mit Dr. Julius Leber. Als ehemaliger sozialdemokratischer Reichstagsabgeordneter und konsequenter Gegner des Nationalsozialismus war er sofort nach Hitlers »Machtergreifung« verhaftet worden. Erst nach Jahren entließ man ihn aus dem Konzentrationslager, in der Annahme, seine Kraft für politische Aktivität sei nun gebrochen. Aber Leber nahm sofort wieder Verbindung zu seinen politischen Freunden auf und brachte sie miteinander in Kontakt.[3]

Zwischen Stauffenberg und Leber entwickelte sich sehr schnell ein freundschaftliches Verhältnis. Gemeinsam war ihnen die Fähigkeit, sich ohne Rücksicht auf den eigenen Vorteil im Dienst der für notwendig erkannten Sache einzusetzen. In Leber fand Stauffenberg einen Freund, dessen politisches Konzept sich nicht mit der Wiederherstellung alter politischer Zustände zufriedengab. Vor allem wurde er beeindruckt durch Lebers Vorstellung von einem sozialen Staat, die ein besonderes Interessengebiet Stauffenbergs ansprach. Durch den langjährigen Berufspolitiker gewann Stauffenberg wichtige Kenntnisse über den Staatsaufbau und die Verbindung oder Konkurrenz der den Staat tragenden Gruppen und Organisationen. Seine langen nächtlichen Gespräche mit Leber überzeugten ihn davon, daß es nicht ausreiche, sich nur über die militärische Organisation des Staatsstreiches Gedanken zu machen, sondern daß der Mann, der eine solche Aktion vorbereite, die Verantwortung für die politischen Konsequenzen dieses Schrittes trage – ein Gedanke, der schon die Gespräche der Brüder Stauffenberg im August 1943 in Lautlingen beherrscht hatte! Deshalb schaltete Claus von Stauffenberg sich nunmehr auch in die politischen Planungen ein, ein Vorgang, der zu einer Entfremdung zwischen ihm und Goerdeler führen sollte.[5]

Fritz Graf von der Schulenburg kannte Stauffenberg schon seit langem, ohne bisher in einen engeren persönlichen Kontakt zu ihm getreten zu sein. Jetzt fanden sie über der gemeinsamen Arbeit an der Umsturzplanung auch freundschaftlich zueinander. Ähnlich entwickelte sich das Verhältnis zwischen Stauffenberg und seinem

Vetter Graf Yorck von Wartenburg.[6] Über das Verhältnis dieser beiden Männer schreibt ein gemeinsamer Freund:

> »Zu Yorck und dessen politischen Ansichten hegte Stauffenberg großes Vertrauen. Ohne dieses enge Vertrauensverhältnis [wäre Stauffenberg] nicht zu dem entscheidenden Entschluß [das Attentat selbst auszuführen] gekommen.«[7]

Im Hause Yorck lernte Stauffenberg auch den Grafen Schwerin von Schwanenfeld kennen, der sich bereits seit 1938 an den Umsturzplänen beteiligte.[8] Um bei ihren häufigen Treffen hinfort jeden Verdacht auszuschalten, duzten sie sich sofort und gaben sich als alte Freunde aus.[9] Dieser Kreis junger Grafen wurde sehr schnell als »Grafengruppe« apostrophiert.

Im November 1943 kam Oberleutnant Werner von Haeften dazu, der – zu Olbrichts Amt kommandiert – Stauffenberg als Ordonnanzoffizier zugeteilt wurde. Sein Bruder, Bernd von Haeften, Legationsrat im Auswärtigen Amt, vermittelte die Bekanntschaft zwischen Stauffenberg und dem Legationsrat Adam von Trott zu Solz, der ein besonders enges Verhältnis zu Stauffenberg fand.[10]

Der Mensch jedoch, mit dem Claus von Stauffenberg den innigsten und tiefsten Kontakt hatte, war sein Bruder Berthold. Claus tat nichts, was sein Bruder Berthold nicht wußte oder nicht billigte. Er war, so wurde es gelegentlich formuliert, »das verkörperte Gewissen seines Bruders Claus«.[11]

Die beiden Brüder wohnten zusammen in Berlin-Wannsee in der Tristanstraße. Während des Herbstes und Winters 1943/44 lebte auch ihr Onkel Graf Üxküll bei ihnen. Mit Claus von Stauffenberg verband ihn eine starke charakterliche Ähnlichkeit; beide waren »heitere, lebensbejahende, begeisterungsfähige Menschen«; heißt es in einem Bericht der Tochter des Grafen Üxküll, Olga von Saucken. Der folgende längere Abschnitt aus diesen Mitteilungen sei hier zitiert, obwohl er auf manches hinweist, was noch in anderem Zusammenhang erscheinen wird. Aber die Unmittelbarkeit, die er ausstrahlt, könnte bei einer Aufgliederung verlorengehen.

»Ich darf Ihnen in etwa wiedergeben, was mein Vater mir sagte, als er mir das erste Mal im Oktober 1943 von der Verschwörung sprach. Er sagte: Ich habe seit Jahren die Jungen (damit waren auch noch meine anderen Vettern Hofacker, Yorck und sein jüngerer Freund Schulenburg gemeint) immer wieder zu überzeugen versucht, daß in Deutschland etwas aus eigener Kraft gegen dieses Regime unternommen werden muß. Jetzt endlich ist es so weit. Leider muß ich Dir bekennen, daß ich es jetzt für zu spät halte, der Zeitpunkt ist verpaßt, aber natürlich stehe ich jetzt, [obwohl] ich das glaube, voll und ganz zu der Sache, denn wenn ich auch jetzt keine tatsächliche Chance mehr sehe, so hat es doch wenigstens den einen Sinn, daß wir der Welt zeigen, daß wir wenigstens versucht haben, diese Verbrecher aus eigener Kraft loszuwerden.
Wenn diese ganze Verschwörung überhaupt noch eine winzige Chance hat, dann erst, seit Claus dazugestoßen ist. Er ist jetzt die treibende Kraft, die Kraft, die überhaupt erst all unseren jahrelangen Bemühungen eine Form gegeben hat. Er ist jetzt auch der Finger am Drücker. Ich bin schon alt, ich sehe im Moment meine Hauptaufgabe in der Sorge für Claus. Denn ohne ihn hat die ganze Sache kein Herz und [keinen] Kopf. Er ist ja so behindert. Und es scheint mir schon eine nützliche Sache, für sein körperliches Wohl tätig zu sein. Ich helfe

ihm im Badezimmer, beim Anziehen etc. Es ist unglaublich, wie dieser Mann diese ungeheuren Anstrengungen aushält. Denn sowohl seine reguläre Tätigkeit als auch die geheime erfordern ja eine leistungsstarke Person. Aber er hat eine unglaubliche Fähigkeit to relax. Er kommt nach Hause und bringt es fertig, nach einem minutenlangen Schlaf wieder ganz taufrisch zu sein und bereit, in höchster Konzentration Besprechungen zu führen. Obwohl wir wirklich die meiste Zeit in größter Anspannung leben, so bricht doch oft der alte Claus mit seinem dröhnenden, ansteckenden Gelächter trotz allem durch.«[12]

Neffe und Onkel arbeiteten oft zusammen an Entwürfen; als Graf Üxküll seine Tochter nach dem 20. Juli zum letztenmal traf, sagte er, daß seine handschriftlichen Korrekturen in den meisten Schriftstücken Stauffenbergs zu finden seien.

Über den Grafen Yorck von Wartenburg liefen die Verbindungen zwischen den Soldaten, vor allem Stauffenberg, und dem »Kreisauer Kreis«. An dessen abendlichen Treffen bei Yorck nahm Stauffenberg aus Gründen der Geheimhaltung nur selten teil, wurde jedoch über die Gespräche stets unterrichtet.[13] Wenn im eigentlichen Sinne auch nicht »Mitglied des Kreisauer Kreises«, so gehörte er doch zu seinem geistigen Bereich.

Der »Kreisauer Kreis« hatte seinen Namen nach dem schlesischen Gut von Helmuth Graf von Moltke erhalten. In den Jahren 1942 und 1943 fand sich hier eine Gruppe von Männern zusammen, die sich Gedanken darüber machten, wie Deutschland nach dem mit Sicherheit zu erwartenden Zusammenbruch des Nationalsozialismus wieder aufgebaut werden könne. Sie versuchten, sich über die Grundlage klar zu werden, die das in seinen innersten

Werten angeschlagene und äußerlich zerstörte Vaterland brauchte, um wieder zu gesunden. Den Kern des Kreises bildete die Freundschaft der beiden Grafen Yorck von Wartenburg und Moltke. Hinzu traten Männer der verschiedensten Anschauungen und Lebenskreise:

> »Ost-, west- und süddeutsches Gedankengut, Männer der Kirche und der Schule, Landwirte, Beamte, Sozialisten aller Färbungen.«[14]

Das Fundament, auf dem nach Ansicht dieser Männer der neue deutsche Staat gegründet werden mußte, bezeichnete die »Erste Anweisung an die Landverweser« vom 9. September 1943:

> »Die freiheitlich gesonnene deutsche Arbeiterschaft und mit ihr die christlichen Kirchen vertreten und führen diejenigen Volkskräfte, aus denen heraus der Aufbau in Angriff genommen werden kann.«[15]

Der zweite Entwurf – »Grundsätze für die Neuordnung« – forderte das politische Verantwortungsbewußtsein jedes Staatsbürgers und betonte den Wert des nationalen Gedankens, obwohl er gerade in dieser Zeit stark pervertiert wurde:

> »Die persönliche politische Verantwortung eines Jeden erfordert seine mitbestimmende Beteiligung an der neu zu belebenden Selbstverwaltung der kleinen und überschaubaren Gemeinschaften [...] Die besondere Verantwortung und Treue, die jeder einzelne seinem nationalen Ursprung, seiner Sprache, der geistigen und geschichtlichen Überlieferung seines Volkes schuldet, muß geachtet und geschützt werden. Sie darf jedoch

nicht zur politischen Machtzusammenballung, zur Herabwürdigung, Verfolgung oder Unterdrückung fremden Volkstums mißbraucht werden.«[16]

Im November kam Stauffenberg zum erstenmal in das Haus des Staatsrechtlers Prof. Jessen, der mit Beck über eine akademische Gesellschaft verbunden war.[17] Er lernte hier den ehemaligen deutschen Botschafter in Italien, Ulrich von Hassell, sowie den amtierenden preußischen Finanzminister Johannes Popitz kennen.[18] Mit ihnen kam Stauffenberg in den nächsten Monaten einige Male zusammen, wie die Tagebücher Hassells verzeichnen. Seine Eintragung vom 7. Februar 1944 schildert eine derartige Zusammenkunft und wirft zugleich ein Schlaglicht auf die Auseinandersetzungen innerhalb der Opposition:

»In diesem Zusammenhang meint man, daß Geißler (Popitz) ziemlich gefährdet sei. Das bestätigte mir Sophies Neffe (Schwerin) und vor allem Zollerndorff (Stauffenberg), den ich im November bei Nordmanns (Jessen) kennenlernte und der mir einen ausgezeichneten Eindruck machte. Er meinte, man müsse unerhört vorsichtig sein, in Äußerungen und im Verkehr, letzteres besonders auch mit Geißler, der scharf beobachtet werde. Gegen mich, glaubt Zollerndorff, liege im Augenblick nichts Besonderes vor. Unsere Unterhaltung wurde durch Fliegeralarm, der uns in den Keller zwang, gestört. Nordmann hatte gegen unsere Verabredung (ich wollte allein mit Zollerndorff sein) Geißler dazu bestellt, der dann nach dem Alarm geholt wurde. Dieser ist nämlich, infolge seiner an sich begreiflichen Bitterkeit gegen Pfaff (Goerdeler), der ihn unglaublich behandelt, nervös und gereizt. Er nimmt die Dinge viel zu persönlich, was niemandem mehr schadet als ihm selbst. Die Bedenken gegen Pfaffs Methoden sind dabei an sich berechtigt. Zollerndorff war bei der Besprechung recht geschickt, konnte aber die sachlichen Bedenken, die er mindestens teilweise innerlich teilt, nicht zerstreuen. Des Pudels Kern ist die Tatsache, daß Geibel (Beck) selbst im Grunde politisch ahnungslos ist und sich ganz in Pfaffs Hand begeben hat.«[19]

Über weitere Begegnungen zwischen Stauffenberg und anderen Männern der Opposition wissen wir nur aus den Gestapo-Berichten, etwa über seine Gespräche mit Hermann Maaß, dem Geschäftsführer der deutschen Jugendverbände bis 1933. Die Verbindung bahnte Legationsrat Dr. Brücklmeier an, der Stauffenberg als einen höheren Offizier mit Interesse für sozialpolitische Fragen vorstellte. Die Gespräche zwischen Maaß und ihm, zu denen später auch Graf Schwerin hinzugezogen wurde, kreisten vor allem um die Frage der gesellschaftlichen Neuordnung Deutschlands. Maaß befürwortete eine betont sozialistische, gewerkschaftliche Richtung. Stauffenberg ging auf diese Vorstellungen ein; auch er hielt eine soziale Neuordnung für notwendig, vertrat aber die Überzeugung, »daß die überkommenen Güter nicht einfach über Bord geworfen« werden dürften und »man die geschichtlichen Leistungen des Adels berücksichtigen solle«.[20]

Diese Fragen beschäftigten Stauffenberg so, daß er ein Exposé über seine gesellschaftspolitischen Auffassungen ausarbeitete und es Maaß bei einem späteren Treffen vorlegte.[21]

Auf eine völlig andere sozialpolitische Einstellung stieß Stauffenberg, als er durch Vermittlung des Regierungspräsidenten in Potsdam, des Grafen Bismarck, den Berliner Polizeipräsidenten Graf Helldorf kennenlernte, einen für die Erhebung außerordentlich wichtigen Mann, den

Stauffenberg in seiner Wohnung auch mit Goerdeler bekanntmachte. Helldorf erklärte rundweg, es sei falsch, den Arbeitern allzu weitgehende Rechte einzuräumen und ihnen zu viele Zugeständnisse zu machen; das beste sei, »die Arbeiterschaft mit der Faust in Schranken zu halten«.[22] Äußerungen dieser Art dürften einer der Gründe gewesen sein, warum Stauffenberg und seine Freunde die Verbindung mit Helldorf nur als ein befristetes Zweckbündnis ansahen.[23]

3. *Der Plan »Walküre«*

In den Wochen vor dem Eintritt Stauffenbergs in den Kreis der Verschworenen waren bereits intensive Gespräche zwischen den wichtigsten Männern vorausgegangen.[1] Tresckow drängte auf neue Aktivität, da er befürchtete, daß die Ostfront über kurz oder lang zusammenbrechen werde. Anfang September lud Beck die Generäle Fellgiebel und Stieff zu sich. Man einigte sich, daß eine baldige Aktion vorbereitet werden müsse. Beck übertrug die militärische Vorbereitung Olbricht und Stauffenberg, der ihm kurz zuvor im Hause des Chirurgen Prof. Sauerbruch vorgestellt worden waren.[2] Dr. Goerdeler, der präsumptive Reichskanzler, schlug jedoch vor, dem Umsturz ein ultimatives Auftreten der Heerführer bei Hitler vorausgehen zu lassen. Die anwesenden Generäle, in Kenntnis der Mentalität der Befehlshaber, lehnten diesen Vorschlag jedoch ab und beschlossen, nach vorheriger Ausschaltung Hitlers die Aktion vom Heimatheer aus in Gang zu setzen.[3]

Im September 1943 fand sich der erste gewichtige Heerführer zur Zusammenarbeit mit Beck und Goerdeler bereit: Generalfeldmarschall von Kluge. Goerdeler hatte ihn bereits 1942 an der Ostfront besucht, um ihn für eine Aktion zu gewinnen. Nun, ein Jahr später, kam Kluge, »von größter Sorge um den weiteren militärischen Verlauf des Krieges erfüllt«[4], nach Berlin und traf in der Wohnung von Olbricht mit Beck und Goerdeler zusammen. Goerdeler erläuterte seine außen- und innenpolitischen Vorstellungen, erhob jedoch, wie schon in vorausgegangenen Gesprächen, gegen die Anwendung »äußerster Gewalt« seine Einwände. Kluge war jedoch der Meinung, das Attentat sei der einzige Weg. Darauf erklärte Goerdeler: »Die militärischen Führer, die es durch mangelnde Offenheit gegenüber Hitler soweit hätten kommen lassen, [müßten] selbst den rechten Weg finden, um statt eines verlorenen Krieges einen guten Frieden zu erhalten.«[5]

Das Verhängnis wollte es jedoch, daß diese Verbindung mit einem der höchsten Generäle kurz darauf wieder zerriß: Kluge verunglückte einige Tage später mit seinem Wagen so schwer, daß er für Monate im Krankenhaus liegen mußte und damit für den Staatsstreich ausfiel, den man sich in Berlin bis zum Ende des Jahres erhoffte.[6]

Der Plan, ein Attentat auf Hitler während der täglichen Lagebesprechung auszuführen, stammte von Tresckow.[7] Nur auf diese Weise schien ein Erfolg gewährleistet, weil »der Führer« die Angewohnheit hatte, Termine nicht einzuhalten und seine Reisedispositionen ständig umzuwerfen. In einem seiner Gespräche erklärte Hitler:

> »Ich verstehe sehr gut, warum 90 % der Attentate der Geschichte erfolgreich gewesen sind. Das einzige Vorbeugungsmittel ist ein unregelmäßiges Leben; jeden Tag zu einer anderen Zeit spazieren gehen und ausfahren und Reisen unerwartet antreten. Wenn ich irgendwohin mit dem Wagen fahre, tue ich es soweit wie möglich überraschend und ohne Benachrichtigung der Polizei.«[8]

Man stand also vor den zwei Aufgaben:

1. einen Offizier zu finden, der die Möglichkeit hatte, an den Lagebesprechungen teilzunehmen, und der entschlossen war, das Attentat zu wagen,
2. einen Plan auszuarbeiten, um für die notwendig werdenden Sicherungsaufgaben die notwendigen Truppen zu mobilisieren.

Über die Ursprünge des militärischen Widerstandes wurde hier bereits berichtet. In seinem Mittelpunkt stand neben Generaloberst Beck Dr. Carl Goerdeler, der ehemalige Oberbürgermeister von Leipzig und zeitweilige Preiskommissar der Reichsregierung. Seit Beginn des Krieges bemühten sie sich, militärische Führer zu finden, die bereit waren, einen Staatsstreich gegen Hitler zu wagen. In den Generälen Oster und Olbricht standen einsatzbereite Männer zur Verfügung, die allerdings kein Truppenkommando innehatten. Eine weitere Gruppe meist junger Offiziere bildete eine Gesinnungsgemeinschaft um den Chef des Generalstabes der Heeresgruppe Mitte, Generalmajor Hans-Henning von Tresckow. Anfang 1943 gelang eine Verständigung zwischen Beck und Generalfeldmarschall von Witzleben[9], der zwar auch über kein Kommando mehr verfügte – Hitler hatte ihn in die »Führerreserve« versetzt –, aber mit seinem weithin bekannten Namen durch Übernahme des Oberbefehls über die Wehrmacht nach einem Umsturz alle Einheiten an sich binden konnte.

Am 13. März 1943 war von den Verschworenen der Heeresgruppe Mitte das erste Attentat auf Hitler versucht worden. Man schmuggelte ihm eine Bombe in das Flugzeug: Aber sie zündete nicht. Wenige Tage später schlug ein zweiter Versuch im Berliner Zeughaus fehl.

Tresckow ließ sich jedoch nicht entmutigen. Er setzte

seine ganze Kraft daran, die Ursachen der Fehlschläge zu beseitigen und die Planungen zu vervollkommnen. Dabei stellte er fest, daß ein Attentat nur Erfolg versprach, wenn es während der Lagebesprechung im Führerhauptquartier verübt werden konnte.

Inzwischen hatte die Gestapo im April 1943 einige Verschworene, die General Oster in der Amtsgruppe Ausland/Abwehr unterstanden, verhaftet, weil sie illegale Verbindungen zum Ausland vermutete. Sie wußte zwar nichts von den eigentlichen Absichten dieser Männer, aber Oster wurde aus seinem Amt entlassen, und damit verlor der militärische Widerstand den Mann, der bisher die Pläne für den Staatsstreich ausgearbeitet hatte. Bei den Beratungen, wer nun anstelle Osters die generalstabsmäßige Planung durcharbeiten und auf den neuesten Stand bringen könne, schlug Olbricht den Mann vor, den er ab 1. Oktober als Stabschef in seinem Amt erwartete, Graf Stauffenberg. Tresckow stimmte sofort zu.[10]

Stauffenberg konnte mit seiner Arbeit auf dem »Plan Walküre« aufbauen, der bereits 1942 mit voller Billigung Hitlers ausgearbeitet worden war. Olbricht hatte dem Diktator vorgestellt, daß, durch die vielen in Deutschland vorhandenen Fremdarbeiter oder auch durch feindliche Kommandounternehmen ausgelöst, die Gefahr innerer Unruhen drohe. Für derartige Fälle müßten Pläne vorliegen, nach denen das Ersatzheer mobilisiert werden könne, auch dann, wenn die Verbindung zwischen ihm, Hitler, und dem Heimatheer abgerissen sei. In diesem Augenblick müsse der Befehlshaber des Ersatzheeres berechtigt sein, »Walküre« nach eigenem Ermessen auszulösen. Hitler nahm den Vorschlag auf und ließ den Plan ausarbeiten. Die Wehrkreiskommandos erhielten die entsprechenden Befehle für »Walküre« in verschlossenen Umschlägen, die nur auf das Stichwort »Innere Unruhen« hin geöffnet werden durften.

Zu diesem offiziellen Plan wurden nun von Oster und Olbricht geheime Zusatzbefehle ausgearbeitet, die, sollte ein Attentat auf Hitler gelingen, den Plan »Walküre« für den Staatsstreich in Kraft setzen konnten, ohne daß von vornherein erkennbar von der Legalität abgewichen zu werden brauchte.[11]

Mitte 1943 arbeitete General Olbricht, wahrscheinlich zusammen mit Tresckow, »Walküre« nochmals durch und gab den Plan am 31. Juli 1943 neu heraus.[12]

Anfang September 1943 konnte Tresckow nochmals für einige Wochen nach Berlin kommen und zusammen mit Stauffenberg, zeitweise unter der Mithilfe von Major i. G. von Oertzen, den Tresckow aus dem Stab der Heeresgruppe Mitte herangezogen hatte, die vorhandenen Planungen überprüfen und die geheimen Zusatzbefehle konzipieren.[13] Ob diese Zusammenarbeit zwischen Stauffenberg und Tresckow eine engere persönliche Bindung erbrachte, ist heute nicht mehr festzustellen. Dies jedoch darf festgehalten werden: Zwei Männer, die sich wie Tresckow und Stauffenberg in einer solchen Grenzsituation zu gemeinsamer Arbeit zusammenfinden, sind in viel weitergehendem Maße miteinander verbunden, als es der landläufige Begriff Freundschaft decken könnte. Die einzige Äußerung Stauffenbergs über Tresckow, die bekannt geworden ist, lautet: »Stauffenberg hat Tresckow gelegentlich als seinen Lehrmeister bezeichnet.«[14]

Die schriftlichen Arbeiten an den konspirativen Zusatzbefehlen zu »Walküre« wurden von Frau von Tresckow und Frl. von Oven gemacht. Frl. von Oven, heute verheiratete Gräfin von Hardenberg, verdanken wir eine Schilderung der Umstände, unter denen die Besprechungen abgehalten wurden:

»Die Arbeiten wurden Mitte bis Ende September 1943 aufgenommen. Als Treffpunkte wurden verschiedene Stellen im Grunewald benutzt, da man Besprechungen in Wohnungen für zu gefährlich hielt. Eine große Schwierigkeit bei den Verabredungen lag außerdem darin, daß man aus Geheimhaltungsgründen weder Telefon noch Post benutzen konnte und daß außerdem durch die Bombenangriffe und die dadurch gestörten Verkehrsmittel die mühsam verabredeten Treffpunkte oft nicht eingehalten werden konnten.«[15]

Stauffenberg und Tresckow brachten Stichwortzettel mit, gelegentlich auch schon Ausarbeitungen, die in den Besprechungen zu förmlichen militärischen Befehlen umgearbeitet und Frl. von Oven zur Schreibmaschinenabschrift diktiert wurden. Sie verrichtete die Arbeiten auf Anraten Tresckows in Handschuhen, damit das Papier keine Fingerabdrücke aufwies, auch mußte die Schreibmaschine immer wieder so versteckt werden, daß sie bei einer Entdeckung der Schriftstücke nicht zur Identifizierung benutzt werden konnte.

Gräfin Hardenberg erinnert sich eines Vorfalls, der uns zeigt, unter welcher Nervenbelastung diese Arbeiten vor sich gingen: Nach einer solchen Besprechung sei sie mit Stauffenberg und Tresckow durch die nahe dem Grunewald gelegene Trabener Straße gegangen, unter dem Arm die gesamten Unterlagen für den Umsturz. Plötzlich kam ihnen ein Mannschaftswagen der SS entgegen und bremste unmittelbar neben ihnen. Als die SS-Leute herabsprangen, hielt jeder die Verschwörung für entdeckt und sich selber im nächsten Augenblick für verhaftet. Aber die SS-Leute achteten nicht auf die drei Personen und verschwanden in einem Haus. »Selbst die beiden kriegsgewohnten Offiziere waren leichenblaß geworden.«

Die Zusatzbefehle erhielten in der Zeit zwischen September und Oktober 1943 noch nicht die endgültige Form – sie mußten infolge kriegsbedingter Veränderungen immer wieder umgearbeitet werden –, aber das Grundsystem der Umsturzplanung wurde bis zum 20. Juli 1944 beibehalten.[16]

Die Art und Weise, in der Stauffenberg die Gesamtplanung bearbeitete, charakterisierte Fritz Graf von der Schulenburg als geradezu »klassisch«: »Wir wären schon weiter, wenn sich Stauffenberg eher entschlossen hätte«,[17] sagte er gelegentlich zu seiner Frau.

Über die Anlage des Planes »Walküre« geben die nach dem 20. Juli entstandenen Gestapo-Berichte folgende Zusammenfassung:

> »[Die Bestimmungen] sahen die Bildung von einsatzfähigen Kampfgruppen vor, die auf ein gegebenes Stichwort hin in zwei Stufen alarmiert werden sollten. Im Rahmen des ›Walküre‹-Befehls sollten auch Einheiten des Feldheeres, die sich in Aufstellung, Auffrischung oder Umgliederung im Heimatkriegsgebiet befinden, herangezogen werden. Dabei wurde angeordnet, daß sie möglichst als Kampfgruppen verwendet, auf alle Fälle aber selbständig aufgestellt und nicht mit anderen ›Walküre‹-Verbänden des jeweiligen Wehrkreises zusammengelegt werden sollten. Auch die Panzer- und Panzergrenadier-Einheiten einschließlich der Schulen mit Lehrgängen und Lehrtruppen sollten neben den Verbänden der Infanterie als besondere Kampfgruppen zusammengefaßt werden. In der ausführlichen Anordnung wurde bestimmt, daß durch die Wehrkreiskommandos der Objektschutz und die Sicherung von Kunstbauten ›bei Notständen‹ vorgesehen werden sollten […] Über den Zweck von ›Walküre‹ waren bis auf

diese Andeutungen nähere Hinweise nicht gegeben. Es wurde jedoch für die Geheimhaltung sehr scharf darauf hingewiesen, daß ›der an der Durchführung der Vorarbeiten zu beteiligende Kreis so eng wie möglich zu halten‹ sei und daß ›keinesfalls Dienststellen und Einzelpersonen außerhalb der Wehrmacht von den Absichten bzw. Vorarbeiten Kenntnis erhalten dürften‹. Auch in den Durchführungsbestimmungen wurde ausdrücklich verboten, ›vor Eingang des Stichwortes die Aushebungsvorbereitungen (Pferde) mit Stellen außerhalb der Wehrmacht (z. B. Dienststelle Reichsnährstand) zu besprechen‹.«[18]

Die Tarnung der Staatsstreichplanung durch einen von Hitler selbst gebilligten Mobilisierungsplan fand später sogar die widerwillige Anerkennung der Geheimen Staatspolizei:

> »Insgesamt ergibt sich, daß der ›Walküre‹-Plan in seinem von Stauffenberg und der Verschwörerclique gedachten Verwendungszwerk raffiniert getarnt war.«[19]

Wie sollte die Auslösung des Planes »Walküre« vor sich gehen? Nach dem Tode Hitlers war nur der Befehlshaber des Ersatzheeres autorisiert, den Befehl in Kraft zu setzen. Sollte sich jedoch Generaloberst Fromm, der Befehlshaber des Ersatzheeres, weigern, das Stichwort zu geben, wenn er erkennt, daß er damit einem Umsturz dient, so wollte General Olbricht diesen Befehl auslösen. Er war zwar dazu nicht befugt, aber die Empfänger des Stichwortes, die Befehlshaber der Wehrkreise, hätten nicht erkennen können, daß es sich um eine illegale Ausgabe des Befehls handelte, weil Olbricht sich des Namens von Fromm bedienen wollte. Alle Ämter in der Berliner Bendler-Straße, dem Oberkommando des Heeres, mußten denselben Nachrichtenbunker benutzen. Wenn der Befehl erst über die Fernschreiber lief, konnten die Truppen nicht mehr feststellen, ob er wirklich von der zuständigen Stelle kam; einzig der Offizier im Nachrichtenbunker konnte das durch Rückfrage erkennen. Nach diesem System ist schließlich auch am 20. Juli verfahren worden.

Die Zusatzbefehle verfolgten den Zweck, den Plan »Walküre« in einen Staatsstreich umzuformen: Der Objektschutz, wie es offiziell hieß – etwa von Ministerien, Sendern, Dienststellen –, sollte dazu dienen, die eigene Position militärisch zu sichern. Außerdem mußte die Kerntruppe des nationalsozialistischen Systems, die SS, so schnell wie möglich der Wehrmacht unterstellt werden. Obwohl man wußte, daß es eine etwa 24 Stunden anhaltende Krise zu überwinden galt, weil die SS-Truppen innerhalb Berlins im ersten Augenblick erheblich stärker waren als die des Heeres, so hoffte man doch, daß nach einem Tag so viele Soldaten der Wehrmacht in die Stadt eingerückt sein würden, daß das Heer die Überlegenheit gewinnen könnte. Die Zusatzbefehle sollten außerdem nach dem Willen ihrer Verfasser nicht nur Einsatzordres sein, sondern zugleich demonstrieren, daß sie aus einer neuen Rechtsgesinnung heraus entstanden waren. Deshalb enthielten sie Formulierungen wie etwa jenen Schlußsatz aus dem 2. Zusatzbefehl:

> »Bei Ausübung der Vollziehenden Gewalt dürfen keine Willkür- und Racheakte geduldet werden. Die Bevölkerung muß sich des Abstandes zu den willkürlichen Methoden der bisherigen Machthaber bewußt werden.«[20]

Außerdem wurden auch die Aufrufe entworfen, die sofort über die Sender ausgestrahlt werden sollten. Stauffenberg ließ im Oktober seinen Freund Rudolf Fahrner telegraphisch nach Berlin rufen, damit er ihm bei der Redaktion der Aufrufe helfe.

> »Da ich die Aufrufe zu bearbeiten hatte, erfuhr ich zunächst von dem Plan, nach Hitlers Tod sofort die Sender zu besetzen und die Kundgebungen auszurufen. Regierungsmitglieder und alle Parteiführer bis hinab zu den Kreisleitern sollten verhaftet, alle SS-Unterkünfte umstellt und Offiziere und Mannschaften zur Übergabe gezwungen werden. Die Truppen des Heimatheeres sollten diese Aufgaben in ihrem Wehrkreis übernehmen. Ihrer Mitwirkung fühlte man sich nach Hitlers Tod ganz sicher. Die Befehle wurden bis ins einzelne ausgearbeitet und enthielten außer den Weisungen auch jeweils eine kurze Rechtsbegründung und Sinnbegründung. Ich entsinne mich, zusammen mit Berthold Stauffenberg eine Reihe solcher Befehle, besonders für das Verfahren mit SS- und Polizeikräften, bearbeitet und die Maßnahmen zur Weiterführung oder zur Abänderung bisheriger Einrichtungen auf den verschiedensten Gebieten erwogen zu haben. Maßgebend dabei schienen uns die Grundsätze, auch bei durchgreifendem Handeln gegen Verbrecher und ihre Helfer keine rechtlose Handlung zu dulden, sachlich Sinnvolles und Bewährtes nicht durch Bausch- und Bogen-Verdammung zerstören zu lassen. Die Konzentrationslager und andere Inhaftierungsstätten sollten besetzt und ein reinigendes Rechtsverfahren durchgeführt werden, das jeden Fall der Inhaftierung klären und den Rechtsstand der Häftlinge herstellen sollte.«[21]

Die Bedeutung einer möglichst schnellen Kundgebung über die Sender wurde von den Verschwörern von Anfang an erkannt. Deshalb war es besonders wertvoll, daß sie auf Männer wie Generalmajor Fellgiebel, den Leiter des Wehrmachtnachrichtenwesens, und Generalleutnant Thiele, den Chef des Stabes der Inspektion der Nachrichtentruppen, zählen konnten. Außerdem traf Stauffenberg Anfang Oktober einen Freund wieder, den er schon vom Reiterregiment 17 her kannte und der den Chef der Propagandatruppen vertrat.

Das Gespräch ergab, daß sie sich in der Beurteilung der Lage völlig einig waren. Auf die Äußerung seines Freundes, man müsse Hitler gefangensetzen, da er niemals nachgeben werde, erwiderte Stauffenberg, daß das nach seiner Meinung keine Lösung sei: Sie führe nur zu einem Bürgerkrieg, denn die Jugend sei noch weitgehend hitlerisch verseucht, die HJ, die SS, der größte Teil der SA glaubten noch an die Sendung ihres Führers. Hitler müsse fallen. Auch Männer wie Thiele, Stieff, Olbricht und Mertz von Quirnheim dächten so und beschäftigten sich wie er selbst mit den Plänen für einen Umsturz. Darauf erhielt er von seinem Freund die Zusicherung, daß auch er bereit sei, seinen Teil beizutragen.[22]

Stauffenberg gab ihm den Auftrag, eine Gruppe sprachgewandter Männer aus der Amtsgruppe »Wehrmachtpropaganda« zusammenzustellen, die mit einer Gruppe von Funkern, ausgewählt von General Thiele, in zwei Halbzüge aufgeteilt, nach dem gelungenen Attentat den Deutschlandsender und den Sender Nauen besetzen sollten. Der verantwortliche Offizier werde ein versiegeltes Schreiben erhalten, das er dort zu öffnen habe und dessen Inhalt wiederholt an das In- und Ausland bekanntgegeben werden müsse.[23]

Trotz ihrer Absicht, den Krieg so schnell wie möglich zu beenden, konzipierten die Männer des militärischen Widerstandes doch noch eine Neuordnung der Kriegsspitzengliederung. Sie wollten schon deshalb nicht darauf verzichten, weil die Kritik an der bisherigen Form seit Jahren die Gespräche des Offizierkorps beherrschte und die vorhandene Gliederung mit ihren verwirrenden Kompetenzüberschneidungen und bewußt offengehaltenen Rivalitäten so sehr auf Hitler zugeschnitten war, daß eine Neuordnung nicht nur eine rein militärische Notwendigkeit war, sondern zugleich auch eine politische Demonstration bedeutete.[24]

Einen für diese Fragen sachkundigeren Offizier als Stauffenberg, der sich in der Organisationsabteilung jahrelang mit diesen Problemen auseinandergesetzt hatte, gab es im militärischen Widerstandskreis nicht. Es ist deshalb mit Sicherheit anzunehmen, daß die Neuordnung, von der ein Entwurf erhalten geblieben ist, im wesentlichen sein Werk war.[25]

In der Hauptsache bestand sie darin, die bisher nebeneinander existierenden Stäbe – Wehrmachtführungsstab, Generalstab des Heeres, Generalstab der Luftwaffe – zu einem »Großen Generalstab« zusammenzuschließen, die Selbständigkeit der Waffen-SS aufzuheben und die Nachschub- und Heimatorganisationen von Heer, Waffen-SS, Arbeitsdienst und Organisation Todt zusammenzulegen.[26] Weiterhin bestand die Absicht, wieder ein Reichskriegsministerium zu errichten, dem der Heimatführungsstab und alle Ämter der Rüstung und Kriegsproduktion eingegliedert werden sollten; das selbständige »Reichsministerium für Bewaffnung und Munition« wäre aufgelöst worden. Auch die Abschaffung eines selbständigen Luftfahrtministeriums war vorgesehen. Sein Apparat sollte, abgesehen vom Generalstab der Luftwaffe, einem Staatssekretär für die Luftfahrt unterstellt werden und die Personalämter von Heer und Luftwaffe zu einem einheitlichen »Offiziersamt« verschmelzen. Für die Heeresgruppen der Ostfront plante man die Berufung eines »Oberbefehlshabers Ost«. Die organisatorische Eigenständigkeit der Marine wäre erhalten geblieben, der Wehrmachtgeneralstab jedoch auch für sie weisungsbefugt geworden.

Neben diesen organisatorischen Planungen mußten Stauffenberg und seine Gesinnungsfreunde eine hinreichende Anzahl von Offizieren zu gewinnen versuchen, die entschlossen waren, die Aufstandsbefehle in der entscheidenden Phase durchzuführen und ihre Durchführung bei anderen zu erzwingen. Am geeignetsten waren Truppenführer, die ihre Formationen kannten und in der Hand hatten. Aber auch die Zustimmung des einen oder anderen konnte im entscheidenden Augenblick ohne Wirkung sein, da das Personalamt ständig Umbesetzungen und Verschiebungen vornahm. Kommandeure, die sich auf ihre Truppe für jeden Einsatz, selbst einen Staatsstreich, verlassen konnten, gab es unter diesen Umständen kaum. Deshalb sollte wenigstens in jedem Wehrkreis ein Offizier vorhanden sein, der als Verbindungsmann bei einem Ausnahmezustand dafür sorgen konnte, daß die Befehle ausgeführt wurden, und der die Zentrale von allen Vorgängen unterrichtete. Stauffenberg begann schon im Herbst 1943 mit der Auswahl dieser Offiziere und hatte schließlich 13 Gleichgesinnte für die vorhandenen 17 Wehrkreise gefunden.[27]

Außerdem wurden von der zivilen Seite politische Beauftragte namhaft gemacht, die in den Wehrkreisen für die neue politische Orientierung sorgen und die zivile Verwaltung an sich ziehen sollten. Die Auswahl dieser Persönlichkeiten – sie wurden nicht alle eingeweiht, weil man annahm, daß sie sich ohne weiteres zur Verfügung stellen würden – nahm im wesentlichen Dr. Carl Goerdeler vor und besprach sie mit Beck und Stauffenberg.[28]

Die engste Verbindung stellte der Berliner Kreis schon im Sommer 1943 zu General von Stülpnagel in Paris her, dem militärischen Befehlshaber in Frankreich; den Kontakt vermittelte Oberst Cäsar von Hofacker, ein Vetter Stauffenbergs.[29] Leider gelang es den Verschworenen nicht, zu anderen Befehlsbereichen ähnlich enge Verbindungen herzustellen, was mit ein Grund wurde für das Scheitern des 20. Juli.

4. *Attentatspläne*

Parallel zu diesen Planungen mußten die militärischen Verschworenen nach einer Möglichkeit suchen, den Anschlag gegen Hitler zu führen, obgleich die Meinung über das Attentat nicht einhellig war. Nicht nur Goerdeler gab immer wieder zu erwägen, ob es nicht andere »Initialzündungen« gebe. Auch Moltke und Yorck, und damit mehr oder weniger der Kreisauer Kreis, waren der Ansicht, man solle die militärische Entwicklung ausreifen lassen und die Plattform für ein neues Staatsgefüge nach dem Zusammenbruch vorbereiten. Stauffenberg und Tresckow widersprachen: Ein Gewaltunternehmen müsse erfolgen, denn es sei unverantwortlich, die Katastrophe abzuwarten. Sie, die Soldaten, konnten das Chaos voraussehen, das über Deutschland bei einer totalen militärischen Niederlage hereinbrechen würde. Unter dem Druck der Argumente Stauffenbergs haben viele Mitglieder des Kreisauer Kreises, vor allem Graf Yorck von Wartenburg, ihren Widerstand gegen ein Attentat aufgegeben.[1]

Außerdem wußten die Offiziere, daß ein Staatsstreich gegen Hitler, sollte er am Leben sein, wenig Erfolg versprach, da der Fahneneid in den Augen vieler, ja der meisten Soldaten eine undiskutierbare Bindung an Hitler darstellte. Mag auch heute für viele diese Eidbindung ein nur wenig überzeugendes Argument sein, so bildete sie doch damals für die meisten Soldaten eine zwar aufgezwungene, aber trotzdem »vor Gott« abgelegte Verpflichtung zu »unbedingtem Gehorsam«. Hatten sich auch Stauffenberg und seine Freunde selbst bereits über diesen Eid hinweggesetzt, so kannten sie doch die Auffassung ihrer Kameraden. In diesem Zusammenhang ist ein Gespräch aufschlußreich, das Dr. Bräutigam Ende 1943 mit Stauffenbergs Freund Oberst i. G. Schmidt von Altenstadt führte. Bräutigam vertrat die Ansicht, es sei besser, Hitler, etwa durch eine Aktion gegen das Führerhauptquartier, lebend gefangen zu setzen und ihn durch ein Gericht aburteilen zu lassen. Altenstadt widersprach:

»1. Das Ausladen eines Regimentes in Rastenburg könne Hitler nicht verborgen bleiben.

2. Man sei der jungen Offiziere in den Regimentern nicht sicher, die aus der Hitlerjugend hervorgegangen und über den Ernst der Lage nicht informiert seien.

3. Der Fahneneid sei für den Soldaten so etwas Heiliges, daß Offiziere und Mannschaften sich hiervon erst dann entbunden fühlen würden, wenn der Führer nicht mehr lebe.«

Bräutigam fügt hinzu: »Bei dem engen Verhältnis zwischen den beiden bin ich sicher, daß diese Auffassung Altenstadts Graf Stauffenberg wesentlich beeinflußt hat.«[2]

Der Mann, der geeignet war, das Attentat zu unternehmen, war der Chef der Organisationsabteilung im Generalstab des Heeres, Generalmajor Helmuth Stieff, da er als einziger der Verschworenen regelmäßig Zutritt zur Lagebesprechung hatte. Im Oktober übergab Tresckow englischen Sprengstoff, den er besorge hatte, an Stauffenberg, der ihn Ende des Monats Stieff aushändigte.[3] Aber das Attentat unterblieb; nach Stieffs Behauptung fand er keine

Möglichkeit, den Sprengstoff unbemerkt in das Besprechungszimmer zu bringen.[4]

Ein zweiter Attentatsplan scheiterte im November 1943 an Hitlers ständigen Dispositionsänderungen. Die Bedingungen an der Ostfront ließen eine Änderung der deutschen Uniformen notwendig erscheinen. Die neuen Modelle mußten Hitler vorgeführt und von ihm genehmigt werden. Dabei sollte das Attentat erfolgen, sofern sich jemand finden ließ, der zwei Bedingungen erfüllte: Der für die Vorführung vorgesehene Offizier mußte von der Notwendigkeit, Hitler zu beseitigen, überzeugt und außerdem bereit sein, dafür sein Leben zu opfern, indem er mit einer in die Ausrüstung eingebauten Sprengladung auf Hitler zusprang und dabei den Zünder auslöste.

Schulenburg schlug seinen Freund Hauptmann Axel von dem Bussche vor, und Stauffenberg arrangierte, daß Bussche von seinem Verband an der Ostfront beurlaubt wurde. Die beiden Offiziere trafen sich in der Nähe von Berlin. Wir können uns kaum noch in die Lage eines solchen Gespräches versetzen, in dem es darum ging, daß ein junger Offizier bereit war, sein Leben daranzusetzen, um das Vaterland aus fürchterlicher Bedrohung zu retten. Die Diskussion drehte sich nicht so sehr darum, ob eine Beseitigung Hitlers nützlich und zweckmäßig sei – diese Frage war längst entschieden. Aber ließ sich ein Mord an Hitler auch für einen Christen moralisch rechtfertigen? Stauffenberg erklärte, daß die katholische Überlieferung in der Beantwortung dieser Frage großzügiger sei als die evangelische, daß aber auch Luther die Anwendung letzter Gewalt erlaubt habe, wenn der Staat in einer seine Existenz gefährdenden Situation schwebe.

Bussche erklärte sich zu der Tat bereit, aber die Vorführung der neuen Uniformen wurde mehrere Male abgesagt. Als schließlich im November die gesicherte Aussicht bestand, daß Hitler erscheinen werde, vernichtete ein Bombenangriff den Eisenbahnwagen, in dem die Probestücke nach Ostpreußen gebracht werden sollten. Bevor Neuanfertigungen der Musteruniformen fertig waren, mußte Bussche wieder an die Front zurück.[5]

Nach Weihnachten 1943 sollte das Attentat zum drittenmal versucht werden. Mitte November hatte Stauffenberg einen Kameraden aus dem Reiterregiment 17, Frhr. von Leonrod, unter einem Vorwand nach Berlin rufen lassen und ihm anschließend an das dienstliche Gespräch mitgeteilt, daß er bei einem Staatsstreich gegen Hitler auf seine Unterstützung hoffe. Als Leonrod seine Zusage gab, erklärte Stauffenberg, daß er unter Umständen noch vor Weihnachten gebraucht werde.[6]

Goerdeler erhielt die Mitteilung, daß er für die Tage vom 25. bis zum 27. Dezember mit einer Aktion rechnen könne, und wurde gebeten, die politischen Beauftragten zu alarmieren. Aber es geschah nichts; die Pläne, von denen man heute nicht mehr erkennen kann, wie sie aussahen, ließen sich nicht verwirklichen.[7]

Goerdeler machte, nachdem die Aktion wieder ausgeblieben war, Stauffenberg vor allem wegen der durch die Benachrichtigung der politischen Beauftragten heraufbeschworenen Gefährdung Vorwürfe. Dieser sicherte ihm zu, er wolle in Zukunft davon absehen. Goerdeler, der im Grunde niemals den Plan eines Attentats akzeptiert, sondern nur toleriert hatte, gab zu bedenken, man möge noch einmal erwägen, ob sich statt eines Attentats nicht doch andere Möglichkeiten finden ließen, um Hitler zu entmachten. Aber Stauffenberg wies diese Gedanken zurück. Er verpfändete Goerdeler sein Wort, daß die militärische Seite bestimmt handeln werde: Eher werde er selber das Attentat durchführen, als sich auf eine andere Lösung einzulassen.[8]

5. *Konspirative Methoden*

Als das Jahr 1943 schloß, waren alle Versuche der Verschworenen, den Umsturz auszulösen, fehlgeschlagen. Tresckow hatte sich zweimal bemüht, selbst in eine Position zu gelangen, von der aus er Zugang zu Hitler gewinnen konnte, einmal über den Chef des Heerespersonalamtes, Generalmajor Schmundt, ein zweites Mal über den Chef der Operationsabteilung, General Heusinger. Aber beide Versuche schlugen fehl; auch mißlang es Tresckow Ende 1943, Feldmarschall von Manstein für eine Aktion zu gewinnen.[1]

Die Männer resignierten jedoch nicht. Sie suchten immer weiter, wenn auch immer verzweifelter, nach einer Möglichkeit, ihre Pläne zu realisieren. Sie beschränkten sich auch nicht nur auf die Planung des Staatsstreiches und die Suche nach einer Attentatschance. So weit es in ihrer Macht stand, bemühten sie sich, verbrecherische und völkerrechtswidrige Befehle Hitlers zu durchkreuzen.

Anfang 1944 erfuhr Hitler, daß die ungarische Regierung sich aus dem Bündnis mit Deutschland zu lösen beabsichtige und einen Separatfrieden anstrebe. Er faßte den Plan, die ungarischen Truppen, die an der Ostfront auf deutscher Seite kämpften, entwaffnen, Ungarn besetzen und in Budapest ein neues Regime ausrufen zu lassen. Die Verschworenen, unter ihnen Stauffenberg und Olbricht, erwogen, ob man nicht die ungarische Regierung warnen könne. Sie fanden aber keinen geeigneten Gesprächspartner.[2]

Dieser Plan zeigt eine starke Ähnlichkeit mit einem Vorgang, der sich mit dem Namen von General Oster verbindet, dem Vorgänger Stauffenbergs, bei der Planung des Staatsstreichs.[3] Oster hatte 1940 kurz vor der Westoffensive dem niederländischen Militärattaché in Berlin, Oberst Sas, den Angriffstermin auf die neutralen Nordseestaaten zukommen lassen. Damit hatte er zwar vor dem völkerrechtswidrigen Angriff gewarnt, andererseits aber auch das Leben deutscher Soldaten in Gefahr gebracht, eine Konsequenz, die auch eine Ungarnwarnung 1944 gehabt hätte.

Formal gesehen war das, was Oster ausgeführt hatte und Stauffenberg mit Ungarn plante, ein Akt von Landesverrat, eine Tat, deren Schwere nicht wegzudiskutieren ist. Aber damals gab es einen noch schwererwiegenden Landesverrat, der juristisch gar nicht mehr zu fassen ist und der darin bestand, daß die Substanz einer Nation von ihrer eigenen Regierung bedenkenlos aufs Spiel gesetzt wurde. Wie soll ein Mensch handeln, der sich verpflichtet fühlt, einen schwächeren Staat vor einem unerwarteten kriegerischen Überfall zu warnen, aber damit den Tod eigener Soldaten in Kauf nehmen müßte? Ein solcher Vorgang gehört zu den tragischen Konflikten, in die Hitler einen rechtlich denkenden Menschen bringen konnte, gehört zu der Verwirrung der Moral, die jedes totalitäre System den ihm Unterworfenen aufzwingt.

In einem anderen Falle konnten Stauffenberg und seine Freunde einen Erfolg erzielen. Hitler hatte befohlen, daß alle alliierten Flieger, die in deutsche Hände fielen, als Rache für die Bombardierungen deutscher Städte erschossen werden sollten. Dieser Befehl widersprach allen Konventionen über die Kriegführung: Die Völkerrechtler im Amt Ausland/Abwehr, die dem Widerstand angehörten, sorgten sich darum, daß auch einem von Hitler befreiten Deutschland aus dem völkerrechtswidrigen Erschießungsbefehl noch Nachteile erwachsen und die Versuche, mit dem Westen zu einer Übereinkunft zu gelangen, durch ihn behindert werden könnten.

Graf Moltke benutzte deshalb seine Position in der Ausland/Abwehr, von der aus die Vollzugsmeldungen an Hitler gingen, um diese zu fälschen: Wohl stimmte die Zahl der abgeschossenen und lebend in deutsche Hand gefallenen Flieger, aber nicht ihre Namen. Stauffenberg hatte es übernommen, sich aus den Lagern die Namen derjenigen Kriegsgefangenen melden zu lassen, die hier verstorben waren. Deren Namen – »tote Seelen« – setzte man in die Listen ein und meldete jene dann als »hingerichtet« – während sie in Wirklichkeit ihr Leben wohlbehalten in den Gefangenenlagern fristeten.[4]

Für Stauffenberg war es selbstverständlich, daß auch die Politik vom Boden »einer religiös verankerten Sittlichkeit [aus] geführt werden müsse«,[5] denn – so formulierte er einmal – »ein Volk, das nicht beten kann, ist nicht wert zu leben».[6] Aus solcher Einstellung heraus wird verständlich, daß er auch immer wieder religiöse Argumente benutzte, wenn er Kameraden für seine Sache zu gewinnen versuchte.

Als Frhr. von Leonrod bei ihrem entscheidenden Gespräch einwandte, daß er sich an seinen Fahneneid gebunden fühle, erklärte ihm Stauffenberg, »daß in einem derartigen Falle und in einer derartigen Notlage auch ein an und für sich als heilig anzusehender Eid nicht mehr gültig sei«. Als »gläubiger Katholik« sei Leonrod auf Grund der Darstellungen Stauffenbergs über die politische und militärische Lage schon »gewissensmäßig verpflichtet, entgegen diesem Eid zu handeln«.[7]

Wir wissen, daß Stauffenberg sich darüber mit katholischen Seelsorgern aussprach,[8] auch entnehmen wir seinen Argumenten – etwa in dem Gespräch mit Axel von dem Bussche –, daß er sich mit theologischen Lehrmeinungen auseinandergesetzt hatte. Im Frühjahr 1944 sprach Stauffenberg auch mit dem Bischof von Berlin, Conrad Kardinal Graf Preysing. Wenn er ihn auch in die Attentatspläne nicht einweihte, so wurde doch über die Notwendigkeit eines Umsturzes gesprochen, wobei die Frage nach der Rechtfertigung eines Attentats wenigstens durchklang. Nach dem Zusammenbruch schrieb Kardinal Preysing der Mutter Stauffenbergs, daß er ihm damals zwar den Segen der Kirche nicht habe erteilen können, ihm seinen eigenen priesterlichen Segen jedoch nicht vorenthalten habe.[9]

Bis zum 20. Juli rissen die Gespräche über Religion, Christentum und Politik nicht ab. Eines der Lieblingsthemen des Grafen Yorck waren Fragen einer Reform der Liturgie und der Vereinigung von Protestanten und Katholiken. Stauffenberg, Yorck, Schwerin und Schulenburg haben sich noch Mitte Juni 1944 eingehend darüber unterhalten, »daß das Christentum wieder die tragende seelische Kraft der Zukunft sein solle«.[10]

Alle diese Auseinandersetzungen blieben jedoch gedankliche Konstruktionen, wenn es nicht endlich gelang, die Initialzündung des Staatsstreichs, das Attentat auf Hitler, auszulösen.

Im Januar 1944 kam es zu einem Gespräch zwischen Stauffenberg, Tresckow, Schlabrendorff, Oberst Rudolf-Christof Frhr. von Gersdorf und dem Leiter der Abteilung Abwehr II bei Canaris, Oberst i. G. Wessel Frhr. von Freytag-Loringhofen, der, zuvor Abwehroffizier der Heeresgruppe Mitte, von Tresckow an die Oppositionsgruppe herangeholt worden war. In der Besprechung ging es um die Auswertung der Erfahrungen bei den vorausgegangenen mißglückten Versuchen und vor allem um die Beschaffung von neuem Sprengstoff. Freytag-Loringhofen sagte zu, er werde sich darum bemühen.[11]

Vorausgegangen war der Versuch, Hitler noch einmal

zu einem Besuch bei der Heeresgruppe Mitte zu bewegen. Hier waren mehrere Offiziere bereit, auf ihn ein gemeinschaftliches Pistolenattentat zu verüben. Aber Hitler ließ sich zu keinem neuerlichen Besuch herbei.[12]

Als Anfang Februar 1944 noch einmal eine Uniformvorführung angesetzt wurde, gelang es Stauffenberg wiederum, einen jungen, zum Selbstopfer bereiten Offizier zu finden, Ewald von Kleist. In einem ähnlichen Gespräch wie einige Monate zuvor mit Bussche legte er Kleist die politische und militärische Lage dar, ohne ihn zu drängen oder den Versuch zu machen, ihn zu überreden. Nach einer Bedenkzeit und einer Beratung mit seinem Vater erklärte Kleist sich zu der Tat bereit. Am 11. Februar sollte der Anschlag stattfinden, aber die Vorführung unterblieb wieder.[13]

Die ausweglose Lage der Verschworenen offenbart ein Attentatsplan, zu dessen Durchführung sich ein anderer Offizier, Rittmeister von Breitenbuch, bereit erklärte. Als Ordonnanzoffizier des Feldmarschalls Busch hatte er Gelegenheit, seinen Oberbefehlshaber zu den Lagebesprechungen im Führerhauptquartier zu begleiten. Er war bereit, bei der nächsten Besprechung Hitler mit der Pistole niederzuschießen. Aber als er das Lagezimmer betreten wollte, hielt ihn der diensttuende Sturmbannführer, der Hitlers Kommen gemeldet hatte, zurück: Die heutige Besprechung finde unter Ausschluß der Ordonnanzoffiziere statt.[14]

Die Gefahr, daß die Verschwörung mit der Zeit die Aufmerksamkeit der Gestapo und des SD erregen könnte, erhöhte sich ständig. Anfang des Jahres 1944 erklärte Himmler Admiral Canaris, er wisse durchaus, daß namhafte Kreise im Heer Umsturzpläne hegten. Man könne sicher sein, daß er rechtzeitig eingreifen werde und die Sache nur deshalb so lange laufen lasse, um herauszubekommen, wer dahinter stehe; Leuten wie Beck und Goerdeler werde man aber rechtzeitig das Handwerk legen. Canaris teilte diese unheildrohende Nachricht sofort Olbricht mit, der sie an Stauffenberg und andere Verschworene weitergab.[15]

Kurz darauf gelang es Himmler, seinen alten Rivalen Canaris auszuschalten und das Amt Ausland/Abwehr dem Reichssicherheitshauptamt zu unterstellen.[16] Diesem Schlag folgte bald der nächste: Im Januar 1944 verhaftete die Gestapo im Hause Solf die Mitglieder einer Teegesellschaft, unter ihnen auch Helmut Graf von Moltke, den Kopf des Kreisauer Kreises. Es gelang der Polizei jedoch nicht, seine konspirativen Verbindungen zu klären, so daß man kurz vor dem 20. Juli noch daran dachte, ihn wieder freizulassen.

Überdies sickerte im März durch, daß Hauptmann Gehre, ein Mitarbeiter Osters in der Abwehr, von der Gestapo überwacht werde. Stauffenberg mußte daher alle Freunde davor warnen lassen, mit Gehre zu telephonieren oder mit ihm Verbindung zu suchen.[17]

So mehrten sich mit der Zeit die Anzeichen, daß Gefahr im Verzuge war. Außerdem erkrankte Beck in dieser Zeit so schwer, daß er sich operieren lassen mußte.[18]

Die steigende nervliche Belastung macht es verständlich, daß Goerdeler sich nach dem Fehlschlag des im Februar geplanten Attentats bei Beck wegen der dauernden Verzögerungen beschwerte. In seinem jahrelangen Umgang mit den Heerführern hatte er die Meinung gewonnen, daß sie zwar gern viel sprächen und versprächen, aber wenig hielten. Beck versuchte ihm klarzumachen, daß man sich immer wieder um einen Ansatzpunkt bemühe, aber keinen Termin nennen könne. Stauffenberg ließ Goerdeler ausrichten, er habe ihm sein Ehrenwort verpfändet, er möge nicht dauernd drängen.[19] Da

Stauffenberg nicht alles, was er unternahm und plante, offen darlegte, entstand bei Goerdeler der Eindruck, er tue nichts oder zu wenig. Vermutlich hat Goerdeler niemals erfahren, wie Stauffenberg sich darum bemühte, einen Offizier zu finden, der zum Attentat bereit und dafür geeignet war. Über einen der vergeblichen Versuche, einen Kameraden für den Anschlag zu gewinnen, berichtet der damalige Rittmeister Dr. van Husen von der Standortstaffel des Wehrmachtführungsstabes in Berlin:

> »Ich fuhr eines Tages zusammen mit dem Leiter der Standortstaffel WFSt, Oberst i. G. Meichssner, im Schlafwagenzug von Berlin in das Führerhauptquartier in Berchtesgaden. Kurz vor Abfahrt erschien auch Stauffenberg [...] er erhielt das zweite Bett in meinem Abteil. Ich wußte, daß Stauffenberg mit Meichssner Fäden angesponnen hatte, und nahm an, daß Meichssner mit zu den Hauptakteuren eines Gewaltstreiches gehören würde. Er wäre hierfür nach Gesinnung, Charakter und Tatkraft bestens geeignet gewesen, zumal er ständigen Zugang zum Führerhauptquartier und zu den Lagebesprechungen hatte. Meichssner war allerdings in der letzten Zeit nervlich stark abgefallen, weil er infolge übermäßiger Arbeitsbelastung angefangen hatte, sich mit Alkohol und anderen Reizmitteln anzustacheln. Meichssner wußte damals noch nicht über meine Beteiligung Bescheid. Stauffenberg zog zwei Flaschen Burgunder aus seinem Koffer und sagte: ›Jetzt werden wir uns mal mit Meichssner unterhalten‹, und holte diesen in unser Abteil. Dann begann er eine allgemeine Erörterung der militärischen und politischen Lage, und in einem verdeckten Katz-und-Maus-Spiel stand die Frage klar im Raum: Wie kann man Hitler am besten beseitigen? Als die Flaschen geleert waren und

Meichssner in sein Abteil zurückging, fragte Stauffenberg ihn, ob er ihn nicht demnächst bei Brücklmeier sehen würde, worauf Meichssner ausweichend antwortete. Stauffenberg sagte mir dann nur kurz: ›Man sieht es klar, er will nicht mehr.‹ Hätte Meichssner die Aktion in Wolfsschanze auf sich genommen, so daß Stauffenberg in Berlin hätte führen können, wäre vermutlich der Ablauf anders geworden.«[20]

Ein anderer Kamerad Stauffenbergs lehnte die Frage, ob er zu einem Attentat bereit sei, nicht brüsk ab, stimmte ihr aber auch nicht zu. Ein Bombenattentat wies er grundsätzlich zurück, weil dadurch außer Hitler auch andere mit in Gefahr gebracht würden; einen absolut sicheren Pistolenschuß traute er sich nicht zu. Außerdem wurde er noch von Zweifeln beherrscht, die Stauffenberg für sich bereits überwunden hatte: ob es nicht doch noch eine unblutige Lösung gebe und ob die Beseitigung Hitlers nicht zu einem Schock an der Front führen könne, der schwerste Folgen für die Stabilität der Ostfront haben würde. Auch Haeften, Stauffenbergs Ordonnanzoffizier, versagte sich dem Attentat aus religiösen Gründen.[21] Trotz allem hat es durchaus junge Offiziere gegeben, die zu der »schmutzigen Arbeit«, wie man das Attentat intern bezeichnete,[22] bereit gewesen wären, die aber nicht in Betracht kamen, weil sie entweder keinen Zugang zu Hitler hatten, an der Front standen oder verwundet waren.

Es wurde zwar erwogen, ob man nicht einen tatbereiten Offizier in irgendeiner Form mit einer für Hitler wichtigen Untersuchung betrauen könne, über die er dann dem »Führer« zu berichten hätte. Für einen solchen Auftrag kam aber nur ein älterer Generalstabsoffizier oder ein bewährter älterer Truppenführer in Frage, den Hitler bereits gut kannte, dem er vertraute und der auch dem SD noch nicht suspekt geworden war. Aber ein solcher Offizier fand sich nicht.[23] Es läßt sich heute nicht mehr genau feststellen, welche Pläne erwogen oder verworfen wurden und welche scheiterten. Es ist auch nicht mehr vollständig zu erfahren, welche Offiziere befragt wurden, welche bereit waren, welche zurücktraten und welche Motive sie dabei bewegten, angefangen von der moralischen Ablehnung eines Attentats bis zur nackten Angst. Fest steht aber: Es hat an Bemühungen, geeignete Männer zu finden, nicht gefehlt. Trotz der entnervenden Fehlschläge haben die Verschworenen nicht resigniert, sondern immer wieder ihre Pläne neu durchdacht und sie zu realisieren versucht.

Im März beauftragte General Olbricht den Obersten Hassel, der als Chef der Nachrichteninspektion VII am unauffälligsten recherchieren konnte, zu überprüfen, welche Verlagerungen die Luftangriffe in den Nachrichtenanlagen ergeben hatten.[24] Stauffenberg empfing am 1. April 1944 seinen langjährigen Kameraden, Major Roland von Hößlin, erläuterte ihm die Lage und stellte ihm anhand der amtlichen Zahlen die katastrophalen Menschenverluste dar.

> »Die Verluste seien erheblich größer als der Ersatz, der von der Heimat nachgeschoben werden könne. Die Stärke des Feldheeres vermindere sich monatlich um die Stärke eines Armeekorps, das nicht ersetzt werden könne [...] Wir trieben auf einen militärischen Zusammenbruch hin [...] Das Offizierskorps dürfe dann nicht wieder versagen und sich die Initiative aus der Hand nehmen lassen wie 1918, sondern aus eigener sittlicher Verantwortung heraus handeln.«

Auf die außenpolitische Lage übergehend, wies Stauffenberg darauf hin, daß er es für unmöglich halte, daß Hitler sich von seinen Welteroberungsplänen wieder auf ein Deutschland in seinen Volkstumsgrenzen umstellen könne. Mit dem nationalsozialistischen Staat werde und könne kein anderer Staat Frieden schließen, weil der ihm innewohnende Geist von den anderen Völkern ständig als Bedrohung empfunden werden müsse.[25]

Bei seiner Argumentation – das zeigt das Gespräch mit Hößlin – ging Stauffenberg zwar von der katastrophalen militärischen Lage aus, blieb aber nicht dabei stehen, sondern zwang seine Gesprächspartner, die politischen Konsequenzen zu ziehen. Stauffenbergs Stellung, die ihm eigene Redegabe, die Kompromißlosigkeit seiner Überzeugung schlugen all jene in seinen Bann, denen er sich offenbarte.[26] In einem Bericht über derartige Gespräche heißt es, daß Stauffenberg, wenn sich ein Partner der unerbittlichen Konsequenz – Hitlers Beseitigung – entziehen wollte, alle Argumente zu entkräften vermochte.

> »Er zwang seinen Partner zu einer schonungslosen Durchdenkung der Sachlage. Weniger in der Form der Überredung geschah das, sondern vielmehr durch den Zwang zu konsequentem Denken. Stauffenberg hatte auch die inneren Auseinandersetzungen bereits hinter sich, die aus dem Gedanken entstehen mußten, möglicherweise als Verräter in die Geschichte einzugehen.«[27]

Stauffenbergs Technik, neue Gesinnungsgenossen zu gewinnen, blieb fast immer gleich. Bestimmte Offiziere ließ er unter irgendeinem dienstlichen Vorwand nach Berlin kommen. Entweder waren sie mit Männern der Opposition verwandt, oder es war bekannt, daß sie dem Nationalsozialismus innerlich ablehnend gegenüberstanden oder sich ihm im Laufe der Zeit entfremdet hatten. Erschienen diese Offiziere bei Stauffenberg, ging er ohne Umschweife auf sein Ziel los: Offen und unmißverständlich legte er seinen Gesprächspartnern die katastrophale Kriegslage dar und arbeitete auf Grund seiner Informationen die Ursachen besonders kraß heraus. Als Oberstleutnant i. G. Bernardis äußerte, er könne sich des Eindrucks nicht erwehren, daß Hitler von Menschen umgeben sei, die ihn militärisch schlecht berieten, erwiderte ihm Stauffenberg rundweg: »Bernardis, es sind nicht nur die Mitarbeiter, es ist der Führer selbst.«[28] Wurde er gefragt, ob sich Truppenführer in hinreichender Anzahl dem Umsturz anschließen würden, so entgegnete er mit aller Sicherheit, die meisten Feldmarschälle würden mitmachen, wenn die Aktion erst einmal angelaufen sei, und deutete an, daß er für seine Annahme gewichtige Gründe habe.[29]

Ein Offizier, auf Stauffenbergs Betreiben nach Berlin versetzt, berichtete über sein erstes Gespräch, Stauffenberg habe nach dem dienstlichen Teil der Besprechung sich unvermittelt an ihn gewandt:

»›Gehen wir in medias res‹, sagte er, ›ich betreibe mit allen mir zur Verfügung stehenden Mitteln den Hochverrat.‹ Dann sprachen wir von der unentrinnbar hoffnungslosen militärischen Lage, daß ein Umsturz daran nichts zu ändern vermöge, aber daß viel Blut gespart und ein letztes furchtbares Chaos vermieden werden könne. Die Schmach der gegenwärtigen Regierung müsse aber beseitigt werden. Ernst fügte er hinzu, es sei fraglich, ob es gelinge, doch schlimmer als ein Mißlingen sei, der Schande und dem lähmenden Zwang tatenlos zu verfallen. Nur Handeln vermöge die innere wie äußere Freiheit zu gewinnen.«[30]

Stauffenberg war dort offen, wo es sein mußte, aber dort verschwiegen, wo Offenheit zu keinem Ergebnis führte. Er mochte von der Loyalität eines Partners noch so überzeugt sein, wenn er aber wußte, daß jeder Versuch, ihn zu gewinnen, zwecklos war, so verzichtete er darauf, ihm irgendwelche Pläne anzudeuten. In einem Bericht von Dr. Georg Frhr. von Fritsch heißt es:

> »Zuweilen aßen wir im Offizierskasino in der Nähe der Bendlerstraße zu Mittag. Wir waren in dieser Zeit wie zuvor in der Beurteilung der allgemeinen Situation eines Sinnes; jedoch hat er sich über seine Umsturzpläne mir gegenüber nicht geäußert. Das ist durchaus erklärlich; denn ich hatte mich damals in der Erkenntnis, daß der Krieg verloren werde und die Gesamtbesetzung Deutschlands unvermeidlich sein würde, zu der Überzeugung durchgerungen, daß das deutsche Volk die Folgen seines Verhaltens bis zur Neige würde tragen müssen, um von vornherein einer Dolchstoßlegende den Boden zu entziehen [...] Ich glaube, mich recht zu besinnen, daß ich mich auch Stauffenberg gegenüber in diesem Sinne geäußert habe, denn ich weiß, daß einmal eine Äußerung von mir ihn sichtlich traf, und ich empfand, daß er sich mir gegenüber zurückhielt.«

Erklärte sich ein Offizier zur Mitarbeit bereit, dann wurde er von Stauffenberg nur soweit orientiert, wie es für die von ihm wahrzunehmende Aufgabe notwendig war. Es gab ein System der Teilunterrichtung, von dem Graf von der Schulenburg der Gestapo folgende Beschreibung lieferte:

> »In gewisse Dinge wurden nur ganz wenige Personen eingeweiht, z. B. die Sprengstofffrage.
> Ein größerer Kreis wurde in den Attentatsplan eingeweiht, aber auch dieser Kreis war noch sehr klein.

Wieder ein etwas weiterer Kreis wurde über die Tatsache unterrichtet, daß ein gewaltsames Unternehmen gestartet werden solle, wobei die Frage offen blieb, inwieweit der Führer ausgeschaltet werden solle.
Endlich der Kreis von Personen, mit denen nur über den Ernst der Lage, die katastrophale Verschärfung und Notwendigkeit des militärischen Ausnahmezustandes gesprochen wurde. Nur der wurde unterrichtet, der mit einer Sache unmittelbar zu tun hatte, und nur insoweit, als es erforderlich war.«[31]

Namen wurden nur in den seltensten Fällen genannt. Diese Technik wandte Stauffenberg auch gegenüber seinen engsten Freunden an. Sollte irgend jemand in die Hände der Gestapo fallen, so mußte gewährleistet sein, daß er auch bei härtesten Verhören keine Aussagen machte, die Beteiligte gefährden konnten. Wegen dieses Geheimhaltungssystems kam es einmal zu einer Auseinandersetzung zwischen Stauffenberg und seinem Vetter Hofaeker, dem es widerstrebte, sich nur als Mitläufer der Verschwörung zu fühlen.[32]

Aber unabhängig, wie weit er den einzelnen einweihte, genoß Stauffenberg in allem, was er tat, unter seinen Freunden völliges Vertrauen. Selbst noch vor der Gestapo brachten sie das zum Ausdruck:

»Ich hatte das Vertrauen zu Stauffenberg, daß er zu einem derartigen Mittel [gemeint Attentat; d. V.] nur greifen würde, wenn er nach Berücksichtigung aller Umstände dies als die letzte und einzige Möglichkeit ansah, den Krieg doch noch zu einem erträglichen Ausgang zu bringen«, erklärte von Hagen. Für Kranzfelder war es ein ausreichender Grund, »daß die beiden Stauffenbergs die Hände im Spiel hatten«, um von der Richtigkeit des Unternehmens überzeugt zu sein, während Finckh aussagte, er habe sich durch die Freundestreue an Stauffenberg gebunden gefühlt.[33]

Die persönliche Freundesbindung und die selbstverständliche Kameradschaft unter den Offizieren zeitigte das bewundernswerte Ergebnis, daß während der gesamten Zeit der Verschwörung kein einziger Verrat geschah. Mit diesem für sie höchst unangenehmen Phänomen hat sich die Gestapo sehr eingehend beschäftigt, und der Kaltenbrunner-Bericht enthält den aufschlußreichen Satz:

> »Sie alle haben ihren Eid gegenüber dem Führer und die Treue zum nationalsozialistischen Reich wesentlich geringer geachtet als die zum Teil nur losen kameradschaftlichen und freundschaftlichen Verbindungen gegenüber den an der Verschwörung beteiligten Offizieren.«[34]

Darüber hinaus gab es zwischen Stauffenberg und seinen engen Freunden noch eine Verbindung besonderer Art: Stauffenberg, der stets in den Gedankengängen seines Lehrers Stefan George lebte, vermochte es, sich durch ein George-Gedicht mit diesem oder jenem Freund klarer zu verständigen, als es in der Diskussion über die katastrophale Lage möglich war. Das Gedicht vom »Antichrist« diente wie ein Erkennungszeichen. Schon im September 1943 kamen sich Tresckow und Stauffenberg über George besonders nahe.[35] In einem Gespräch mit Oberstleutnant Bernardis zitierte Stauffenberg den »Antichrist«; ohne es zu kommentieren, ließ er das Gedicht wie eine Frage im Raum stehen. Er vertraute der Macht des dichterischen Wortes, den noch zögernden Bernardis zu überzeugen.[36]

Im Laufe des Monats April 1944 reiste Stauffenberg mehrmals auf Güter seiner Freunde in der Nähe Berlins, so zweimal auf das Gut Hardenberg bei Küstrin und zu

Ostern auf das Gut Trebbow in Mecklenburg. Schulenburg, dessen Schwager Trebbow gehörte, wollte seinem Freund hier einige ruhige Tage außerhalb der Stadt und abseits der Politik verschaffen und bat seine Frau, »alles so schön und gemütlich wie nur möglich zu machen, damit Stauffenberg sich einmal richtig ausruhen könne; es sollte auch allgemein nicht über Politik gesprochen werden«.[37] Eine gutgemeinte Regel, an die sich Schulenburg selbst nicht gehalten haben dürfte.

6. *Stauffenberg und Dr. Goerdeler*

Ob nun hier oder bei anderer Gelegenheit werden sie sich über das Fachgebiet unterhalten haben, dem Schulenburgs besonderes Interesse galt: die zukünftige Staatsverwaltung. Es ging hierbei auf zivilem Gebiet um ähnliche Fragen, wie sie sich auch im militärischen Bereich ergaben. Das nationalsozialistische Regime praktizierte in der Zivilverwaltung einerseits das gleiche katastrophale System des »unklare[n] Durcheinander[s] von Sondervollmachten und Sonderverantwortlichkeiten«, andererseits eine derart starke Zentralisation, daß untergeordnete Verwaltungsgeschäfte durch zentrale Reichsbehörden erledigt werden mußten. Die einstmals klar nach ihren Zuständigkeiten gegliederte Verwaltung war – nach Schulenburg – ein »Haufen von sinnlos ausführenden Maschinen und Maschinchen« geworden,[1] so daß sich, infolge der unklaren Kompetenzen, ein weitgehender Mangel an Verantwortungsbewußtsein ergeben habe.[2]

An der Verwaltungsplanung beteiligten sich auch Dr. Goerdeler und Graf Yorck. Man war sich darin einig, daß die Zahl der Ministerien reduziert, die an die Sonderbevollmächtigten verlorenen Zuständigkeiten den Ministerialverwaltungen zurückgegeben und die Selbstverwaltung in Gemeinden, Kreisen und Gauen wieder ausgebaut werden müsse, damit die Reichsverwaltung für die großen Aufgaben frei werde.[3]

Es konnte nicht ausbleiben, daß die Planungen zu Differenzen zwischen den Beteiligten führten. Zwischen den Männern des Kreisauer Kreises und Dr. Goerdeler bestanden seit längerer Zeit Spannungen. Schon 1942 warnte Pater Delp[4] einen Freund davor, sich zu eng mit Goerdeler zu verbinden; er sei in einem sehr konservativen wirtschaftlichen Denken befangen.[5] Anfang 1943 endete ein Gespräch im Hause des Grafen Yorck, an dem Goerdeler, Beck und die wichtigsten Männer des Kreisauer Kreises teilnahmen, mit einem Mißklang, weil keine Seite von ihren Vorstellungen abging. Moltke, der eine Zusammenarbeit mit kirchlichen und gewerkschaftlichen Kräften für unbedingt notwendig hielt, warf Goerdeler vor, er plane eine deutsche Kerenski-Regierung.[6]

Die Spannungen verschärften sich, als Stauffenberg in Erscheinung trat und den Anspruch erhob, ebenfalls in die politischen Planungen eingeschaltet zu werden. Goerdeler reagierte auf die Forderung, die Stauffenberg gleich bei einer ihrer ersten Begegnungen vorbrachte, mit Erstaunen und Verärgerung, denn sie durchbrach das bisher geltende Prinzip, nach dem die Soldaten nur für die technische, für die politische Seite des Staatsstreiches allein die zivilen Teilnehmer verantwortlich waren. Dank der Vermittlung Becks fand sich Goerdeler schließlich doch zu politischen Gesprächen mit Stauffenberg bereit.

Goerdeler konnte zwar mit Recht für sich in Anspruch nehmen, in der politischen Materie bewanderter zu sein als der junge Generalstabsoffizier, aber er übersah dessen moralisches Recht, sich über die politischen Hintergründe des Staatsstreiches, der letztlich von seiner Aktivität und Planung abhing, Gedanken zu machen. Wie es scheint, negierte Goerdeler die alte Weisheit, die Feldmarschall von Moltke schon in den achtziger Jahren des vergangenen Jahrhunderts gegenüber Kaiser Wilhelm I. vorgetragen hatte, die aber bis heute aktuell geblieben ist, daß sich in letzter Instanz – und die lag zweifellos hier vor – Militärisches nicht vom Politischen trennen lasse.

Hinzu kam, daß sich Stauffenberg in seinem Urteil wesentlich den Gedanken der Kreisauer anschloß. Graf Yorck sprach offen aus, daß er Goerdeler nicht für den geeigneten Reichskanzler halte: er sei zu alt und zu konservativ. Die Regierung bedürfe einer viel breiteren Basis, als dieser sie zu schaffen fähig und bereit sei; man müsse die Arbeiterschaft bis zum linken Flügel der Sozialdemokraten einbeziehen;[7] ähnlich dachte Graf von der Schulenburg.

Auch Dr. Leber hielt Goerdelers Programm nicht für konstruktiv genug. Man könne nicht einfach den Versuch unternehmen, »nach Weimar zurückzukehren«, sondern müsse dem Nationalsozialismus, der ja gerade durch die Weimarer Zustände an die Macht gekommen sei, ein »positives Ziel« entgegensetzen,[8] das in einer Zusammenarbeit aller »überlebenden und lebensfähigen sozialen und demokratischen Kräfte« entstehen müsse. Man werde nicht sofort die Diktatur durch die Demokratie ersetzen können, der Abbau der diktatorischen Exekutivgewalten müsse allmählich vor sich gehen. Am besten beschränke man sich auf ein Zweiparteiensystem, um der politischen Zersplitterung der ersten Republik vorzubeugen: die eine Partei mit der Sozialdemokratie und den Gewerkschaften als Grundlage, die andere mehr konservativ ausgerichtet.[9]

Auch Goerdeler beabsichtigte nicht einfach, überholte Zustände zu restaurieren, wenn er auch gelegentlich Gedanken äußerte, die ihn in den Verdacht bringen konnten, ultrakonservativ zu sein, so etwa der, ob es nicht gut wäre, auf die Wiederherstellung der Monarchie hinzuarbeiten. Zwar stimmte ihm Beck zu, als sie aber die Meinung ihrer Mitverschworenen erforschten – Goerdeler selber sprach darüber mit Stauffenberg – fanden sie für diesen Plan keine Sympathien.[10]

Stauffenberg beteiligte sich an der Diskussion über Goerdelers Eignung zur Kanzlerschaft nicht so sehr auf Grund eines politischen Konzepts, sondern mehr aus taktischen Gründen. Als der Legationsrat Brücklmeier Stauffenberg mit Wilhelm Leuschner, dem ehemaligen hessischen Innenminister und Vorsitzenden des »Allgemeinen Deutschen Gewerkschaftsbundes«, bekannt machen wollte, kündigte er ihn als einen Mann an, der Interesse an Arbeiterfragen zeige und gegen die Person Dr. Goerdelers, wenn er auch dessen politische Auffassungen im großen ganzen teile, Bedenken hege. In dem Gespräch mit Leuschner äußerte Stauffenberg, es sei vielleicht besser, wenn ein Vertreter der Arbeiterschaft die Führung der neuen Regierung übernehme.[11] Stauffenberg befürchtete offensichtlich, daß Goerdeler nicht geeignet sein werde, das Volk in einem genügenden Maße anzusprechen, daß er nicht genügend Suggestivkraft besitze, um die breite Masse für die neue Sache zu gewinnen.

Für Stauffenberg, Schulenburg und die anderen Männer dieses Freundeskreises war Dr. Julius Leber der geeignete Mann für den Posten des Reichskanzlers. Ihm trauten sie mehr Sinn für den Aufbau eines neuen sozialen Staates zu und vor allem die notwendige politische Ausstrahlung, um den Umsturz zu einer Sache des Volkes zu machen. Selbst Beck erwog diesen Gedanken; er unterhielt sich zweimal mit Leber darüber, einmal noch kurz vor dessen Verhaftung am 5. Juli 1944. Aber Leber widersetzte sich diesen Vorschlägen, weil er mit Leuschner der Meinung war, daß es nicht richtig sei, wenn in der ersten nachhitlerschen Regierung die Sozialdemokratie zu stark in Erscheinung trete; sie wollten ihre Partei nicht wieder – wie 1918 – mit der Verantwortung für die Liquidierung eines Krieges belasten, dessen Ausbruch sie nicht zu verantworten hatte.[12]

Goerdeler reagierte auf die Verbindung zwischen Stauffenberg und den sozialdemokratischen Politikern, vor allem seine Freundschaft mit Leber, recht heftig. Nach seiner Meinung fielen politische Verhandlungen in seinen Zuständigkeitsbereich, nicht in den der Offiziere.[13] Auch mag er diesen Kontakt zwischen dem Militär und der Linken für eine Koalition gehalten haben, die seinen politischen Vorstellungen nicht entsprach.

Als es im Mai und Juni zwischen Goerdeler und Leber in zwei Sitzungen zu heftigen Auseinandersetzungen über wirtschaftliche und außenpolitische Fragen kam, vermutete Goerdeler hinter der Kritik Lebers irgendwelche Machenschaften Stauffenbergs.[14] Goerdeler muß sich in einer Phase besonderer Gereiztheit befunden haben, daß er seine Verärgerung über Stauffenbergs Selbständigkeit und seine Verstimmung über Lebers Kritik so unmotiviert zusammenfließen ließ, denn gerade in außenpolitischen Fragen neigte Stauffenberg mehr dem Optimismus Goerdelers zu, wie er sich in dem Mitte Mai von Stauffenberg erbetenen und von Hauptmann Kaiser, einem Freund Goerdelers, ausgearbeiteten 11-Punkte-Programm niederschlug.[15] Goerdeler nahm jedoch die Diskussion um seine Person nicht mit der Ruhe auf, die der Sache dienlich gewesen wäre. Es fiel ihm offensichtlich schwer, daß er, der schon seit Jahren, ohne sich zu schonen, die Opposition gegen Hitler zu konsolidieren versucht hatte, seine Fähigkeiten von jungen Leuten diskutiert sehen mußte, die erst viel später zur aktiven Opposition gestoßen waren: weniger ein politisches als ein menschliches Problem.

Trotzdem hat Goerdeler von sich aus versucht, die aufgetretenen Mißhelligkeiten auszuschalten. Er bat den Rechtsanwalt Dr. Wirmer, sich mit Stauffenberg ins Benehmen zu setzen, in der Hoffnung, die beiden jüngeren Männer würden schneller einen Ton finden, in dem ein vertrauensvolles Gespräch möglich sei. Es kam zu mehreren Treffen zwischen Stauffenberg und Wirmer. Das erste fand am 7. April statt. Wirmer setzte Stauffenberg auseinander, daß auch Goerdeler nicht »alte Zustände wieder aufwärmen« wolle und durchaus »konstruktive neue Gedanken« habe, wie es der Gestapo-Bericht wiedergibt; was er darunter im einzelnen verstanden hat, läßt sich heute nicht mehr feststellen. Auch nach den Auseinandersetzungen im Mai und Juni bemühte sich Wirmer auf Bitten Goerdelers erneut um die Vermittlung;[16] auch Beck schaltete sich ausgleichend ein.[17]

Besonders heftig reagierte Goerdeler jedoch wieder – und das ist verständlich –, als er davon erfuhr, daß Stauffenberg, ohne ihn zu informieren oder zu fragen, eine Gelegenheit wahrgenommen hatte, dem englischen Premierminister Churchill eine Mitteilung zuzuleiten.

Goerdeler war davon »peinlich überrascht«, weil er es »für undiszipliniert« hielt, daß eine Gruppe auf eigene Faust etwas unternahm. Er hatte schon mehrere Spannungen erlebt, »die daraus herrührten, daß Graf Stauffenberg für das Militär und für sich, in Wahrheit für die sogenannte junge oder Grafengruppe, das Recht äußerster Selbständigkeit beanspruchte. Wie damals, wendete [sich Goerdeler] auch jetzt an Generaloberst Beck und machte ihn auf die Gefahren und Unzuträglichkeiten solchen Vorgehens aufmerksam. Beck war aber der Meinung, man solle diesen jungen Heißspornen nicht zuviel Zügel auferlegen.«[18]

7. *Pläne zur Außenpolitik*

Der Gegensatz zwischen Goerdeler und Stauffenberg ist so interpretiert worden, als sei Goerdeler Anhänger einer außenpolitischen Westlösung, Stauffenberg mit seinen Freunden jedoch Anhänger einer Ostorientierung gewesen.[1] Man sagte Stauffenberg auch nach, er habe den »romantischen Vorstellungen einer deutsch-russischen Zusammenarbeit« nachgehangen, wenn es erst den beiden Völkern gelungen sei, das Joch ihrer Despotien abzuwerfen. Dieser Wunsch macht niemandem Unehre; ihn deswegen als einen politischen »Ostler« zu bezeichnen,[2] hieße der Wahrheit Gewalt antun. In der damals gegebenen Situation dachte Stauffenberg niemals daran, mit der Sowjetunion und ihrem System zu paktieren.

Schon 1943 hatte Berthold von Stauffenberg gegenüber Kranzfelder erklärt, die Gefahr des Bolschewismus sei so groß, daß ein Pakt mit der Sowjetunion den Untergang Deutschlands herbeiführen würde. Es müsse daher möglich sein, England zu Verhandlungen zu bewegen, weil es sich eine Auslieferung Europas an die Sowjets einfach nicht leisten könne.[3] Gerade die Engländer, meinte Claus von Stauffenberg, müßten infolge des bedrohlichen Machtzuwachses der Sowjetunion versöhnlich gestimmt sein; es sei daher falsch, die offizielle hartnäckige Regierungspolitik für bare Münze zu nehmen. Der Westen werde mit Deutschland verhandeln, wenn auch nicht mit einer nationalsozialistischen Regierung.[4]

Auch Goerdeler machte sich ähnliche Hoffnungen. 1943 hatte er über den schwedischen Bankier Jakob Wallenberg in Erfahrung gebracht, »daß die Engländer zu einer Politik bereit seien, die die Sowjets östlich der alten polnischen Ostgrenzen zum Stehen bringe und auch die baltischen Staaten nicht unter den Sowjeteinfluß fallen lasse«.

Als Adam von Trott zu Solz vom 19. Juni bis zum 3. Juli 1944 die Gelegenheit erhielt, noch einmal nach Schweden zu reisen, erteilte ihm Stauffenberg den Auftrag:

> »Ich muß wissen, wie sich England und die USA benehmen, wenn sich Deutschland zur Aufnahme kurzfristiger Verhandlungen genötigt sehen sollte.«

Diese Reise Trotts war vermutlich Anlaß und Gelegenheit, die Stauffenberg ergriff, um die besagte Mitteilung an Churchill zu lancieren.

Einmal in Schweden, wollte Trott auch Klarheit gewinnen, welche Stellung die Sowjetregierung einer neuen deutschen Regierung gegenüber einnehmen werde.[7] Er verschaffte sich das gemeinsam von Erich Weinert und General von Seydlitz-Kurzbach herausgegebene *Programm des Nationalkomitees »Freies Deutschland«*, um festzustellen, ob sich auch in diesem Komitee ein geeigneter Gesprächspartner finden ließe. Trott kam jedoch zu der Meinung, daß es sich hier nur um ein Propagandaorgan der Sowjets handele, dem keine positiven politischen Impulse für Deutschland entspringen konnten. Derartige »Proklamationen hinter Stacheldraht« lehnte auch Stauffenberg ab.[8] Stauffenberg ist unter den Männern des Widerstandes der einzige, der vom Osten anerkannt wird und der in der »DDR« die Rolle eines nationalen Helden erhalten hat. Eine irgendwie geartete Sympathie für kommunistische Gedankengänge oder Kontakte Stauffenbergs zu kommunistischen Gruppen sind jedoch auch von der östlichen Geschichtsforschung nicht nachgewiesen worden. Ihre Wertung beruht im wesentlichen auf den von Hans-Bernd Gisevius ausgehenden Behauptungen, die noch im einzelnen dargestellt werden.[9] Auch eine in Ostberlin Mitte 1964 gedruckte Darstellung nennt keine neuen Zeugnisse.[10]

Der Geheimen Staatspolizei lag nach dem 20. Juli sehr viel daran, eine direkte Verbindung zwischen den Verschworenen und dem Nationalkomitee »Freies Deutschland« nachzuweisen, denn damit hätte die nationalsozialistische Propaganda ein ausgezeichnetes Mittel gewonnen, um die Männer der Opposition zu diffamieren. Aber die Berichte an Hitler mußten eingestehen, daß es keine derartigen Kontakte gab:

> »Unmittelbare Verbindungen zwischen dem Nationalkomitee in Moskau und der Verschwörergruppe [sind] bisher nicht nachgewiesen.«[11]

Trott, der sich selber als den außenpolitischen Informanten Stauffenbergs bezeichnete,[12] faßte seine außenpolitischen Ansichten in einer Denkschrift mit dem Titel Europa *zwischen Ost und West* zusammen.[13] Er ging davon aus, daß die Gegner nach dem Krieg in der Lage sein würden, Deutschland ihren Willen aufzuzwingen. Sowjetrußland werde es darauf anlegen, Deutschland zu gewinnen, um letztlich ganz Europa bis zum Atlantik unter seine Botmäßigkeit zu zwingen. Der Sowjetunion biete sich insofern eine Chance, als sie in Deutschland, abgesehen von der sozialistischen Arbeiterschaft und der radikalisierten deutschen Jugend, auf einen ihr politisch und wirtschaftlich ähnlichen Aufbau stoße.

Ihr einziger Gegenspieler in Europa sei England, dessen außenpolitisches Ziel es sein müsse, Deutschland gegen Rußland auszuspielen, zumal jenes, auch nach der Niederlage, die zweitstärkste Macht in Europa bleiben werde. Möglich sei das aber nur, wenn England dem deutschen

Volk nicht einen Diktatfrieden nach dem Muster von Versailles auferlege, sondern ihm einen ehrenvollen Frieden gewähre: ohne Gebietsabtretungen, ohne Kontributionen, ohne politische Einkreisung und wirtschaftliche Fesseln. Allenfalls könne man eine Abtretung Ostpreußens an Polen erwägen als Ausgleich für andere, an Deutschland fallende Gebiete sowie eine Unabhängigkeitserklärung für Österreich.

Bis hierher entsprach die Darstellung Trotts im wesentlichen auch den Hoffnungen Stauffenbergs. Aber Trott hatte auf Grund seiner besseren Kenntnis der englischen Mentalität erkannt, daß solcher Politik ein entscheidendes Hindernis entgegenstand: nämlich die Überzeugung der Briten, die Deutschen seien unverbesserlich und aggressiv, mit ihnen dürfe man nur einen Unterdrückungsfrieden schließen, um so mehr, als viele Engländer noch glaubten, ihr Land sei stark genug, um der Sowjetunion allein Einhalt zu gebieten.

Als Trott auf seiner Juni-Reise nach Schweden entscheidenden englischen Kreisen die Bitte vortrug, »die Engländer sollten im Falle eines Sturzes des Nazi-Regimes und seiner Ersetzung durch eine auf breitester Grundlage gebildete deutsche Regierung von weiteren Luftangriffen auf Berlin absehen«,[14] wiederholten sich seine Erfahrungen, die er schon bei einer Reise Ende 1943 gemacht hatte: Aus England kam eine schroff ablehnende Antwort.

Auch Fahrner erfuhr von Kontaktversuchen nach England hin, denen jedoch kein Erfolg beschieden gewesen sei. Die Westmächte lehnten jede Hilfe und Unterstützung für eine deutsche Erhebung gegen Hitler ab, weil sie »die vollständige Unterwerfung Deutschlands jeder Verbindung mit den deutschen Widerstandskämpfern vorzogen«.[15] So wurde das Attentat am 20. Juli unternommen, ohne daß es zuvor zu einer Übereinkunft mit dem Ausland gekommen war.[16]

Stauffenberg wollte der pessimistischen Prognose von Trott zu Solz nicht folgen. Es blieb ihm unvorstellbar, daß England gegen Deutschland eine Politik des Ressentiments führen würde, die sich letztlich gegen die eigenen britischen Interessen auswirken müsse. Er hielt an der Hoffnung auf eine positive Wendung der englischen Politik fest.

> »In Betracht gezogen wurde dennoch, daß Churchill, verschiedenen seiner Äußerungen nach, nach dem Sieg unter Umständen das Steuer rasch herumwerfen könnte.«[17]

Ähnlich wie Trott warnte auch Leber vor einer allzu hoffnungsvollen Beurteilung der außenpolitischen Möglichkeiten einer neuen deutschen Regierung; es sei eine Illusion, zu glauben, Deutschland könne die gegnerische Koalition auseinandermanövrieren. Dennoch hoffte er, wie auch Stauffenberg, daß eine nach dem Sturz Hitlers gebildete Regierung als echter, wenn auch nicht vollwertiger Verhandlungspartner anerkannt werde.[18]

Stauffenberg rechnete damit, daß, auch wenn es zu einer Besetzung Deutschlands komme, »eine neue deutsche Regierung, die die Erhebung und die Wiederherstellung von Rechtszuständen selbst durchgeführt habe, von den Siegern, auch wenn sie sie nicht anerkannten, nicht einfach zu vernachlässigen gewesen wäre«.[19]

Stauffenberg glaubte, es werde möglich sein, den Kampf im Westen sofort einzustellen, aber im Osten um so nachhaltiger zu verteidigen. Er hoffte, es werde gelingen, nach dem Westen hin zunächst nur von Heerführer zu Heerführer zu verhandeln, also die politischen Instanzen vorerst auszuschließen, um einen Waffenstillstand mit England und den USA zu erreichen. Deshalb suchte er bereits im Frühjahr 1944 nach einer Verbindung zum Alliierten Oberkommando (SHAF), General Eisenhower oder dessen Stabschef General Bedell-Smith.[20]

Mitte Mai glaubte Stauffenberg, einen derartigen Kontakt gefunden zu haben. Daher entwarf am 25. Mai Hauptmann Kaiser, der Mittelsmann zu Dr. Goerdeler, auf Weisung Stauffenbergs ein Programm, das die deutsche Position in den möglichen Verhandlungen mit dem SHAF umriß. Es enthielt in elf Punkten an erster Stelle militärische Forderungen, aber auch bereits eine ganze Reihe politischer Themen.

»1. Sofortige Einstellung des Luftkrieges,
2. Aufgabe der Invasionspläne,
3. Vermeiden weiterer Blutopfer,
4. dauernde Verteidigungsfähigkeit im Osten, Räumung aller besetzten Gebiete im Norden, Westen und Süden,
5. Vermeiden jeder Besetzung,
6. freie Regierung, selbständige, selbstgewählte Verfassung,
7. vollkommene Mitwirkung bei der Durchführung der Waffenstillstandsbedingungen; bei der Vorbereitung der Gestaltung des Friedens,
8. Reichsgrenze von 1914 im Osten, Erhaltung Österreichs und der Sudeten beim Reich, Autonomie Elsaß-Lothringens,
9. tatkräftiger Wiederaufbau mit Mitwirkung am Wiederaufbau Europas,
10. Selbstabrechnung mit Verbrechern im Volk,
11. Wiedergewinnung von Ehre, Selbstachtung und Achtung.«[21]

Es handelte sich hier zweifellos um einen Maximalplan, denn im Mai 1944 konnte ein deutscher Politiker sich nicht mehr der Hoffnung hingeben, Gebietsforderungen wie die unter Punkt 8 durchzusetzen. Ob es überhaupt richtig gewesen wäre, von diesen 11 Punkten aus Verhandlungen aufnehmen zu wollen, sei dahingestellt.

Stauffenbergs außenpolitische Gedankengänge finden sich in einer sechsseitigen Ausarbeitung, die er am 20. Juli im Dienstgebäude in der Bendlerstraße verlor. Dieses Memorandum, das noch vor der Invasion am 6. Juni verfaßt worden war, besitzt zwar keinen namentlich genannten Verfasser, aber die Umstände, unter denen die Schrift gefunden wurde, sowie die Gedanken, die sie enthält, lassen den Schluß zu, daß Claus von Stauffenberg ihr Verfasser ist.

In dem Memorandum heißt es unter anderem, einer der wesentlichsten Gründe für die schlechte Lage Deutschlands sei die Behandlung der besetzten Länder.

»Den Anfang vom Ende der gesamten militärischen Entwicklung bildete der russische Feldzug, der mit dem Befehl zur Tötung aller Kommissare begonnen habe und mit dem Verhungernlassen der Kriegsgefangenen und der Durchführung von Menschenjagden zwecks Gewinnung von Zivilarbeitern fortgesetzt worden sei.« – »Nach einem Regimewechsel sei es das wichtigste Ziel, daß Deutschland noch einen im Spiel der Kräfte einsetzbaren Machtfaktor darstelle und daß insbesondere die Wehrmacht in der Hand ihrer Führer ein anwendbares Instrument bleibe. In Ausnutzung der Gegensätze im feindlichen Lager bestünden verschiedene politische Möglichkeiten. Diese würden jedoch mit jeder weiteren militärischen Schwächung, insbesondere mit einem Wirksamwerden der Invasion, geringer.«[22]

8. *Die Invasion*

Den militärischen Teilnehmern der Verschwörung war klar, daß in absehbarer Zeit mit der Invasion im Westen zu rechnen sei: Sollte sie gelingen, dann bestand keine Aussicht auf einen Verhandlungsfrieden mehr. Der Faktor Zeit zwang dazu, den Staatsstreich so bald wie möglich auszulösen, vor allem auch, um sich vor dem Verdacht zu schützen, man habe Hitler erst beseitigt, als die militärische Situation infolge der Invasion völlig hoffnungslos geworden sei.

Stauffenberg überlegte, wie man die Invasion, wenn schon nicht verhindern, so doch für beide Seiten weniger verlustreich machen und zugleich für einen Umsturz ausnützen könnte. Er beriet mit Leber, ob es nicht im deutschen Interesse liege, den alliierten Invasionstruppen den Weg durch die deutschen Minenfelder zu weisen; vielleicht könne dadurch auch der befürchtete Zusammenbruch der Ostfront aufgehalten werden. Sie kamen allerdings zu dem Ergebnis, daß der Plan unrealistisch sei und die einzige Chance darin bestand, den Umsturz noch vor der Invasion auszulösen.[1]

Zu diesen Überlegungen kam das Drängen ziviler Mitverschworener: Anfang Juni suchte der Jesuitenpater Delp, ein Mitglied des Kreisauer Kreises, Stauffenberg in Bamberg auf und sprach ihm »den Wunsch vieler [...] nach einem möglichst sofortigen Handeln aus«.[2] Auch Dr. Goerdeler versuchte, aus seiner erzwungenen Untätigkeit herauszukommen. In einem Schreiben an den Chef des Generalstabes, Generaloberst Zeitzler, dem er eine 24seitige Ausarbeitung über die ausweglose militärische und politische Lage beifügte, bat er um eine persönliche Aussprache in der Hoffnung, Zeitzler könne ihm ein Gespräch mit Hitler vermitteln; das Schreiben übergab er Stauffenberg, der es über Stieff an Zeitzler weiterleiten sollte. Goerdeler war von einem bewundernswerten Glauben an die Macht des Wortes erfüllt: Er, der sich mit dem Plan eines Attentats nie völlig einverstanden erklärt und schon gelegentlich geäußert hatte, er traue sich zu, Hitler an den Rundfunkmikrophonen niederzuringen,[3] hoffte, es werde ihm möglich sein, Hitler durch ein Gespräch zur Vernunft zu bringen. Aber Zeitzler hat diesen Brief nie erhalten;[4] Goerdeler bekam ihn, nachdem er mehrfach daran erinnert hatte, schließlich zurück. Stauffenberg, dem klar war, daß mit einem solchen Gespräch nichts zu erreichen, aber alles zu gefährden war, hat ihn wahrscheinlich gar nicht weitergegeben; spätestens bei Stieff blieb der Brief liegen.[5]

Ende Mai 1944 wurden die Planungen intensiviert, zahlreiche Sofortmaßnahmen nochmals überarbeitet und der bei Stieff lagernde Sprengstoff zu Stauffenberg nach Berlin gebracht.[6] Neben der drohenden Invasion dürfte vor allem Stauffenbergs vorgesehene Ernennung zum »Chef des Stabes beim Befehlshaber des Ersatzheeres« das Handeln der Verschworenen aktiviert haben.

Die Versetzung ging auf die Initiative des Befehlshabers des Ersatzheeres, Generaloberst Fromm, zurück, der unbedingt den allenthalben anerkannten Generalstabsoffizier als seinen Stabschef und Vertreter haben wollte.

Bezeichnend für das Ansehen, das Stauffenberg genoß, ist ein Gespräch zwischen Himmler und Guderian, bei dem es darum ging, einen geeigneten Nachfolger für den bisherigen Chef der Operationsabteilung General Heusinger zu finden. Himmler stimmte sofort zu, als ihm General Guderian »als das ›beste Pferd‹ des Generalstabes« Stauffenberg vorschlug.[7]

Ursprünglich hatte dieser wenig Neigung, zu Fromm

zu gehen, aber es stellte sich heraus, daß die Vorteile überwogen. Einmal wurde damit dieser wichtige Posten durch einen Mann des Widerstandes besetzt und ein weiterer Gesinnungsgenosse, Ritter Mersz von Quirnheim, auf Stauffenbergs bisherige Stelle berufen. Der größte Vorteil der neuen Stellung lag jedoch darin, daß Stauffenberg als Chef des Stabes zugleich der Vertreter des Befehlshabers des Ersatzheeres wurde. Als solcher konnte er bei der Auslösung des Staatsstreiches mittels des Plans »Walküre« nach außen hin zuerst noch den Anschein der Legalität wahren und – solange man der Haltung Fromms nicht sicher war – als dessen rechtmäßiger Vertreter fungieren. Sollte es am entscheidenden Tage eventuell notwendig sein, Fromm auszuschalten, dann brauchte man jetzt nicht noch einen widerstrebenden Stabschef seines Amtes zu entheben, eine Maßnahme, die die Kommandeure der Wehrkreise befremden würde.[9]

Fromms Verhältnis zu den Männern der Opposition war zwiespältig. Schon General Olbricht, als Chef des Allgemeinen Heeresamtes (AHA), hatte auf ihn einzuwirken versucht – völlig abseits jeder Umsturzplanung –, sich zum Oberbefehlshaber im Heimatkriegsgebiet ernennen zu lassen, um die auch hier wie in der Wehrmachtsspitzengliederung vorhandene Dezentralisation zu überwinden, gab es doch neben dem »Befehlshaber des Ersatzheeres« weitere Heimatorganisationen anderer Wehrmachtteile sowie der Waffen-SS, die Fromms Kompetenz nicht unterstanden. Aber er lehnte den Vorschlag Olbrichts ab, verwies auf andere Regelungen und versicherte sich bei Keitel, daß an keine solche Änderung zu denken sei.[9]

Andererseits konnte man Fromm durchaus die trostlose militärische Lage schildern und den Gedanken andeuten, daß etwas unternommen werden müsse, um sie zu ändern. Aber General Olbricht hatte erleben müssen, daß er nach einem solchen Gespräch von Fromm mit den Worten verabschiedet wurde: »Das war sehr interessant. Also dann Heil Hitler!«[10]

Als Stauffenberg sein Amt antrat, teilte auch er dem Generalobersten offen seine Meinung mit. Dieser hörte ruhig zu und entgegnete sogar, daß seine Auffassung von der Stauffenbergs nicht gerade sehr verschieden sei – aber damit hatte es sein Bewenden. Er tat weder etwas zur Unterstützung des Widerstandes, noch tat er etwas dagegen.[11] Er wußte, was im Zimmer seines Untergebenen Olbricht geplant wurde, aber zu mehr als der hingeworfenen Bemerkung: »Vergeßt um Gottes willen den Keitel nicht, wenn Ihr Euren Putsch macht«, ließ er sich nicht herbei.[12]

Am 7. Juni 1944 nahm Stauffenberg als Begleiter von Generaloberst Fromm zum erstenmal an einer Lagebesprechung im Führerhauptquartier teil. Aufgrund einer Ausarbeitung Stauffenbergs, von der Hitler sehr angetan war, ließ dieser Fromm – den Befehlshaber des Ersatzheeres – nach 2½ Jahren zum erstenmal wieder zu sich rufen. Der Kreis der Besprechung war klein; außer Hitler nahmen noch Himmler, Göring und Speer daran teil. Stauffenberg empfand die Atmosphäre als »faul und verrottet«. Der einzige, der auf ihn einen normalen Eindruck machte, war Speer; die anderen bezeichnete er als offenkundige Psychopathen.[13]

Einen Tag zuvor, am 6. Juni 1944, war die Invasion im Westen erfolgt. Sie erschütterte nicht nur die letzte einigermaßen stabile militärische Position Deutschlands, sondern auch die Pläne der deutschen Opposition. War es in dieser Situation noch zu verantworten, die Attentatspläne zu realisieren? War der Staatsstreich in dieser Lage überhaupt noch sinnvoll? Hatte er nicht seinen Zweck,

Deutschland vor dem Chaos zu retten, verloren? Wozu sollte man die Gefahr eines Bürgerkrieges heraufbeschwören, wenn man dem Volke doch nichts mehr ersparen konnte? Leistete man damit nicht sogar einer neuen »Dolchstoßlegende« Vorschub? War es nicht besser, wenn das nationalsozialistische System sich selber in den Abgrund führte?

Auch Stauffenberg stellte sich diese Fragen. Alle Hoffnungen waren in sich zusammengebrochen. Er hatte weder geglaubt, daß die Invasion so schnell vor sich gehen würde, noch ihren raschen Erfolg vorausgesehen.[14] Skeptischer als je zuvor beurteilte er in einem Gespräch mit Graf Yorck die Lage, die keinen Ausweg mehr zu haben schien.[15] Daher beauftragte er den ostpreußischen Grafen Heinrich von Lehndorff-Steinort, sich mit Tresckow in Verbindung zu setzen und dessen Rat einzuholen, ob es jetzt noch einen Sinn habe, am Staatsstreich festzuhalten, da ein praktischer Zweck nicht mehr zu erkennen sei. Tresckow ließ ihm die berühmt gewordene Antwort übermitteln:

> »Das Attentat muß erfolgen, coûte que coûte. Sollte es nicht gelingen, so muß trotzdem in Berlin gehandelt werden. Denn es kommt nicht mehr auf den praktischen Zweck an, sondern darauf, daß der deutsche Widerstand vor der Welt und vor der Geschichte den entscheidenden Wurf gewagt hat. Alles andere ist daneben gleichgültig.«[16]

Es ging jetzt nur noch darum, wenigstens einen Rest von Ehre für Deutschland zu retten, und um ihretwillen sind die Männer des Widerstandes in den Tod gegangen.

Fahrner, damals in ständigem Umgang mit Stauffenberg, schrieb über diesen letzten Entschluß:

»Der von manchen geäußerten Frage, ob die Erhebung bei der fortgeschrittenen Kriegslage noch sinnvoll sei, stand einmal der Gedanke gegenüber, wieviel an Vernichtungen und Zerstörungen auf beiden Seiten auch durch ein Handeln im jetzigen Augenblick vermieden werden könnte, dann aber das noch schwerer wiegende Wissen, daß es um ein Gebot der inneren Reinigung und der Ehre gehe. Die Unterlassungssünde wog in diesem Fall schwerer als die Begehungssünde, wenn man in moralischen Ausdrücken sprechen will.«[17]

Am 22. Juni 1944 brach die sowjetische Großoffensive gegen die Heeresgruppe Mitte los und zerschlug innerhalb von drei Wochen 27 deutsche Divisionen. Da die Verschworenen auch nach dem Umsturz beabsichtigten, die Ostfront zu halten, mußte – wenn dazu überhaupt noch eine Chance bestehen sollte – der Kampf im Westen möglichst schnell abgebrochen werden. Tresckow hatte schon Mitte Juni, vor der russischen Offensive, Stauffenberg den dringenden Rat zukommen lassen, sofort zu General Speidel, dem Chef des Generalstabes der Heeresgruppe B (Oberbefehlshaber Generalfeldmarschall Erwin Rommel), zu fahren und dafür zu sorgen, daß in der Westfront ein Loch aufgerissen werde, um den Alliierten den operativen Durchbruch zu ermöglichen.[18]

Stauffenberg fuhr zwar nicht nach Paris, traf aber am 23. Juni seinen alten Freund Oberst i. G. Eberhard Finckh, den Oberquartiermeister der Heeresgruppe Rommel. Stauffenberg kam ohne Umschweife auf sein Thema: Die Lage im Osten sei unhaltbar, der Durchbruch im Westen nur noch eine Frage der Zeit. Er informierte Finckh über den »dringenden Rat« Tresckows und die Pläne für einen Staatsstreich und verabschiedete sich mit einer Bemerkung, die an seine schon zwei

Jahre zuvor gefällten Urteile über die hohen Heerführer erinnert:

»Wir haben ja keine richtigen Marschälle mehr. Alle haben die Hosen voll und widersprechen nicht dem Führer, wenn er etwas befiehlt. Sie bringen ihre Ansichten über den Ernst der Lage nicht genügend zur Geltung.«[19]

Auf einen paßte diese Bemerkung allerdings nicht mehr: den Generalfeldmarschall Erwin Rommel. Dieser war lange Zeit ein Verehrer Hitlers gewesen, aber die seit dem Afrikafeldzug vorhandenen Spannungen zwischen ihm und seinem obersten Befehlshaber hatten sich in den letzten Monaten so verstärkt, daß Rommel zu einem gewaltsamen Vorgehen gegen Hitler entschlossen war. Am 25. Juni meldete Oberst Finckh dem Feldmarschall, daß Stauffenberg in Berlin ein Attentat vorbereite. Zwar lehnte Rommel einen Anschlag ab, gab aber zu erkennen, daß man bei einem Umsturz auf ihn rechnen könne.[20]

Ende Juni griff Tresckow abermals vom Osten aus in die Dinge ein und entsandte einen Emissär zu dem neu ernannten Oberbefehlshaber West, Generalfeldmarschall von Kluge, mit dem Auftrag, diesen zu beschwören, die Front im Westen einfach zu öffnen: Der eigentliche Gegner seien weder die Amerikaner noch die Engländer, sondern Hitler allein!![21]

Parallel zu diesen militärischen Erwägungen entwickelten sich noch zwei außenpolitische Initiativen. Gegen Ende des Monats Juni wurde eine Sondierung hoher englischer Kreise über die Opposition bekannt; Stauffenberg übermittelte:

»a) eine Liste von Männern, die die zukünftigen Verhandlungspartner Englands sein sollten,

b) den Wunsch, daß Österreich beim Reich verbleibe, und

c) die Bitte, daß die Abrechnung mit den Kriegsverbrechern der künftigen deutschen Regierung überlassen bleiben solle.«[22]

Die inzwischen eingetretene Situation hatte eine radikale Änderung des seinerzeit auf Weisung Stauffenbergs von Hauptmann Kaiser entworfenen »11-Punkte-Programms« erbracht. Ging es einen Monat zuvor noch um »Forderungen«, die die Grenzen von 1914 sichern, die Besetzung verhindern und die Front im Osten halten sollten, so jetzt nur noch um »Wünsche« oder »Bitten«.

Anfang Juli schickten die Obersten Graf Stauffenberg und Georg Alexander Hansen, Chef der Abwehr, den Syndikus der Lufthansa, Dr. Otto John, nach Madrid. Er sollte geeigneten alliierten Stellen mitteilen, daß ein Staatsstreich in Deutschland unmittelbar bevorstehe, und sich bemühen, eine direkte Verbindung zum Obersten Hauptquartier der Alliierten Expeditions-Streitkräfte herzustellen.

Dazu erklärte ihm Hansen, offenbar von Stauffenberg inspiriert:

»Wenn wir mit General Eisenhower als Soldat zum Soldaten sprechen können, werden wir schnell eine Verständigung erreichen.«

In Madrid wurde John zugesichert, daß alles sofort an Eisenhower weitergeleitet werde, aber ihm gleichzeitig bedeutet, daß die Voraussetzung für die Einstellung des Kampfes die »bedingungslose Kapitulation« gegenüber allen Verbündeten sei, also auch gegenüber der Sowjetunion.[23]

Die neue Stellung Stauffenbergs ermöglichte es ihm, jetzt häufiger zum Vortrag in das Führerhauptquartier zu fahren. Zwar wäre es schon früher möglich gewesen, ihm unter irgendeinem Vorwand im Auftrage des AHA Zutritt zu verschaffen, man hatte aber bisher davon abgesehen, weil seine Anwesenheit in Berlin für unumgänglich notwendig gehalten wurde.[24] Nun aber entschloß sich Stauffenberg, das Attentat selbst auszuführen. Fand sich eventuell noch jemand, der geeignet und willens war, es an seiner Stelle zu tun? Langes Suchen war nicht mehr möglich, denn die Situation erforderte rasches und konsequentes Handeln. Den Entschluß faßte Stauffenberg Ende Juni; eine Notlösung, die ihm erst die Krisenentwicklung dieses Monats aufzwang.

Fahrner erfuhr, »daß die Wege zum Attentat immer schwieriger geworden waren und daß Stauffenberg nun vor der Frage stand, ob er das Attentat selbst durchführen sollte, was vorher, angesichts seiner Unentbehrlichkeit nach dem Attentat, nie geplant war«.[25] Werner von Haeften, Stauffenbergs Adjutant, schrieb in einem Brief zwei bis drei Wochen vor dem 20. Juli an einen Mitwisser: »Claus denkt daran, die Sache selber zu machen.«[26]

Auch Berthold von Stauffenberg, Graf Yorck und der Legationsrat Bernd von Haeften sagten aus, Mitte bis Ende Juni von Stauffenbergs Entschluß erfahren zu haben.[27]

9. *Attentatspläne im Juli*

Ende Juni trafen sich die Generäle Wagner (der Generalquartiermeister), Stieff (der Chef der Organisationsabteilung) und der General der Artillerie Lindemann mit Stauffenberg. Es wurden noch einmal technische Fragen durchgesprochen; Wagner und Lindemann drängten auf eine baldige Aktion.[1] Am 3. Juli erörterten die drei Generäle mit dem Chef des Wehrmacht-Nachrichtenwesens, General Erich Fellgiebel, die Abschirmung der Nachrichtenverbindungen. Weitere Gespräche in Berlin zwischen Beck, Olbricht, Wagner und Lindemann dienten der endgültigen Festlegung der Umsturzpläne, während Beck außenpolitisch nach Bern zu dem amerikanischen Geheimdienstler A. W. Dulles und Goerdeler nach Schweden zu dem Bankier Jakob Wallenberg recherchierten.[2]

Fast schien es so, als sei nunmehr alles bereit, den geplanten Schlag zu führen, da gelang es der Gestapo, ohne daß sie es selber ahnte, in den Mittelpunkt der Verschwörung zu treffen. Am 12. Juni hatte sie den Kommandeur der Kriegsinvalidensiedlung in Berlin-Frohnau, Oberst Staehle, verhaftet, der unter Oster in der Abwehr gearbeitet hatte und jahrelangen Kontakt zu Dr. Goerdeler besaß;[3] am 5. Juli wurde Dr. Julius Leber festgenommen, der versucht hatte, mit ehemaligen Kommunisten Kontakt aufzunehmen, und dabei von einem Polizeispitzel erkannt und verraten wurde.[4]

Nun kam alles darauf an, daß so schnell wie möglich gehandelt wurde. Bereits am nächsten Tag hatte Stauffenberg, der mit Wirkung vom 1. Juli 1944 zum Obersten befördert worden war, als neuer Chef des Stabes beim Befehlshaber des Ersatzheeres zu einer Besprechung auf dem Obersalzberg zu erscheinen. Wie es später im Gestapo-Bericht hieß, hat er bereits an diesem Tage die Aktentasche mitgeführt, in der er auch am 20. Juli die Bombe transportierte, und General Stieff – mit Blick auf die Tasche – bedeutet: »Ich habe das ganze Zeug mit!«[5] Wollte er noch einmal darauf hinweisen, daß Stieff der geeignetste sei, um die Bombe auszulösen, oder wollte Stauffenberg selbst an diesem Tage bereits das Attentat versuchen?[6]

Mit Sicherheit sollte der Anschlag am 11. Juli durchgeführt werden. Stauffenberg, in das Hauptquartier »Berghof« befohlen, ließ sich von Hauptmann Klausing begleiten, einem jungen Offizier aus dem AHA, der in das Vorhaben eingeweiht war, und gab ihm den Auftrag, auf dem Flugplatz Salzburg eine He 111 bereithalten zu lassen sowie selber im Wagen vor dem Hauptquartier zu warten. Aber es geschah nichts. Als Stauffenberg den »Berghof« wieder verließ, erklärte er Klausing, er habe auf das Attentat verzichtet, weil der Reichsführer-SS, Himmler, an der Besprechung nicht teilgenommen habe.[7]

Berthold von Stauffenberg kommentierte später im Verhör das Verhalten seines Bruders so:

> »Um aber von vornherein zu verhindern, daß jemand auftreten könnte, der die Macht bei sich konzentrieren würde, hätte mein Bruder das Attentat am liebsten bei einer Lagebesprechung ausgeführt, bei der auch der Reichsführer-SS und der Reichsmarschall zugegen wären. Generalfeldmarschall Keitel war ja normalerweise bei jeder Lagebesprechung anwesend.«[8]

Auf der Rückfahrt traf Stauffenberg in Frankenstrub, einer Kaserne nördlich von Berchtesgaden, mit Stieff, Fellgiebel und Klamroth zusammen. Es wurde über die Abschirmung der Verstärkerämter in München und Salzburg gesprochen und Fellgiebel noch einmal gebeten, dafür zu sorgen, daß alle Befehle und Benachrichtigungen des Aufstandes reibungslos übermittelt, jedoch alle anderen Benutzer abgeschaltet werden konnten.[9]

Beim Mittagessen in Frankenstrub kam Stauffenberg in ein Gespräch mit dem Major i. G. Dr. Percy E. Schramm, dem es »rückschauend geradezu unwahrscheinlich [ist], daß er sich überhaupt nichts anmerken ließ. Die Aktentasche mit der Bombe muß dann ja irgendwo in der Nähe herumgestanden haben. (Wir aßen im Freien an kleinen Tischen; jeder kam und ging, wie sein Dienst es ihm ermöglichte.) Ich weiß nicht mehr, worüber wir uns unterhielten, aber unsere Unterhaltung war sehr intensiv und muß weit über das Militärische hinausgegriffen haben.« Schramm gewann von Stauffenberg den Eindruck eines Generalstabsoffiziers, »der nicht zum Roboter geworden, sondern ein Mensch geblieben sei«.[10]

Am Abend des 11. Juli erschien Oberstleutnant Cäsar von Hofacker, der zu den Verschworenen im Stabe des Oberbefehlshabers West gehörte, in Berlin, um mit seinem Vetter Stauffenberg zu sprechen und Generaloberst Beck über die katastrophale Lage an der Westfront zu informieren. Unter dem niederschmetternden Eindruck des Berichts erklärte Beck, daß nach dem Machtwechsel sofort hervorragende Unterhändler nach London und Moskau entsandt werden müßten, um erträgliche Bedingungen auszuhandeln. Goerdeler, der an dieser Besprechung teilnahm, schlug vor, Beck und er sollten sofort zu Kluge fahren und sich an Ort und Stelle über die Lage Gewißheit verschaffen. Beck erklärte jedoch, daß Hofackers Mitteilungen zweifelsfrei erkennen ließen, daß auch Kluge schnellstes Handeln für geboten halte.[11]

Einen Tag darauf kam ebenfalls ein Mann nach Berlin, der zu dem Außenbezirk der Verschwörung gehörte, ein enger Mitarbeiter vor allem von Goerdeler: Hans-Bernd Gisevius. Er saß, gleichzeitig für die Abwehr und die Opposition tätig, in der Schweiz, wo er die Verbindung zu A. W. Dulles in der amerikanischen Botschaft aufrechterhielt.

In der Nacht vom 12. auf den 13. Juli traf er mit Stauffenberg zusammen. Seine späteren Berichte über dieses Gespräch und die Vorgänge innerhalb des Widerstandes haben das Bild für viele Jahre verdunkelt und verzerrt.

Von ihm geht die Behauptung aus, daß Stauffenberg eine »Ostlösung« angestrebt habe.

Ohne Stauffenberg vorher jemals begegnet zu sein, will Gisevius bei ihrem ersten Treffen sofort klar erkannt haben, daß dieser »letzten Ende[s] [...] für die Weiterführung der braun-grauen Legalität« kämpfe, »der geschaffene Attentäter«, »ein Nursoldat, der wider Willen in die revolutionäre Problematik hineingezogen« worden sei, ein »Draufgänger, der weiß, was er will«,[12] Urteile, die sich nicht nur selbst, sondern auch allem widersprechen, was andere über Stauffenberg ausgesagt haben.

Vor allem aber behauptet Gisevius, Stauffenberg habe eine »Schwenkung nach Osten« vollzogen, habe er doch gefragt, »was ich mir [davon] versprechen könne, mit den Westmächten [...] zu einem Arrangement zu kommen. Ob ich nicht wisse, daß die Heeresgruppe Mitte aufgehört habe zu existieren? Bald werde der Russe über die Weichsel stoßen [...] Die Entscheidung sei im Osten gefallen, darum müsse auch alle Politik mit dem Osten gemacht werden.« »Aber«, so fährt Gisevius fort, Stauffenberg »widerruft sich im gleichen Atemzuge, indem er jeweils an den Schluß setzt, ich möge ihn nicht mißverstehen, er sei innerlich noch gar nicht entschieden, ihm liege einzig daran, die Antithese klar herauszuarbeiten, und deshalb übernehme er mir gegenüber die Rolle des advocatus diaboli.« Gisevius kommt zu dem Schluß, »daß [Stauffenberg] längst optiert hat, nur daß er sich noch nicht klar war, wie er die von ihm vollzogene Schwenkung nach Osten vor Beck und Goerdeler begründen will!«[13]

Das Urteil, zu dem Gisevius kommt, beruht nicht auf den tatsächlichen Äußerungen Stauffenbergs, sondern auf Unterstellungen. Er war gegen Stauffenberg voreingenommen, bevor er überhaupt mit ihm das erste Wort gewechselt hatte. Allein aus dem Gedanken, daß das Nachkriegsdeutschland keine Politik unter Ausklammerung der Sowjetunion werde betreiben können – ein Gedanke, der nur den Gegebenheiten Rechnung trug –, läßt sich keine »Schwenkung nach Osten« schlußfolgern. Die Äußerungen von Gisevius spiegeln wahrscheinlich – in besonders gehässiger Weise – Vorurteile und Verärgerungen wider, die sich bei Goerdeler angesammelt hatten. Wenn Gisevius z. B. behauptet, daß Stauffenberg seit dem gescheiterten Anlauf Ende 1943 sich um keine weitere Aktion gekümmert habe,[14] so ist das einfach unwahr. Wie aber konnte Gisevius, der erst am 12. Juli wieder nach Berlin kam, diese Behauptungen aufstellen? Wir müssen vermuten, daß Goerdeler ihm diese Mitteilungen gemacht hat, da ja bekannt ist, daß Stauffenberg diesen nicht über alle Pläne und Versuche unterrichtete und sich deshalb bei Goerdeler der Eindruck festsetzte, der Oberst verspreche viel, halte aber nichts.[15]

Gisevius' Voreingenommenheit beeinträchtigte sein Urteilsvermögen derartig, daß er nicht einmal merkte, wie andere Mitteilungen in seinem eigenen Buch dem von ihm entworfenen Bild Stauffenbergs widersprachen: Beck habe ihm gesagt, »nach dem Ausscheiden von Oster sei er der einzige Aktivist im OKW, der wirklich aufs Ganze geht«,[16] oder: »Er habe Stauffenberg im letzten halben Jahr als den einzigen Aktivisten im OKW schätzen gelernt.«[17]

Das nächtliche Gespräch kreiste auch um das Problem eventueller »Säuberungen«. Stauffenberg habe, so berichtet Gisevius, die Ansicht vertreten, daß zwar der Kreis der Schuldigen scharf abgegrenzt, die braunen und schwarzen Mörder aber selbstverständlich bestraft werden müßten.

Er wollte »die Säuberungen in der Armee auf jene wenigen Parteigeneräle vom Typ Reinecke und Keitel beschränkt sehen, deren Gesinnungslosigkeit und Untaten allseits unbestritten sind. Ein Schuldspruch gegen die oberste Generalität aus politischen Gründen, also gegen Brauchitsch und Halder wegen ihrer Haltung bei Kriegsausbruch oder gegen die Feldmarschälle wegen ihrer charakterlosen Duldung der hitlerischen Überfälle lehnte er ab«,[18] um die Säuberung von vornherein in »legalen« Grenzen zu halten. Stauffenbergs Auffassung konfrontiert Gisevius mit seiner eigenen. Die tausendfachen Naziverbrechen ließen sich nicht »legal« abwickeln. »Ohne Sondergerichte geht es nicht [...] Um dergestalt das Recht wieder herzustellen, müssen wir von der Legalität abweichen [...] Nichts anderes [bleibt] übrig, als die scharfen Sondergerichtsbestimmungen aufrechtzuerhalten, nur daß sie jetzt gegen ihre Verfasser gekehrt werden. Ebenso werden wir gewisse Personengruppen für schuldig erklären müssen, Reichsregierung und Staatssekretäre, Reichsstatthalter und Gauleiter, Feldmarschälle und Generalobersten.«[19]

Es ist paradox, daß ein Mann, der die Abweichung von der Legalität, Sondergerichte und Kollektivurteile empfiehlt, gegen Stauffenberg den Vorwurf erhebt, er kämpfe um die Weiterführung der braun-grauen Legalität.

Stauffenberg hat in diesen Tagen häufig das Gespräch mit Gleichgesinnten gesucht. Er zwang sich und seine Freunde zu einer rücksichtslosen Aussprache über die politische und sittliche Rechtfertigung der Gewaltanwendung. Ein solches Gespräch hätte auch das mit Gisevius werden können. Aber Stauffenberg, der dazu neigte, durch scharfe und gelegentlich extreme Formulierungen das Gespräch voranzutreiben, fand in Gisevius keinen geeigneten Partner. Wie sehr Stauffenberg in diesen Tagen immer wieder mit dem Problem des Attentats gerungen hat, zeigt ein Bericht über ein Gespräch, das er mit Yorck, Lukaschek und Dr. van Husen in dessen Wohnung führte.

»Als Stauffenberg dann zum Schlafwagen aufbrach, war sein letztes Wort: ›Es bleibt also nichts übrig, als ihn umzubringen.‹ Ich glaube, daß sich Stauffenberg in diesem Gespräch die letzte Bestätigung für seinen Entschluß abgerungen hat.«[20]

An den Fronten war in der Mitte des Monats Juli der Zusammenbruch der deutschen Wehrmacht für alle Einsichtigen bereits erkennbar. Im Westen war die deutsche Linie weiter nach Süden gedrängt worden, vermochte aber ihren Zusammenhalt noch zu wahren. Ein Durchbruch der Invasionstruppen zeichnete sich jedoch am linken Flügel ab; die deutschen Einheiten brannten aus. Angesichts dieser bedrohlichen Lage entschloß sich der Oberbefehlshaber der Heeresgruppe B, Generalfeldmarschall Rommel, zu einem Blitzfernschreiben an Hitler über die allgemeine Lage, das mit dem Satz schloß:

»Die Truppe kämpft allerorts heldenmütig, jedoch der ungleiche Kampf neigt sich dem Ende entgegen. Ich muß Sie bitten, die Folgerungen aus dieser Lage unverzüglich zu ziehen. Ich fühle mich verpflichtet, als Oberbefehlshaber der Heeresgruppe dies klar auszusprechen.«[21]

Auf dem italienischen Kriegsschauplatz war es dem Gegner gelungen, am 4. Juni Rom einzunehmen, während die eigene Truppe schrittweise nach Norden auf die Grün-Linie (La Spezia–Apennin–Rimini) auswich. Im Osten führte der Gegner durch das »große Loch« von 350 km, in dem bis zum 22. Juni die Heeresgruppe Mitte gestanden hatte, zügig weitere Kräfte gegen Westen nach und hatte am 13. Juni Wilna genommen, während Bialistok kurz vor dem Fall stand.

Das war die Situation, als am 15. Juli Generaloberst Fromm und Oberst Graf Stauffenberg zu einer Lagebesprechung in das Führerhauptquartier befohlen wurden, eine Gelegenheit, die unbedingt für das Attentat wahrgenommen werden sollte. Deshalb hatte Stauffenberg mit Olbricht verabredet, daß dieser zwei Stunden vor dem vermutlichen Zeitpunkt der Explosion den Befehl »Walküre« auslösen sollte, um die Anlaufzeit der Truppenbewegung zu verkürzen.

Was geschah nun an diesem Tage im Führerhauptquartier? Fromm und Stauffenberg wurden von einem Offizier begleitet, der berichtete, daß sie in Begleitung von Klausing gegen 9.35 Uhr auf dem Flugplatz Rastenburg gelandet seien. Sie frühstückten im Kasino zunächst eine Dreiviertelstunde und besprachen nochmals das Vortragsthema, die Auffüllung bestimmter Fronteinheiten. Kaum hatte Stauffenberg das Kasino betreten, bat er seinen Befehlshaber, noch einige wichtige Ferngespräche führen zu dürfen. Soweit sich der Begleitoffizier erinnerte, wurden diese über das Amt Anna »mit General Stieff und General Fellgiebel geführt«, vermutlich, um sich zu vergewissern, ob alles für den Augenblick vorbereitet sei.

Als dann »Generaloberst Fromm und Oberst Graf Stauffenberg mit noch einigen anderen Persönlichkeiten zur Lage gingen« und an der Lagebaracke angekommen waren, begrüßte »der Führer die beiden Offiziere mit Handschlag«. Der Bericht fährt dann fort:

> »Nach der Lage begab sich Generaloberst Fromm in Begleitung einiger Herren wieder in Richtung Sperrkreis I.

Ich selber konnte noch nicht mit, da Oberst Graf Stauffenberg noch Unterhaltungen vor dem Lagehaus hatte [...] Am Fahrzeug wartete auch Hauptmann Klausing, und ich glaube mich erinnern zu können, daß dieser während der Lage eine Besprechung mit irgendeinem anderen Herren gehabt hatte. Kurz darauf kam auch Oberst Graf Stauffenberg, und als ich ihm sagte, wo sich der Generaloberst befinde, meinte er, ich solle mich noch gedulden, denn er habe noch wichtige Gespräche mit General Stieff und General Fellgiebel. Diese beiden Herren befanden sich aber schon am Parkplatz, und so wurde gleich an Ort und Stelle die Besprechung abgehalten. Kurz vor Abfahrt des Sonderzuges Braunschweig führte Oberst Graf Stauffenberg noch ein Telephongespräch mit Berlin.«[22]

Als die Lagebesprechung zu Ende ging, ohne daß die Explosion erfolgte, eilten also die Generäle Stieff und Fellgiebel sofort zum Parkplatz, um mit Stauffenberg zu sprechen und den Grund zu erfahren, warum nichts geschehen sei.

Berthold von Stauffenberg hat uns den Grund durch seine Aussage vor der Gestapo überliefert:

»Mein Bruder hat mir gesagt, daß plötzlich eine Besprechung angesetzt worden sei, bei der er selbst habe vortragen müssen, so daß er keine Möglichkeit gehabt habe, das Attentat zu verüben.«[23]

In seinem Telephonat mit Berlin teilte Stauffenberg wahrscheinlich diesen Sachverhalt kurz mit.

Hier in Berlin mußten die Verschworenen jetzt sehen, wie sie den inzwischen ausgelösten Plan »Walküre« wieder abfangen konnten. Olbricht ließ sich sofort zum »Pan-

Oben: *Der Leipziger Oberbürgermeister Carl Friedrich Goerdeler, einer der führenden Köpfe der Opposition gegen Hitler und aktiver Widerstandskämpfer.* Unten links: *Graf Helmuth von Moltke, zentrale Figur des »Kreisauer Kreises«.* Unten rechts: *Der SPD-Reichstagsabgeordnete und Widerstandskämpfer Julius Leber; hingerichtet am 5. 1. 1945.*

Oben: *Generaloberst Ludwig Beck, einer der führenden Verschwörer gegen Hitler bei dem Attentat am 20. Juli 1944; Selbstmord am 20. 7. 1944.*

Unten: *General Franz Halder wurde als Nachfolger Becks 1938 Chef des Generalstabs des Heeres.*

Stauffenberg mit Sohn Heimeran, Tochter Valerie, Nichte Elisabeth, Neffe Alfred und Sohn Franz Ludwig in Lautlingen, Juli 1943.

Führerhauptquartier »Wolfsschanze« bei Restenburg in Ostpreußen. Adolf Hitler begrüßt Generaloberst Friedrich Fromm, Befehlshaber des Ersatzheeres.
Von links: *Oberst Claus Schenk Graf v. Stauffenberg, Adjutant Vizeadmiral Karl-Jesco v. Puttkammer;* rechts *Generalfeldmarschall Wilhelm Keitel, Chef des Oberkommandos der Wehrmacht (OKW). 15. Juli 1944.*

Oben: *Generalmajor Henning von Tresckow, eine führende Persönlichkeit des militärischen Widerstands; Selbstmord am 21. 7. 1944.* Unten links: *Generäle im Widerstand: Hans Oster; erhängt am 9. 4. 1945 im KZ Flossenbürg.* Unten rechts: *Friedrich Olbricht; standrechtlich erschossen am 20. 7. 1944*

Oben: *Ulrich Wilhelm Graf von Schwerin von Schwanenfeld mit seinem Verteidiger; hingerichtet am 8. 9. 1944.*

Unten: *Dr. Carl Friedrich Goerdeler vor dem Volksgerichtshof; hingerichtet am 2. 2. 1945.*

Oben: *Peter Graf Yorck von Wartenburg vor dem Volksgerichtshof; hingerichtet am 8. 8. 1944.*
Unten: *Ulrich von Hassell, der ehemalige deutsche Botschafter in Rom, während der Verhandlung vor dem Volksgerichtshof; hingerichtet am 8. 9. 1944.*

Oben: *Helmuth James Graf von Moltke während seiner Verhandlung vor dem Volksgerichtshof im Herbst 1944; hingerichtet am 23. 1. 1945.*
Unten: *Berthold Graf von Stauffenberg, der Bruder des Hitler-Attentäters, vor dem Volksgerichtshof; hingerichtet am 10. 8. 1945*

zer-Grenadier-Lehrbataillon« fahren und schützte vor, »Walküre« sei ein Probealarm gewesen, dessen Durchführung er inspizieren wolle.[24]

Währenddessen wartete Dr. Goerdeler bei dem Rechtsanwalt Dr. Strünck auf die entscheidende Nachricht – vergebens. Enttäuscht ließ er seinem Ärger freien Lauf: Die Offiziere ließen ihn nicht mehr in ihre Vorbereitungen hineinsehen und wollten ihn abhängen.[25]

Die mehrfach mißlungenen Attentatsversuche sowie die Verhaftungen und Überwachungen seitens der Gestapo bestimmten Beck und Stauffenberg in ihrer letzten Unterredung am 16. Juli zu dem Entschluß, die nächste sich bietende Gelegenheit – »coûte que coûte«, wie Tresckow gesagt hatte – unbedingt wahrzunehmen und den Staatsstreich auch dann anlaufen zu lassen, wenn die Aktion im Führerhauptquartier nicht ganz erfolgreich verlaufen sollte.[26] In mittelbarem Zusammenhang damit standen am selben Tage Besprechungen in Stauffenbergs Wohnung, an denen der engere Freundeskreis teilnahm: Claus und Berthold von Stauffenberg, Ritter Mertz von Quirnheim, Trott zu Solz, die Grafen Schwerin, Schulenburg und Yorck sowie Hofacker und Hansen. Hofacker legte die Lage im Westen dar und berief sich auf Rommel und Kluge, die der Meinung seien, daß der Nachschub des Feindes in etwa zwei Wochen eine Überlegenheit an Menschen und Material geschaffen haben werde, gegen die die deutsche Front nur noch höchstens sechs Wochen Widerstand leisten könne. Trott griff den alten Gedanken Stauffenbergs auf: Die Verhandlungen sollten nach Beseitigung des nationalsozialistischen Regimes von Militär zu Militär geführt werden, und zwar sowohl im Westen als auch im Osten; das erzwinge die augenblickliche militärische Lage.

Außerdem wurden noch einmal verschiedene Möglichkeiten für den Umsturz und die Beendigung des Krieges durchgesprochen.

a) Die Westlösung: Stauffenberg stellte zur Diskussion, ob man nicht – entsprechend dem Vorschlag Tresckows von Ende Juni – auf die deutschen Heerführer im Westen Einfluß nehmen könne, die Kampfhandlungen auf eigene Faust einzustellen, die Truppen auf den Westwall zurückzunehmen und damit Voraussetzungen für ein gemeinsames Vorgehen der Westmächte und Deutschlands gegen die Sowjetunion zu schaffen.
b) Die Berliner Lösung sah hingegen vor, wenigstens 24 Stunden das Wehrmacht-Nachrichtennetz zu blockieren und den Heeresgruppen zu befehlen, die Fronten so zügig zurückzunehmen, daß das Führerhauptquartier nicht mehr eingreifen und die Befehle aufheben konnte. – Da beide Lösungen jedoch zu viele Imponderabilien enthielten, wurden sie als undurchführbar verworfen. Somit kam nur
c) die zentrale Lösung in Betracht. Das Attentat sollte die Voraussetzung des Staatsstreiches bleiben, der mittels »Walküre« von Berlin ausgelöst werden sollte.[27]

Am selben Abend wurde im Hause des Regierungspräsidenten von Bismarck in Potsdam ein merkwürdiges Gerücht kolportiert. Ein junger ungarischer Adliger, der hier verkehrte, erzählte dem Korvettenkapitän Dr. Jessen, einem Freund Bertholds von Stauffenberg, in Berlin flüstere man, daß in der nächsten Woche das Führerhauptquartier in die Luft gesprengt werde. Jessen wagte nicht, in den Ungarn zu dringen, um die Quelle des Gerüchts festzustellen, fürchtete aber die Indiskretion eines Eingeweihten. Am nächsten Tag meldete er die Angelegenheit Berthold von Stauffenberg und dem mitverschworenen Korvettenkapitän Kranzfelder. Dieser fuhr am Nachmittag des 18. Juli zu Claus von Stauffenberg, um ihn zu warnen, und kehrte mit der Nachricht zurück, das Attentat werde endgültig am 20. Juli ausgelöst. Stauffenberg habe hinzugefügt, es sei der letzte Versuch: »Da gibt es keine andere Wahl. Der Rubikon ist überschritten.«[28]

Die Rote Armee hatte in Südpolen und Galizien ihre Großoffensive gegen die Heeresgruppe Nordukraine mit dem Ziel anlaufen lassen, den San und die Weichsel zu gewinnen, während die sowjetische Nordwestfront so weit vordrang, daß die Provinz Ostpreußen in ernste Gefahr geriet. Zu ihrem Schutz sollten möglichst schnell neue Sperrdivisionen aufgestellt werden. Stauffenberg erhielt den Auftrag, am 20. Juli zu diesem Thema beim Lagevortrag zu sprechen.[29] Der Tag, an dem die letzte Entscheidung fallen sollte, war damit festgelegt. Die Stauffenberg nächststehenden Verschworenen wurden am 18. Juli von dem Termin unterrichtet, und zwar General Wagner bei einem Besuch Stauffenbergs in Zossen, General Olbricht, der auch Mertz, Bernardis und Schulenburg informierte, durch einen Telephonanruf, Graf Yorck über den Grafen Schwerin.[30]

Gleichzeitig wurde auch bekannt, daß Goerdeler die Verhaftung drohe. Stauffenberg riet ihm, nicht mehr zu telephonieren, sich verborgen zu halten und keine Kontakte mehr zu suchen.[31] Daneben galt Stauffenbergs Sorge vor allem Leber und seiner Frau.

In einem Gespräch mit Trott erklärte er, tief innerlich erregt: »Wir brauchen Leber, ich hol' ihn raus!« Am 18. Juli ließ er Frau Annedore Leber, die im Krankenhaus lag, mitteilen: »Wir sind uns unserer Pflicht bewußt!«[32]

Der 19. Juli verlief wie jeder andere Tag. Stauffenberg zeigte die gleiche strahlende Heiterkeit, die Ruhe und Arbeitsintensität wie bisher.[33] Mit keiner Miene verriet er die Spannung, unter der er stand. Aber wie schon früher suchte Stauffenberg auch am 19. Juli die Nähe von Freunden, diesmal von Trott zu Solz.[34] Am Abend kam sein Bruder Berthold zu ihm und blieb bis zum Abflug am nächsten Morgen.

Die Brüder Stauffenberg hatten einen Eid geplant, der nach der Erhebung geschworen werden sollte. Da man sich bewußt war, daß Deutschland auch nach der Vernichtung des nationalsozialistischen Systems einer Besetzung unterworfen werden würde, stand zu befürchten, daß der Kontakt zwischen den Männern zerriß. Dann sollte ihnen der Eid das Gefühl geben, miteinander verbunden zu sein. Einige Sätze dieses Gelöbnisses sind überliefert worden. Sie lauten:

> »Wir wollen eine neue Ordnung, die alle Deutschen zu Trägern des Staates macht und ihnen Recht und Gerechtigkeit verbürgt, verachten aber die Gleichheitslüge und beugen uns vor den naturgegebenen Rängen. Wir wollen ein Volk, das in der Erde der Heimat verwurzelt, den natürlichen Mächten nahe bleibt, das im Wirken in den gegebenen Lebenskreisen sein Glück und sein Genüge findet und in freiem Stolze die niederen Triebe des Neides und der Mißgunst überwindet. Wir wollen Führende, die aus allen Schichten des Volkes erwachsend, verbunden den göttlichen Mächten, durch großen Sinn, Zucht und Opfer den anderen vorangehen.«[35]

Einige Tage vor dem 20. Juli hatte Stauffenberg in einem Gespräch erklärt:

»Es ist Zeit, daß jetzt etwas getan wird. Derjenige allerdings, der etwas zu tun wagt, muß sich bewußt sein, daß er wohl als Verräter in die deutsche Geschichte eingehen wird. Unterläßt er jedoch die Tat, dann wäre er ein Verräter vor seinem eigenen Gewissen.«[36]

IV.

Der 20. Juli 1944

Am frühen Vormittag landeten Stauffenberg, Generalmajor Stieff und Oberleutnant von Haeften auf dem Flugplatz Rastenburg in Ostpreußen nahe der »Wolfsschanze«, dem Führerhauptquartier.[1] Nach der Ankunft frühstückte Stauffenberg zunächst im Kasino »Wolfsschanze« mit dem Adjutanten des Kommandanten des Führerhauptquartiers, Rittmeister von Möllendorf. Der wurde dann zu einer bereits vorgesehenen Besprechung mit dem Chef des Heeresstabes beim OKW, General Buhle, seinem ehemaligen Vorgesetzten in der Organisationsabteilung, abberufen. Gemeinsam mit ihm ging Stauffenberg, begleitet von Generalleutnant von Thadden, dem Chef des Stabes beim Befehlshaber im Wehrkreis I, zu einer Besprechung mit Generalfeldmarschall Keitel, dem Chef des OKW.

Bis zur Besprechung mit Keitel trug Haeften die Tasche mit dem Sprengstoff; Stauffenberg hatte in seiner Tasche die für die Besprechungen notwendigen Unterlagen. Nach der Unterredung mit Keitel bat Stauffenberg dessen Adjutanten, Oberstleutnant John von Freyend, sich frisch machen und sein Hemd wechseln zu dürfen. Dieser stellte ihm zum Umziehen sein Schlafzimmer zur Verfügung; Stauffenberg ging mit Haeften hinein, was unverfänglich war, da er beim Umziehen Hilfe benötigte. Die beiden machten sich sofort daran, die Taschen umzupacken. Die Sprengladung kam in Stauffenbergs Tasche, der Zünder wurde mit einer Flachzange eingedrückt.[2]

Mit der nunmehr in Gang gesetzten Sprengladung (Laufzeit 10 bis 15 Minuten) ging Stauffenberg neben Keitel und Buhle zur Lagebaracke. Zwei Offiziere, einer davon Keitels Adjutant, boten ihm wiederholt an, die Tasche zu tragen. Stauffenberg wehrte ab und versicherte, daß er keine Hilfe brauche.

Die Besprechung fand im Lagezimmer statt, in dem die täglichen Lagebesprechungen üblicherweise abgehalten wurden.[3] Keitel meldete Hitler – die Sitzung hatte schon begonnen –, daß Stauffenberg, zum Vortrag befohlen, anwesend sei; Hitler begrüßte ihn. Stauffenberg erhielt seinen Platz rechts von Generalleutnant Heusinger, der neben Hitler stand und mit seinem Vortrag über die Lage an der Ostfront begonnen hatte. Um seine Tasche günstig zu plazieren, drängelte sich Stauffenberg an den Tisch heran, wobei ihn vor allem Oberst Brandt, der Mitarbeiter Heusingers, störte, bückte sich auch einmal und stellte die Mappe schließlich unter die rechte Hälfte der Platte. Dann verließ er, ohne daß es auffiel, das Zimmer. Als man ihn kurz darauf vermißte, da er eine Auskunft geben sollte, verließ General Buhle den Raum, um ihn zu suchen, fand ihn aber nicht.[4]

Stauffenberg war zu General Fellgiebel gegangen, der sich im Bunker 88 befand. Als beide vor den Bunker traten und sich – möglichst unverfänglich – über Ostbefestigungen unterhielten, meldete Oberstleutnant Sander, der Nachrichtenoffizier des Hauptquartiers, daß das zuvor von Oberleutnant von Haeften angeforderte Auto bereitstehe, und erinnerte Stauffenberg daran, daß der Kommandant des Führerhauptquartiers, Oberstleutnant Streve, ihn zum Mittagessen erwarte. Stauffenberg sagte zu, erklärte aber, er müsse noch einmal zur Lage. Im Kartenzimmer schilderte Generalleutnant Heusinger gerade die Situation bei der Heeresgruppe Nord:

»Der Russe dreht mit starken Kräften westlich der Düna nach Norden ein. Seine Spitzen stehen bereits südwestlich Dünaburg. Wenn jetzt nicht endlich die Heeresgruppe vom Peipussee zurückgenommen wird, dann werden wir eine Katastrophe...«[5]

In diesem Augenblick zerriß eine gewaltige Detonation Heusingers letzte Worte. Es war etwa 12.45 Uhr. Sander, der in diesem Augenblick vor den Bunker trat, bemerkte ein besonders heftiges Zusammenfahren Stauffenbergs. »Was ist los?« fragte Fellgiebel. Sander antwortete, ohne sich irgend etwas Ernstes zu denken, daß es öfters passiere, daß jemand schieße oder eine Mine hochgehe.[6] Stauffenberg erklärte unmittelbar nach der Explosion, er werde jetzt nicht mehr zur »Lage« zurückkehren, sondern zum Kommandanten zum Essen fahren – schlug aber mit Haeften sofort die Richtung zum Flugplatz ein. Er fuhr in einer Entfernung von 50 bis 70 Metern an der Lagebaracke vorbei; das, was er sah, mußte ihm die Gewißheit geben, daß der Sprengstoff die erhoffte Wirkung gehabt hatte.[7]

Als die Wache I, die die Explosion in der Lagebaracke beobachtet hatte, Stauffenberg anhielt, erklärte er dem Wachhabenden, daß er dringend zum Flugplatz müsse. Da er dem Offizier bekannt war, konnte er passieren, zumal Alarm erst 1½ Minuten später gegeben wurde. An der Außenwache »Süd« wurde Stauffenberg erneut angehalten. Er gab die gleiche Erklärung ab, aber der wachhabende Feldwebel verwies auf die inzwischen ausgelöste Sperre. Darauf verlangte Stauffenberg eine Telephonverbindung mit der Kommandantur. Der Feldwebel erreichte statt des Kommandanten, der sich bereits am Explosionsort befand, dessen Adjutanten, den Rittmeister von Möllendorf, dem Stauffenberg bündig mitteilte, er habe die Erlaubnis des Kommandanten, den Sicherungsbereich zu verlassen, da er um 13.15 Uhr fliegen müsse. Der Adjutant, der den Grund des Alarms noch nicht kannte und der andererseits wußte, daß Stauffenberg aus dienstlichem Grund in der »Wolfsschanze« war, erklärte sich mit dessen Abfahrt einverstanden. Der Feldwebel ließ sich den Sachverhalt von Möllendorf bestätigen, dann durfte Stauffenberg passieren.[8]

Es war ein tollkühnes Wagnis, mit dem Stauffenberg die Wache überrumpelte. Wenn statt des Adjutanten der Kommandant selber am Fernsprecher gewesen wäre, dem er erst vor einigen Minuten hatte zusagen lassen, daß er mit ihm zu Mittag essen werde, dann wäre Stauffenberg vermutlich nicht mehr aus dem Sperrkreis II herausgekommen. Aber wahrscheinlich verließ er sich darauf, daß der Kommandant sofort zur Unglücksstelle eilen und nicht mehr in seinem Zimmer sein werde.

Während der Fahrt zum Flugplatz warf Haeften einen mit Packpapier umwickelten Klumpen aus dem Wagen, bei dem es sich um eine zweite Sprengladung handelte. Diese Bombe sollte vermutlich als Ersatz dienen, falls die Zündung der ersten nicht funktioniert hätte.[9]

Über das Führerhauptquartier wurde sofort eine Nachrichtensperre verhängt. »Vom Attentat darf nichts nach außen dringen!« lautete der Befehl, den Sander von Hitlers Adjutant entgegennahm. Inzwischen rief Fellgiebel seinen Stabschef, Oberst Hahn, im Vermittlungsamt »Anna« an, teilte ihm mit, daß in der »Wolfsschanze« eine Detonation erfolgt sei, und ordnete an: »Wir müssen sofort Maßnahmen treffen, um den Nachrichtendienst nach außen zu sperren.« Hahn leitete diese Meldung umgehend an General Stieff weiter, die Nachrichtenverbindungen wurden unterbrochen und General Wagner über die Maßnahmen unterrichtet.[10] – Diese über die von Hitler angeordnete Sperre des Hauptquartiers hinausgehende Abschaltung auch der OKH-Vermittlung in Mauerwald lenkte später sehr schnell den Verdacht auf Fellgiebel, so daß er bereits gegen Mitternacht verhaftet wurde.

Als nach 15.00 Uhr die Sperre jedoch zuerst gelockert, dann für Dienstgespräche völlig aufgehoben wurde, sah Fellgiebel sich außerstande, das zu verhindern. Wäre Hitler dem Attentat zum Opfer gefallen, dann hätte er wahrscheinlich die Kraft gehabt, die Nachrichtensperre auch gegen den Befehl Himmlers oder Görings aufrechtzuerhalten; nun aber mußte er den Dingen ihren Lauf lassen und konnte lediglich noch versuchen, seine Freunde zu warnen.[11]

Eine Stunde nach der Explosion wurde das Reichssicherheitshauptamt in Berlin angewiesen, einige Kriminalbeamte abzuordnen, die gemeinsam mit dem »Chef der Sicherheitspolizei«, Kaltenbrunner, zu Ermittlungen nach Rastenburg fliegen sollten. Gisevius, der den Chef des Reichskriminalamtes, Arthur Nebe, angerufen hatte, erfuhr davon um 13.55 Uhr. Unbegreiflich bleibt es, weshalb Nebe, der zu den Eingeweihten gehörte, diese Meldung nicht auch an Olbricht weitergab, der in seiner OKH-Dienststelle in der Bendler-Straße saß und auf eine Nachricht brannte.[12]

Während Stauffenberg sich noch in der Luft befand, erging ein Befehl des Führerhauptquartiers nach Berlin, eine aus Ostpreußen kommende He 111 mit angegebener Nummer abzuschießen – wahrscheinlich vermutete man, daß Stauffenberg nach seiner Tat ins Ausland zu fliehen versuche. Dieser Befehl geriet auf den Schreibtisch des Majors der Luftwaffe, Friedrich Georgi, Olbrichts Schwiegersohn, der ihn in dem Gefühl, es könne sich hierbei um einen Vorgang in Verbindung mit der Verschwörung handeln, nicht weitergab.[13]

Als Stauffenberg kurz vor 16.00 Uhr in Berlin-Rangsdorf landete, in der Überzeugung, in Rastenburg habe alles geklappt und in Berlin sei inzwischen die Aktion angelaufen, war der Aufstand bereits – abgesehen von dem Attentat – an dem entscheidenden Punkt der Nachrichtenverbindungen gescheitert. Gegen 13.15 Uhr hatte zwar General Thiele, der Chef der Amtsgruppe Wehrmacht-Nachrichtenverbindungen in Berlin, der in die Pläne eingeweiht war, die Nachricht erhalten, daß im Führerhauptquartier etwas geschehen sei. Da ihm diese Meldung jedoch sehr vage erschien, hielt er es für notwendig, noch eine weitere Mitteilung abzuwarten, die aber wegen der inzwischen wirksam gewordenen Sperre ausblieb. Erst nach 15.00 Uhr traf wieder eine Meldung ein, die ein Kommuniqué aus dem Hauptquartier avisierte. Diese Ankündigung mußte irritieren: Wenn der Anschlag erfolgreich war, dann konnte kein Kommuniqué mehr erscheinen. Hatte sich jedoch nichts ereignet, was bedeutete dann das Kommuniqué? Daher erhielt Thiele den Auftrag, Näheres in Erfahrung zu bringen. Zwischen 15.45 Uhr und 15.50 Uhr brachte er schließlich die entscheidende Mitteilung:

> »Ich habe mit dem Hauptquartier gesprochen und habe nichts Bestimmtes feststellen können, nur so viel, daß dort eine Explosion in dem Besprechungssaal erfolgte, wobei eine größere Anzahl von Offizieren schwer verwundet worden ist.«[14]

Diese Nachricht genügte General Olbricht; ein Zurück gab es jetzt nicht mehr. Gleichgültig, ob Hitler tot war oder nicht, man stand jetzt mit dem Rücken an der Wand, denn die Täterschaft Stauffenbergs konnte nicht verborgen bleiben.

Olbricht und Mertz holten aus dem Panzerschrank die »Walküre«-Unterlagen. Während Mertz begann, die ersten Befehle auszugeben und Olbricht zu Fromm gehen wollte, rief Haeften vom Flugplatz her an und teilte mit, Hitler sei tot.[15]

Gegen 16.00 Uhr wurde Oberst Hassel von Mertz in die Bendler-Straße bestellt. Hier befahl ihm General Olbricht, einen Offizier der Nachrichtentruppen für sein Vorzimmer abzustellen, Gespräche mit General Wagner und Feldmarschall von Kluge zu vermitteln und die 20 Offiziere, die er vorsorglich im Dienst behalten hatte, um sie auf die verschiedenen nachrichtentechnischen Objekte zu verteilen, zur Berliner Stadtkommandantur zu schicken.[16]

Danach ging Olbricht zu Fromm und meldete ihm, daß Hitler nicht mehr am Leben sei und deshalb »Walküre« ausgelöst werden müsse. Aber Fromm wollte sich Gewißheit verschaffen und ließ sich mit Keitel im Führerhauptquartier verbinden. Dieser erklärte ihm, daß zwar ein Attentat stattgefunden habe, Hitler aber nur unwesentlich verletzt sei. Daraufhin weigerte sich Fromm, die Befehle zu unterzeichnen.[17]

In einem zweiten Gespräch teilte Olbricht seinem Befehlshaber mit, daß die Aktion inzwischen auch ohne sein Zutun ausgelöst worden sei. Fromm tobte und verlangte nach dem Urheber dieser Eigenmächtigkeit. Als Olbricht ihm den Oberst Ritter Mertz von Quirnheim nannte, ließ Fromm sofort nach Mertz suchen und erklärte ihn für verhaftet. Olbricht verließ das Zimmer, um auf Stauffenberg zu warten, der auch kurz darauf eintraf. In seiner noch festen Überzeugung bestätigte er dem General, daß die Bombe ihren Zweck erfüllt habe.

»Ich habe alles das von außen gesehen; ich habe außerhalb der Baracke mit General Fellgiebel gestanden; da

> ist eine Explosion in der Baracke erfolgt, und da habe ich nur noch gesehen, wie eine große Anzahl Sanitäter herübergelaufen sind, Wagen hingebracht worden sind. Diese Explosion war so, als ob eine 15-cm-Granate hineingeschlagen hätte. Da kann kaum noch jemand am Leben sein.«[18]

Daraufhin drängte Olbricht sofort auf eine Unterrichtung Fromms. Stauffenberg meldete sich zurück, erklärte seinem Chef, was er gesehen habe, und teilte ihm freimütig mit, selber die Bombe gezündet zu haben. Hart erwiderte ihm Fromm: »Graf Stauffenberg, das Attentat ist mißglückt. Sie müssen sich sofort erschießen.« Dieser entgegnete jedoch: »Nein, das werde ich nicht tun.«[19] Nochmals versuchte General Olbricht, Fromm von der Notwendigkeit des Handelns zu überzeugen; es war vergeblich. Als es schließlich zu Handgreiflichkeiten zwischen den beiden Männern kam, griffen Stauffenberg und Mertz ein. Generaloberst Fromm wurde verhaftet und in seinem Zimmer festgesetzt, die Bewachung jedoch großzügig gehandhabt. Als er kurz darauf bat, daß der ihn bewachende Offizier aus dem Zimmer genommen werde, entsprach Generaloberst Hoepner, der den Posten von Fromm übernommen hatte, dieser Bitte und erlaubte ihm später sogar, seine Wohnung aufzusuchen, nachdem Fromm erklärt hatte, er werde weder etwas unternehmen noch telephonieren, ohne Hoepner vorher zu verständigen.[20]

Eine reichliche Stunde war unterdessen verstrichen. Aus dem Nachrichtenbunker wurden die Befehle an die Empfänger abgesetzt. Solange keine Gegenbefehle ergingen, waren die Verschworenen sicher, daß ihre Anordnungen befolgt würden, obwohl sie über keine ihnen ergebene Truppe verfügten, was unter den damaligen Umständen auch nicht möglich war.

Zu den Mobilisierungs-Befehlen des Planes »Walküre« traten nun auch die allein dem Staatsstreich dienenden Zusatzbefehle. Mit dem »Fernschreiben 1« übertrug zunächst der neue »Oberbefehlshaber der Wehrmacht«, Generalfeldmarschall von Witzleben, den Oberbefehlshabern auf den Kriegsschauplätzen beziehungsweise bestimmter Heeresgruppen die »vollziehende Gewalt« und ernannte – in gleicher Kompetenz – den bisherigen »Befehlshaber des Ersatzheeres« zum »Oberbefehlshaber im Heimatkriegsgebiet«. Ihnen wurden die in ihrem Befehlsbereich befindlichen Dienststellen und Einheiten der Wehrmacht, Waffen-SS, des Reichsarbeitsdienstes und der Organisation Todt ebenso unterstellt wie »alle öffentlichen Behörden«, »Amtsträger und Gliederungen der NSDAP und der ihr angeschlossenen Verbände« mit dem Auftrag, Ruhe, Ordnung und öffentliche Sicherheit zu gewährleisten. Da Generaloberst Fromm ausgeschaltet worden war, verlieh den von ihm gezeichneten Befehlen sein Chef des Stabes, »Graf Stauffenberg«, die entsprechende Rechtskraft. Erst die weiteren »Standrechtsverordnungen (Nr. 1–5)« trugen die Unterschrift des nunmehrigen »Oberbefehlshabers des Heimatkriegsgebietes«, des Generalobersten Hoepner.

Zusammengefaßt ordneten sie an: das Verbot aller Aufmärsche, Gruppenbildungen und Versammlungen, die Weiterführung der Verkehrs- und Wirtschaftsbetriebe unter Aufsicht der Wehrkreisbefehlshaber, die Suspendierung aller Amtsträger der Partei, die Beschlagnahme des gesamten Parteivermögens, der Vermögen der Reichsleiter, Gauleiter und aller Amtsträger der Partei bis hinunter zum Kreisleiter, die Verhängung des Standrechts über jene, die Parteimaterialien – Akten – zu vernichten, beseitigen oder verfälschen versuchten. Andere Standrechtsverordnungen richteten sich gegen Verbrechen unter

Macht- und Amtsmißbrauch gegenüber Wehrlosen oder aus Bereicherungssucht.[21]

Zwischen 16.00 und 17.00 Uhr erschien auch Generaloberst Beck, dem Olbricht meldete, daß die Auseinandersetzung mit Fromm abgeschlossen und Hoepner nunmehr zum »Oberbefehlshaber im Heimatkriegsgebiet« ernannt worden sei. Inzwischen hatte Stauffenberg die Gruppenleiter des Hauses zusammengerufen, vor denen Hoepner eine kurze Ansprache hielt.

> »Meine Herren, der Führer ist tot. Der Feldmarschall von Witzleben hat den Oberbefehl über die Wehrmacht übernommen und mich hierher gesetzt als Vertreter von Generaloberst Fromm, der die Geschäfte nicht führt: Ich bitte Sie, ebenso treu und zuverlässig wie bisher weiterzuarbeiten.«[22]

Auch Beck sprach.

> »Wir stehen an einer Schicksalswende. Die militärische Lage ist an allen Fronten so gut wie hoffnungslos, und jeder Tag, der weiter vergeht, bringt neue Niederlagen, neue Verluste und weitere Zerstörungen des Reiches. Dies ist durch militärische Maßnahmen nicht mehr abzuwenden [...] Es ist die Pflicht von Männern, die ihr Vaterland wirklich lieben, jetzt für dieses Ziel die letzte Kraft einzusetzen. Wenn uns das nicht gelingt, nun, dann haben wir wenigstens unsere Schuldigkeit getan.«[23]

Als ein Offizier Hoepner fragte, ob Hitler wirklich tot sei, erhielt er die Antwort: »Ich habe mehrfache Meldung darüber, daß er tot ist. Sie wird allerdings von anderer Seite bezweifelt.«[24] Diese ehrliche Antwort konnte in diesem

Augenblick nur Unsicherheit erzeugen. Als Beck sich einer ähnlichen Frage im internen Kreis der Verschwörer gegenübersah, stellte er sich auf den Standpunkt:

> »Für mich ist dieser Mann tot. Davon lasse ich mein weiteres Handeln bestimmen. Von dieser Linie dürfen wir nicht abweichen, sonst bringen wir unsere eigenen Reihen in Verwirrung. Ein unwiderleglicher Beweis, daß Hitler – und nicht sein Doppelgänger – lebt, kann vom Hauptquartier frühestens nach Stunden geführt werden. Bis dahin muß die Berliner Aktion abgeschlossen sein.«[25]

Kurz zuvor hatte sich bereits der Offizier bei Stauffenberg und Olbricht gemeldet, dessen Auftrag es war, mit einer Gruppe von Funkern und Angehörigen der Propaganda-Abteilung den Deutschlandsender sowie den Sender Nauen zu besetzen, um die Erklärungen der neuen Regierung zu verbreiten. Den Einsatzbefehl erhielt er jedoch nicht; es sei zu früh und die Lage noch zu ungeklärt, meinte General Olbricht.[26]

Inzwischen hatte das Führerhauptquartier erfahren, daß Stauffenberg doch wider Erwarten in Rangsdorf gelandet sei. Deshalb wurde dem SS-Obergruppenführer Piffrader in Berlin fernmündlich befohlen, in die Bendler-Straße zu fahren und den Obersten unauffällig festzunehmen. Als der Sicherheitsbeamte dort erschien, wurde er von Stauffenberg freundlich in sein Zimmer gebeten, entwaffnet und festgesetzt.[27]

Währenddessen hatte das Berliner Wachbataillon auf Grund der »Walküre«-Befehle sich in Marsch gesetzt und damit begonnen, das Regierungsviertel zu zernieren. Soweit schien alles erwartungsgemäß abzulaufen, da ereignete sich eine schwerwiegende Panne in der Nachrichtenzentrale der Bendler-Straße. Der »Leiter des Nachrichtendienstes« hatte mit den zahlreichen Fernschreiben seine eigenen Leitungen blockiert. Um die ihm gebotene Beschleunigung zu erreichen, benutzte er jetzt auch die Leitungen des OKW, die über die »Wolfsschanze« liefen. Auf diese Weise gerieten die Umsturzbefehle unmittelbar in das Führerhauptquartier. Damit erst kam man hier zu der Erkenntnis, daß das Attentat nicht allein das Unternehmen eines einzelnen Mannes, sondern der Auftakt zu einem von Berlin aus in Gang gesetzten Staatsstreich war.

Das OKW befahl dem Nachrichtenoffizier, sämtliche Fernschreiben sofort anzuhalten: Hitler sei nicht tot, es handle sich vielmehr um einen hochverräterischen Staatsstreich von Offizieren aus dem Bereich des »Befehlshabers des Ersatzheeres«. Daraufhin schickte der LdN (Leiter des Nachrichtendienstes) die Befehle zu Oberstleutnant i. G. Sadrozinski zurück, einem Abteilungsleiter im OKH, den Stauffenberg beauftragt hatte, sie an die Nachrichtenzentrale weiterzuleiten. Sadrozinski war nicht gesund; unter dem Druck der Ereignisse war bei ihm gerade an diesem Tage ein Herzsteckschuß wieder virulent geworden. Er lag auf dem Sofa, machte sich Herzumschläge und war nicht imstande, die Befehle zu expedieren. In dieser Situation erhielt er den Besuch seines Amtsvorgängers, Oberst Rudolf Langhaeuser, der – auf dem Wege nach München und in die Zusammenhänge nicht eingeweiht – rein zufällig das OKH aufgesucht hatte. Ihn bat Sadrozinski, die Fernschreiben in der Nachrichtenzentrale abzugeben. Dort erklärte der LdN Oberst Langhaeuser die Zusammenhänge und weigerte sich, die Befehle abzusenden. Mit den unerledigten Fernschreiben kehrte Langhaeuser zu Sadrozinski zurück, der nun in völlige Fassungslosigkeit geriet.[28]

Offenbar haben aber andere Offiziere die Ausgabe doch noch erzwungen, denn als gegen 17.50 Uhr Klausing das zweite Fernschreiben, dessen Dringlichkeitsvermerk er von »KR« auf »TRR« geändert hatte, in die Zentrale brachte, wurden dieser und ein großer Teil noch folgender Befehle abgesetzt, wenn auch der Nachrichtenoffizier, unentschieden, wem er nun folgen solle, nicht mehr die Eile walten ließ, die ihm aufgetragen wurde.[29] Er muß jedoch, ob von Klausing oder jemand anderem, so unter Druck gesetzt worden sein, daß er die Verbreitung der Befehle nicht völlig verhindern mochte.

Als etwa um 18.00 Uhr nochmals der Offizier erschien, der die Sender besetzen sollte, ließ die Antwort, die er erhielt, schon eine gewisse Skepsis der führenden Männer erkennen. Wie Olbricht äußerte, sollte keiner, der nicht eingeweiht war, neu in die Sache hineingezogen werden. Das galt auch für den Funk- und Propagandatrupp, dessen Einsatz bei den Sendern im gegebenen Zeitpunkt nach Meinung Olbrichts den sicheren Tod der Männer bedeuten würde, da anzunehmen war, daß die SS die Wichtigkeit der Sender ebenfalls erkannt habe. Auf die Frage des Offiziers, ob er denn mit seinen Funkern und Propagandisten dort allein sei, antwortete Olbricht recht vage: »Etwas Kampftruppe kommt schon.«[30]

Bald darauf, gegen 18.20 Uhr, rief General Fellgiebel aus dem Führerhauptquartier bei Oberst Hassel in der Bendler-Straße an, um seine Freunde zu warnen: Was denn bei ihnen los sei, ob sie denn alle verrückt seien? Der Führer sitze mit dem Duce im Teehaus; im übrigen komme bald eine Rundfunknachricht.[31]

Inzwischen erwies sich, daß die großzügige Behandlung und Bewachung Fromms sich zum Nachteil der Verschworenen auszuwirken begann. Der amtsenthobene »Befehlshaber des Ersatzheeres« dachte nicht daran, das

Hoepner gegebene Versprechen – nicht ohne dessen Kenntnis zu telephonieren oder etwas zu unternehmen – einzuhalten. Als Oberst Langhaeuser ihn gegen 18.20 Uhr auf dem Korridor traf und fragte, was gespielt werde, zog Fromm ihn sofort in das nächste Dienstzimmer, das leer war, und klärte ihn auf.

»Von ihm erfuhr ich, daß er von seiner Wohnung aus selbst mit Hitler und Keitel fernmündlich gesprochen habe, daß also die Behauptung, Hitler sei tot, unwahr sei, und daß sich der Verdacht des OKW, das Attentat begangen zu haben, gegen Stauffenberg richte. Fromm sagte mir weiter, daß es sich hier offensichtlich um einen Staatsstreich handle, der im übrigen schon mißlungen sei. Ich solle selbst zusehen, daß ich so schnell wie möglich hier wegkäme, ich würde sonst Kopf und Kragen verlieren.«[32]

Um 18.45 Uhr wurde die erste Sondermeldung über den großdeutschen Rundfunk verbreitet:

»Auf den Führer wurde heute ein Sprengstoffanschlag verübt. Aus seiner Umgebung wurden hierbei schwer verletzt: Generalleutnant Schmundt, Oberst Brandt, Mitarbeiter Berger. Leichtere Verletzungen trugen davon: Generaloberst Jodl, die Generäle Korten, Buhle, Bodenschatz, Heusinger, Scherff, die Admirale Voß, von Puttkammer, Kapitän zur See Aßmann und Oberstleutnant Borgmann. Der Führer selbst hat außer leichten Verbrennungen und Prellungen keine Verletzungen erlitten. Er hat unverzüglich darauf seine Arbeit wieder aufgenommen und – wie vorgesehen – den Duce zu einer längeren Aussprache empfangen. Kurze Zeit nach dem Anschlag traf der Reichsmarschall beim Führer ein.«[33]

Jetzt rissen die Anrufe der Wehrkreiskommandos nicht ab. Sie verlangten vom Befehlshaber des Ersatzheeres die Rechtmäßigkeit der Befehle bestätigt zu erhalten. Als General Schaal um 19.00 Uhr von Prag aus anrief, wurde er mit Stauffenberg verbunden. Dieser erklärte ihm, »der Führer sei tot, die Nachrichten im Rundfunk seien falsch. Es komme darauf an, nun mit allen Mitteln die vollziehende Gewalt in der Hand zu behalten und Ruhe und Ordnung zu gewährleisten. Die befohlenen Maßnahmen gegen den SD seien beschleunigt durchzuführen.«[34]

Aus Wien wurde Generaloberst Fromm verlangt. Wieder meldete sich Stauffenberg, der auf die Durchführung der einmal gegebenen Befehle drängte und ihre Rechtmäßigkeit unterstrich.

Kassel gegenüber erklärte er, alle Behauptungen Keitels seien Lügen. Aber in den meisten Wehrkreisen löste das »Walküre«-Stichwort keine Aktionen aus, weil die Gegenbefehle aus der »Wolfsschanze« entweder schon vorlagen, als die Berliner Fernschreiben ankamen, oder unmittelbar danach eintrafen.[35]

Währenddessen hatte das Wachbataillon das Regierungsviertel vollständig abgesperrt. Sein Kommandeur, Major Remer, ließ sich jedoch von einem zu seiner Einheit gehörenden Offizier, Leutnant d. R. Hagen, sonst Referent im Propagandaministerium, dazu bewegen, den Reichsminister für Propaganda, Dr. Goebbels, aufzusuchen, um sich über die Lage Aufklärung zu holen. Der Minister ließ eine Verbindung zum Führerhauptquartier herstellen; Hitler selber kam an den Apparat, um mit Remer zu sprechen. Er übertrug ihm die »vollziehende Gewalt« in Berlin – eine ungeheure Machtfülle für einen Bataillonskommandeur; er war damit »Vorgesetzter auf Zeit« selbst für Generäle – und gab ihm den Befehl, den Staatsstreich in Berlin niederzuwerfen. Remer gehorchte: Er ließ die Zernierung des Regierungsviertels aufheben, zog die Wache, die das Bataillon für den Bendler-Block stellte, zurück und ließ Streifen den heranrückenden Einheiten entgegenfahren, um die Offiziere über die Lage zu informieren und sie zum Halten aufzufordern.[36]

Der bisherigen Aktion der Verschworenen trat nun zunehmend die Reaktion entgegen. Zwar wurden noch um 19.15 Uhr weitere Fernschreiben der Nachrichtenzentrale in der Bendlerstraße übergeben, aber der LdN war inzwischen zu einer spürbaren Verzögerungstaktik übergegangen und hatte seinem Vorgesetzten Meldung gemacht. Als vom AHA immer ungeduldiger nachgefragt wurde, weshalb die Fernschreiben bei ihren Empfängern teilweise noch nicht eingetroffen seien, redete sich der Offizier mit betriebstechnischen Schwierigkeiten heraus. Trotzdem wurden bis gegen 21.00 Uhr weitere Befehle in die Zentrale geschickt. Zu dieser Zeit, um 20.35 Uhr, war jedoch der Gegenbefehl des Führerhauptquartiers auch schon in der Bendlerstraße eingetroffen, an General Olbricht gerichtet mit dem Hinweis: »Sofort vorlegen.«

> »Der Führer hat mit sofortiger Wirkung den Reichsführer-SS Himmler zum Befehlshaber des Ersatzheeres ernannt und ihm alle entsprechenden Vollmachten gegenüber den Angehörigen des Ersatzheeres übertragen. Es sind Befehle nur vom Reichsführer-SS und von mir entgegenzunehmen. Etwaige Befehle von Fromm, von Witzleben oder Hoepner sind ungültig.«[37]

Keitel, der das Fernschreiben unterzeichnet hatte, wußte noch nicht, daß General Olbricht selbst maßgeblich an den Vorgängen beteiligt war. Dieser entschied, daß das Fernschreiben nicht weitergegeben werden dürfe. Aber die Nachrichtenzentrale gehorchte nicht mehr und leitete ab

21.15 Uhr auf sämtlichen Leitungen – bei gleichzeitiger Sperrung und Ungültigkeitserklärung der voraufgegangenen Befehle – Keitels Fernschreiben an die 20 Empfänger des ersten von den Verschworenen erlassenen Fernschreibens weiter.[38]

Die Tragik dieses Tages kommt darin besonders zum Ausdruck, daß diejenigen Männer, die den Gegenbefehl der Nachrichtenzentrale des Bendler-Blocks zur Übermittlung weitergaben, selbst zu den Verschworenen zählten. Es war Generalmajor Stieff, der jetzt der Vermittlung befahl, Fernschreiben mit der Unterschrift von Witzleben und Fromm nicht mehr abzusenden. In den Gesprächen zwischen Oberst Hahn (Führerhauptquartier) und General Thiele (Bendlerstraße) – der mit seiner Nachricht, in »Wolfsschanze« sei eine Explosion erfolgt, die ganze Aktion »Walküre« ausgelöst hatte – ging es jetzt nur noch darum, zu verhindern, daß die Befehle der Verschwörer weiterhin an das Feldheer gelangten.[39]

Ebenso wie man hier danach trachtete, die Spur eigener Mitwirkung zu verwischen, sprangen nach der Radio-Sondermeldung auch der Polizeipräsident in Berlin, Graf Helldorf, und der Präsident des Kriminalamtes, Arthur Nebe, ab.[40]

Es war schließlich nur noch eine kleine Gruppe von Männern, die in der Bendlerstraße saß und sich keinen Ausweg zu verschaffen suchte: die Generäle Beck, Hoepner, Olbricht, die Obersten Graf Stauffenberg und Mertz von Quirnheim, Oberleutnant von Haeften und einige ihrer engen Freunde. Selbst Feldmarschall von Witzleben, der zum »Oberbefehlshaber der Wehrmacht« ernannt worden war, verließ nach kurzer Anwesenheit und einer lautstarken Auseinandersetzung mit Beck wieder das OKH, zu einer Zeit (20.00 Uhr), als Oberst Mertz noch Paris bestärkte: »Panzer rollen, macht weiter wie bisher!«[41]

In den späten Abendstunden schien sich noch einmal eine positive Wendung abzuzeichnen. Gegen 21.00 Uhr kam der in den Umsturz eingeweihte Oberst Müller, Abteilungsleiter in der Infanterie-Schule Döberitz, zu seiner Einheit zurück; er hatte verhängnisvollerweise an diesem Tage eine Dienstreise unternehmen müssen. Während des ganzen Nachmittags hatten die Männer in der Bendlerstraße vergebens darauf gewartet, daß das Lehrbataillon den Vollzug der ihm übertragenen Aufgaben meldete: die Besetzung der Sender Nauen und Tegel sowie des Konzentrationslagers Oranienburg. Aber da an diesem Tage nicht nur Oberst Müller, sondern auch der Kommandeur abwesend war und die Offiziere der Schule sich über den Einsatz nicht klar werden konnten, zumal inzwischen die Radio-Sondermeldung ausgestrahlt worden war, blieben die alarmbereiten Truppen bei ihren Unterkünften stehen. Oberst Müller zog nach seiner Ankunft sofort das Kommando an sich und fuhr in die Bendlerstraße, um sich besondere Befehlsbefugnisse, vor allem zum Einsatz gegen die SS, geben zu lassen. Er erhielt sie, von Olbricht unterschrieben, durch Mertz von Quirnheim. Als er jedoch 22.45 Uhr in Döberitz ankam, erfuhr er den Zusammenbruch des Befreiungsversuches; man verweigerte ihm jetzt den Gehorsam.[42]

Trotz der bisher erlittenen Fehlschläge versuchten die Verschworenen bis zuletzt, irgendwelche Truppen zu ihrer Unterstützung zu mobilisieren. In dieser immer auswegloser werdenden Schlußphase bemühten sich vor allem Stauffenberg und Mertz von Quirnheim, die Aktion mit dem Argument, Hitler sei tot, die Rundfunkmeldung solle nur das Volk verwirren, doch noch zu retten.[43]

Stauffenberg übernahm alle Telephonanrufe, die ankamen:

»Hier Stauffenberg … ja, alle Befehle vom Oberbefehlshaber des Heimatheeres … Ja, natürlich … das ist so … alle Befehle sind unverzüglich auszuführen. Sie müssen alle Rundfunkstationen und Nachrichtenbüros besetzen … Jeder Widerstand muß gebrochen werden … Es ist sehr wahrscheinlich, daß Gegenbefehle vom Führerhauptquartier gegeben werden … Sie sind nicht glaubwürdig … nein … Die Wehrmacht hat die Vollzugsgewalt übernommen, keiner außer dem Befehlshaber des Heimatheeres ist berechtigt, Befehle zu geben … verstehen Sie … ja, das Reich ist in Gefahr, und wie immer übernimmt in der Stunde der Gefahr der Soldat das Kommando … Ja, Witzleben ist zum Oberbefehlshaber ernannt worden … Es ist nur eine Formalität, Sie sollen alle Nachrichtenbüros besetzen … Haben Sie verstanden? Heil!«[44]

Als General Olbricht um 22.00 Uhr alle Offiziere, die sich im Hause befanden, zu sich befahl, ihnen erklärte, daß die Lage ernst sei und sie selbst die Sicherung des Gebäudes übernehmen müßten[45], war der Mißerfolg des Umsturzes bereits entschieden. Die Offiziere ließen sich zwar noch zu Wachen einteilen, aber einer der Generalstabsoffiziere, die im Zimmer Olbrichts geblieben waren, fragte den General, was hier eigentlich gespielt werde und gegen wen sich die Waffen richteten. Olbricht erwiderte:

»Meine Herren, wir haben schon lange Zeit die Entwicklung der Lage mit großer Sorge betrachtet; es hat sich zweifellos eine Katastrophe angebahnt. Es mußten Maßnahmen ergriffen werden, um dieser Sache vorzugreifen. Diese Maßnahmen sind jetzt zur Auslösung gekommen. Ich bitte Sie, mich zu unterstützen.«[46]

Die Meinungen waren geteilt. Während einzelne Offiziere zu ihrem Chef standen, gingen andere – die Waffenbearbeiter des AHA, Oberst Herber, Major Pließbach sowie die Oberstleutnante von der Heyde und Pridun – in eines der nächstgelegenen Zimmer und bewaffneten sich dort. Dann drangen sie zu den Zimmern der Verschworenen vor, verlangten General Olbricht eine Erklärung ab und wollten Generaloberst Fromm sprechen. Olbricht brachte sie jedoch zu Generaloberst Hoepner. Ihn wollte Stauffenberg, der sich bis dahin im Zimmer Olbrichts befunden hatte, warnen oder informieren. Als er den Gang entlanglief, wurde hinter ihm hergeschossen; eine Kugel traf ihn in den Arm.

Hoepner beschrieb bei seiner Vernehmung vor dem »Volksgerichtshof« diesen Augenblick:

> »Es wurde plötzlich geschossen. Ich hörte, wie Stauffenberg in das Nebenzimmer kam und zu Haeften sagte: ›Gehen Sie hinaus und machen Sie Ordnung.‹ Kurz darauf erschienen mehrere Offiziere mit Maschinenpistolen, und ein Oberstleutnant kam auf mich zu und sagte: ›Herr Generaloberst, wir möchten wissen, was hier gespielt [wird]. Kann ich Generaloberst Fromm sprechen?‹ Darauf habe ich gesagt: ›Selbstverständlich, bitte sehr.‹ Dann habe ich den Oberstleutnant in seine [Fromms] Wohnung geschickt, und er erschien nach ganz kurzer Zeit wieder mit Fromm sowie einer größeren Anzahl von Offizieren und Waffen. Sie erschienen in dem Zimmer bei mir, und Fromm sagte: ›So, meine Herren, jetzt mache ich es mit Ihnen so, wie Sie es heute mittag mit mir gemacht haben.‹«[47]

Es wäre möglich gewesen, den Männern des Befreiungsversuches noch rechtzeitig Fluchtmöglichkeiten zu eröffnen, und zwar hatte sich Olbrichts Schwiegersohn, Major Georgi, mit der Luftwaffenzieldivision verständigt, die bereit war, die Verschworenen in das Ausland zu fliegen. Aber General Olbricht lehnte mit der Begründung ab: »Wir kämpfen mit dem Rücken an der Wand!«[48]

Als Fromm die Männer aufforderte, ihre Waffen abzulegen, riß Oberleutnant von Haeften seine Pistole hoch, um auf ihn zu schießen. Aber Stauffenberg bedeutete ihm mit einer Handbewegung, auf jeden Widerstand zu verzichten.

Beck bat Fromm, seine Pistole behalten zu dürfen: »Ich werde aus dieser unglücklichen Situation die Konsequenz selbst ziehen.« Olbricht erhielt die Erlaubnis, noch einen Brief zu schreiben.

Fromm verließ den Raum, kehrte aber bald darauf zurück – begleitet von Offizieren des Wachbataillons, das den Block inzwischen umstellt hatte – und eröffnete, er habe ein Standgericht einberufen, das vier Offiziere zum Tode verurteilt habe:

> »Den Oberst im Generalstab Mertz; General der Infanterie Olbricht; diesen Oberst, dessen Namen ich nicht mehr kenne, und diesen Oberleutnant [Haeften].«

Die vier Männer wurden in den Hof geführt; Haeften stützte den verwundeten Stauffenberg. Man stellte sie vor die Mitte der südlichen Hofwand. Aufgefahrene Lastwagen lieferten das Licht für die Exekution. Einer nach dem anderen trat an den ihm bestimmten Platz. Stauffenberg starb mit einem Ruf auf Deutschland.[49]

Damit endete das Leben des Chefs des Stabes beim Befehlshaber des Ersatzheeres und Obersten im Generalstab, Claus Schenk Graf von Stauffenberg. Er stand im 37. Lebensjahr.

Seine Verfolger glaubten, diesen Namen aus jeglicher Erinnerung tilgen zu können, aber sie haben sich geirrt. Der Name Stauffenberg hat seinen Platz in der deutschen Geschichte als der eines Mannes, der als Soldat und Generalstabsoffizier seine Pflichten nicht nur in dem begrenzten militärischen Rahmen sah, sondern »sich der höchsten Verantwortung vor dem gesamten Volk bewußt« war[50] und nach jenem Satz handelte, den Helmuth von Moltke als Prinzip der Truppenführung formulierte und der in jeder Heeresdienstvorschrift stand: »daß Unterlassen und Versäumnis [...] schwerer belasten als Fehlgreifen in der Wahl der Mittel.«[51]

Stauffenberg handelte aus einer dreifachen Verpflichtung: der Verantwortung, die ihm sein Beruf auferlegte, der Liebe, die er zu seinem deutschen Vaterland empfand, und aus dem Gewissen, das in seiner christlichen Überzeugung wurzelte. Über seinem Tod steht ein Satz, den er selber einmal für einen gefallenen Freund geschrieben hat[52]:

»Ich glaube, daß der Himmel denen gnädig ist, die in der Erfüllung ihrer Aufgabe alles opfern.«

Zeittafel

1907	*15. November:* Claus Philipp Maria Schenk Graf von Stauffenberg in Jettingen im bayerischen Schwaben geboren.
1913	Besuch einer privaten Elementarschule in Stuttgart.
1914–1918	Erster Weltkrieg.
1916	Stauffenberg tritt in die Vorklasse des Eberhard-Ludwigs-Gymnasiums in Stuttgart ein.
1922	Begegnung mit dem Dichter Stefan George.
1926	Stauffenberg tritt nach dem Abitur in die Reichswehr ein.
1927	*18. August:* Gefreiter und Fahnenjunker. *15. Oktober:* Unteroffizier.
1928	*1. August:* Fähnrich.
1930	*1. Januar:* Beförderung zum Leutnant.
1933	*30. Januar:* Machtergreifung Hitlers. *1. Mai:* Beförderung zum Oberleutnant.

	26. September: Eheschließung mit Gräfin Nina, geb. Freiin von Lerchenfeld.
1936	*6. Oktober:* Beginn des Studiums an der Berliner Kriegsakademie,
1937	*1. Januar:* Beförderung zum Rittmeister.
1938	*18. Juni:* Rücktritt Becks aus Opposition gegen Hitlers Aggressionspolitik. *September:* Vorbereitung einer Aktion führender Militärs gegen Hitler; Ausführung scheitert an Hitlers Erfolg auf der Münchener Konferenz (Halder-Witzleben-Oster-Aktion).
1939	*1. September*: Beginn des Polenfeldzugs, an dem Stauffenberg zum Einsatz kommt. *1. November:* Versetzung Stauffenbergs in den Generalstab des Heeres. *3. September:* Plan des Generalobersten von Hammerstein, Hitler bei einem Frontbesuch festzunehmen, schlägt fehl. *8. November:* Attentat Georg Elsners auf Hitler im Münchner Bürgerbräukeller. *Mitte November:* Geplantes Attentat auf Hitler zur Verhinderung der Westoffensive (Halder-Oster-Kordt) wegen Bedenken einiger Militärs nicht ausgeführt.
1940	*Januar/Februar:* Verfassungsprogramm Goerdelers und von Hassells für den Fall eines Umsturzes. *Mai:* Beginn des Frankreichfeldzugs. Stauffenberg beginnt seine Arbeit in der Or-

ganisationsabteilung des Generalstabs des Heeres.

1941 *5. Mai:* Friedensplan Goerdelers, für die britische Regierung bestimmt.
Juni: Rußlandfeldzug.
Ende November: Versuch der Widerstandsgruppe Beck-Goerdeler, Verbindung mit der amerikanischen Regierung herzustellen.
Ende Dezember: Plan Witzlebens, mit Beck und Goerdeler an der Westfront einen Umsturz durchzuführen.

1942 *Pfingsten:* Zusammenkunft des »Kreisauer Kreises«.
Juli: Versuch Goerdelers, in Smolensk Generalfeldmarschall von Kluge für die Opposition zu gewinnen.
Oktober: Zusammenkunft des »Kreisauer Kreises«.
Stauffenberg stellt sowjetische Freiwilligenverbände auf.
Die Bereitschaft zum Umsturz steigt.

1943 *18. Februar:* Letzte Flugblattaktion der Münchner Studentengruppe »Weiße Rose«; Verhaftung der Geschwister Scholl.
22. Februar: Hinrichtung der Geschwister Scholl.
13. März: Fehlgeschlagener Attentatsversuch (Schlabrendorff-Tresckow) auf Hitler.
26. März: Geheime Denkschrift Goerdelers für die Generalität über die Notwendigkeit eines Staatsstreichs.

Pfingsten: Zusammenkunft des »Kreisauer Kreises«.
7. April: Bei seinem Fronteinsatz in Nordafrika wird Stauffenberg schwer verwundet; Genesungsurlaub in Lautlingen.
Sommer: Ausarbeitung des Plans »Walküre« durch Offiziere der Wehrmacht zur gewaltsamen Absetzung Hitlers.
9. August: Letzter Reformentwurf des »Kreisauer Kreises«.
Oktober: Stauffenberg wird Stabschef beim Allgemeinen Heeresamt.
Ende November: Aufbauend auf Vorarbeiten von Tresckows Abschluß der technischen Vorbereitungen für den Umsturz durch Stauffenberg.

1944 *Januar/Februar:* Verhaftung Moltkes und Yorcks.
Zerschlagung des »Kreisauer Kreises«.
11. Februar: Geplantes Attentat auf Hitler nicht ausgeführt.
9. März: Plan, Hitler bei einer Lagebesprechung zu erschießen.
15. Mai: Plan Rommels und Stülpnagels, Hitler festnehmen und durch ein deutsches Gericht aburteilen zu lassen.
Mai/Juni: Stauffenberg sucht Verhandlungen mit England.
4. Juni: Verhaftung des Sozialdemokraten Julius Leber.
1. Juli: Als Stabschef beim Befehlshaber des Ersatzheeres hat Oberst Stauffenberg jetzt unmittelbar Zugang zu Hitlers Hauptquartier.

11. Juli: Attentatsversuch Stauffenbergs auf dem Obersalzberg und vier Tage später in der »Wolfsschanze«.
20. Juli: Attentat Stauffenbergs auf Hitler.
Staatsstreichversuche in Berlin und Paris.
Claus Graf Schenk von Stauffenberg wird standrechtlich erschossen.
1. August: Hitler verfügt Sippenhaft für Familienangehörige der führenden Widerstandskämpfer.
7. August bis 5. Oktober: Die Prozesse vor dem Volksgerichtshof gegen die Attentäter des 20. Juli.
10. August: Berthold Graf Schenk von Stauffenberg hingerichtet.

1945 *Januar/Februar:* Weitere VGH-Prozesse gegen Widerstandskämpfer.
9. April: Standgericht im KZ Flossenbrügg.
22./23. April: Exekution durch SS im Gefängnis Berlin, Lehrter Straße.

Anmerkungen

Einleitung

1 20. Juli 1944 Hrsg. von der Bundeszentrale für Heimatdienst. Bonn: Berto [3]1960 (Hitler S. 178, Bormann S. 183, von Ribbentrop S. 188, Göring S. 179 f.).
Die Rede Himmlers in Posen am 3. 8. 44: Vierteljahrshefte für Zeitgeschichte (VZG) 1953, S. 382.

2 »Chef der Operationsabteilung« siehe S. 208 unten.
»Außergewöhnliche Redegabe«: Spiegelbild einer Verschwörung. Die Kaltenbrunner-Berichte an Bormann und Hitler über das Attentat vom 20. Juli 1944. Stuttgart: Seewald 1961, S. 305. (Im folgenden werden diese Berichte mit dem Kürzel KB bezeichnet.)

3 Schon Jahre zuvor hatten Himmler und Goebbels erörtert, daß man nach dem Krieg eine Massenexekution des Adels im Berliner Lustgarten durchführen müsse. Äußerungen Himmlers gegenüber seinem Masseur Felix Kersten: »Die Fürsten sind nicht besser als die Juden.« Achim Besgen: Der stille Befehl. Medizinalrat Kersten, Himmler und das 3. Reich. München: Nymphenburger Verlagsanstalt 1960, S. 110.

4 Dieser Brief befand sich bei den mit dem Attentat zusammenhängenden Akten (im wesentlichen die »Kaltenbrunner-Berichte«), die von den Amerikanern erbeutet wurden. Diese Akten wurden im Nationalarchiv in Alexandria/USA auf Mikrofilm aufgenommen (T-84, Rolle 21).

5 Kaltenbrunner-Berichte (abgekürzt KB) S. 477 f.

I. 1907–1940

1. *Herkunft und Jugendjahre*

1 Gerhard Grimm: Das Dritte Reich in Quellen und Darstellungen II. In: Politische Studien 16 (J) 1965. H. 161, behauptet, Berthold sei zwei Jahre jünger als Claus; die bisherigen Datenangaben

stimmten nicht. Das entspricht nicht den Tatsachen. Zur Adelsbezeichnung siehe S. 244.

2 Nina Gräfin Stauffenberg (6). Genealogisches Handbuch des Adels.

3 Nach einer mündlich weitergegebenen Überlieferung in der Familie Stauffenberg soll der Urgroßvater sich die Verärgerung des Königs zugezogen haben, weil er 1871 bei den Debatten der bayerischen Kammern über den Beitritt zum deutschen Reich die Zustimmung der beiden Häuser durch eine List herbeiführte: Während er der Ständekammer mitteilte, das Herrenhaus werde für die Reichseinigung stimmen, erklärte er vor dem Herrenhaus, die Ständekammer optiere für das Reich. (Nina Gräfin von Stauffenberg (8)).

4 Herzog Philipp von Württemberg ist der Sohn des Herzogs Albrecht, auf den der Thronanspruch überging, weil der König keine direkten männlichen Erben hatte.

5 Bei den Verhörsakten nach dem 20. Juli 1944 (siehe Anm. 4 zu Kap. 1) fand sich auch eine Aussage der Fürstin Wied, der Tochter des letzten württembergischen Königs. Sie beschuldigt Graf Alfred von Stauffenberg, nach dem Tode ihres Vaters zu ihren Ungunsten Testamentsmanipulationen vorgenommen zu haben. Diese Aussage wurde Herzog Philipp von Württemberg vorgelegt, der die Behauptungen in einer ausführlichen Darstellung widerlegte. Aus dieser Stellungnahme stammt der im Klartext zitierte Abschnitt. Zu den gegen Graf von Stauffenberg erhobenen Beschuldigungen schreibt Herzog Philipp: »[...] Daß die Fürstin Wied den Grafen Alfred von Stauffenberg nicht mochte und ihm gegenüber nicht sachlich und unparteiisch war, weiß ich. Aber ich möchte bei ihrem Verstand bezweifeln, ob sie die im Bericht erwähnten Anschuldigungen gemacht hat, denn sie weiß so gut wie ich, daß dies nicht wahr und zeitlich überhaupt gar nicht möglich war. Ich denke eher, daß Rauschnabel [der Verhörsbeamte] in echt nationalsozialistischer Manier die Aussagen zusammenfrisiert hat, um Material zum Schaden der Familie Stauffenberg zu bekommen.«

6 Theod. Pfizer: Die Brüder Stauffenberg. In: Freundesgabe für Rob. Boehringer, Tübingen: Mohr 1957, S. 491.

7 Nina Gräfin Stauffenberg (8).

8 Friedrich Wilhelm Frhr. von Loeper (3); Dietz Frhr. von Thüngen.

9 Th. Pfizer, a.a.O., S. 491 f.

10 Nina Gräfin Stauffenberg (1).

11 Zur Geschichte der Schule: Festschrift zur Neubaueinweihung des Eberhard-Ludwigs-Gymnasiums. Stuttgart: Klett 1957.

12 Nina Gräfin Stauffenberg (5).
13 Bernd von Pezold.
14 Wilhelm Bürklin (2). – Die Einstellung, die Stauffenberg hier zum Ausdruck bringt, herrschte im süddeutschen Adel allgemein. Karl Demeter: Das deutsche Offizierkorps in Gesellschaft und Staat 1650–1945. Frankfurt a. M.: Bernard & Graefe [2]1962, S. 61 f.
15 Th. Pfizer, a.a.O., S. 496
16 Die »Neupfadfinder« schlossen sich später mit anderen Gruppen zur »Deutschen Freischar« zusammen, die den ersten freiwilligen Arbeitsdienst für Jungen und Mädchen organisierte. Aus der »Deutschen Freischar« entwickelte sich der »Kreisauer Kreis« des Grafen Moltke, der zu den wichtigsten Gruppen der späteren Opposition gegen Hitler gehörte.
17 Th. Pfizer, a.a.O., S. 498.
18 Nina Gräfin Stauffenberg (8).
19 Th. Pfizer, a.a.O., S. 498.
20 Th. Pfizer, a.a.O., S. 499.
21 Nina Gräfin Stauffenberg (8).
22 Nina Gräfin Stauffenberg (3).
Die Gestapo-Berichte widmen der Religiosität Stauffenbergs besondere Aufmerksamkeit, einmal im Rahmen der Motivsuche, dann aber auch zur Diffamierung. Von Berthold von Stauffenberg zitiert der Bericht folgende Sätze (KB S. 435): »*Wir sind zwar nicht das, was man im eigentlichen Sinne gläubige Katholiken nennt. Wir gingen nur selten zur Kirche und nicht zur Beichte.* Mein Bruder und ich sind der Meinung, daß aus dem Christentum heraus kaum noch etwas Schöpferisches kommen könne.«
Der letzte Satz enthält ganz offensichtlich Gedankengut des Dichters Stefan George (s. S. 30). Aber den Verhörsbeamten scheint der Kern des dritten Satzes weniger wichtig als die Mitteilung, die Stauffenbergs seien nur selten zur Kirche gegangen, denn nur die beiden ersten Sätze schreiben sie mit einer Unterstreichung. Im weiteren teilen sie aus dem Verhör Bertholds von Stauffenberg mit, die Kirche in Lautlingen sei für die Stauffenbergs nur ein Ort der Familienrepräsentation gewesen. Man spürt die Absicht hinter diesem Bericht: Die Haltung der Stauffenbergs zur Kirche als Heuchelei zu entlarven und damit ihre moralische Minderwertigkeit zu beweisen. An einer unvoreingenommenen Prüfung liegt den Verhörsbeamten nichts. Außerdem wird uns aus dem Verhör von Berthold von Stauffenberg nur ein ganz kurzer Ausschnitt vorgelegt; von dem, was er im ganzen zum Thema Religiosität gesagt hat, erfahren wir nichts.

23 Franz Halder (2); Dietz Frhr. von Thüngen, unveröffentlichte Niederschrift 1946; Ulrich de Maizière.
24 Nina Gräfin Stauffenberg (3).

2. *Die Begegnung mit Stefan George*

1 Nina Gräfin Stauffenberg (6).
2 Edgar Salin: Um Stefan George. Düsseldorf: Küpper 1954, S. 62.
3 Margarethe Gräfin Hardenberg.
4 Peter Sauerbruch.
5 E. Salin, a.a.O., S. 324, FN.
6 Prof. Dr. Alexander Schenk Graf von Stauffenberg, Vortrag zur George-Feier des Eberhard-Ludwigs-Gymnasiums, 12. 2. 1959. – Alexander von Stauffenberg sagte an anderer Stelle seines Vortrags: »Ich glaube also: Sie sehen mit mir das Wort Georges, daß sich in der Dichtung eines Volkes seine geheimsten Schicksale enthüllen, in einem neuen Lichte: daß nämlich hohe Dichtung geradezu zum Schicksal eines Volkes, der Deutschen werden kann, wo sie den Träger oder Vollstrecker eines Verhängnisses bewirkt, wo sie den Täter zur Tat oder, im Falle des Scheiterns, zum Opfer befeuert hat.«
7 Albert Soergel/Curt Hohoff: Dichtung und Dichter der Zeit. Bd. 1. Düsseldorf: Bagel 1961, S. 414.
8 Soergel/Hohoff, a.a.O., S. 414 ff.; Robert Boehringer: Mein Bild von Stefan George: 1951, S. 173 f.
9 a.a.O. zu FN. 6.
10 E. Salin, a.a.O., S. 95.
11 Dominik Jost: Stefan George und seine Elite. Zürich: Speer 1949, S. 72 f. – Als Scheinwerte dieser hohlen Nützlichkeitsethik bezeichnete George: Verkehr, technischen Fortschritt, Massenwohl, Frauenfrage, fachliche Schulung, allgemeine Bildung, ewigen Frieden, religiöse Sehnsucht. (Jahrbuch für die geistige Bewegung, 1910; Wolters, S. 385 f.)
12 R. Boehringer, a.a.O., S. 149.
13 E. Salin, a.a.O., S. 216.
14 R. Boehringer, a.a.O., S. 150.
15 Das Hakenkreuz hatte Alfred Schuler, Georges »Mitbruder« aus der Münchener Runde, in dem Buch von Johann Bachofen: Das Mutterrecht (1861) entdeckt, in dem das Matriarchat als Anfang aller Kultur beschrieben wurde. Schuler sah in diesem Buch eine neue Offenbarung, die eine rauschhafte Erhöhung des Lebens verhieß, der gegenüber Judentum, Christentum und die huma-

nen Perioden der Antike als Zeitalter des Verfalls erschienen. Lange nachdem sich George von Schuler getrennt hatte, im Jahre 1922, hielt dieser einen Vortrag im Salon der Münchener Industriellengattin Elsa Bruckmann, wo er seine abstrusen Ideen kolportieren durfte: In diesem Kreis saß auch Adolf Hitler. Vgl. Soergel/Hohoff, a.a.O., S. 384 ff.

16 E. Salin, a.a.O., S. 271 und 248.

17 R. Boehringer, a.a.O., S. 149.

18 D. Jost, a.a.O., S. 48 f.

19 Aus dem Gedichtzyklus »Der Teppich der Seele«.

20 D. Jost, a.a.O., S. 71 und 44.

21 Ludwig Thormaelen: Die Grafen Stauffenberg, Freunde von Stefan George. In: Freundesgabe für Robert Boehringer. Tübingen: Mohr 1957, S. 693. Dieser Artikel Thormaelens hat auch Aufnahme gefunden in seinem Buch: Erinnerungen an Stefan George. Hamburg 1962. Wir zitieren jedoch, wenn nicht anders angegeben, nach dem Artikel in der Festschrift für Boehringer.

22 Blätter für die Kunst, 1910, S. 2.

23 E. Salin, a.a.O., S. 31 und 54.

24 L. Thormaelen, a.a.O., S. 693.

25 Ibid.

26 Ibid.

27 Th. Pfizer, a.a.O., S. 492.

28 A. Schenk Graf von Stauffenberg, a.a.O.; L. Thormaelen, Erinnerungen an Stefan George, S. 241.

3. *Die erste militärische Ausbildung*

1 Das Zeugnis liegt in einer Abschrift vor, die durch das Eberhard-Ludwigs-Gymnasium angefertigt wurde.

2 Th. Pfizer (a.a.O., S. 490) schreibt, Stauffenbergs Berufsentscheidung beruhe auf einem fast plötzlichen Entschluß nach der Reifeprüfung. Da das Zeugnis aber das Berufsziel »Offizier« ausweist, muß der Entschluß bereits vorher gefallen sein.

3 Dieses Urteil beruht auf Mitteilungen von Frau Gräfin von Stauffenberg (8).

4 Das Reiterregiment 17 war zwar eine Neuaufstellung der Reichswehr, bildete aber eine Zusammenfassung aus sämtlichen Kavallerie-Regimentern Bayerns und trug deshalb deren Tradition.

5 Nach einem Jahr wurde die Ausbildung auf den speziellen Waffenschulen fortgesetzt: Infanteristen blieben in Dresden, Artilleristen kamen nach Jüterbog, Kavalleristen nach Hannover.

6 Friedrich Wilhelm Frhr. von Loeper (3).
7 Bernd von Pezold.
8 Er begegnete dort dem Hauptmann i. G. Burkhart Müller-Hillebrand, seinem späteren Chef im Generalstab und heutigen Generalleutnant in der Bundeswehr, der folgendes Urteil ablegt: »Aus jener Zeit nahm ich den Eindruck eines Kameraden mit, der mir ›lag‹ und der aus dem Kreis der Offiziere durch Persönlichkeit, Intelligenz und Bildung hervorragte. Dazu kam ein fröhliches Wesen, das aber nie in ausgelassene Oberflächlichkeit ausartete, wie es damals unter jungen Offizieren nicht selten war.« (1)
9 Dieser Ehe entstammen fünf Kinder:
1. Berthold, geb 3. 7. 1934, Hauptmann der Bundeswehr,
2. Heimeran, geb. 9. 7. 1936, Betriebswirt,
3. Franz Ludwig, geb. 4. 5. 1938, Gerichtsreferendar,
4. Valerie, geb. 15. 11. 1940,
5. Konstanze, geb. 27. 1. 1945.
10 Nina Gräfin von Stauffenberg (6, 8). – Nach seiner schweren Verwundung 1943 versagte er sich das Reiten vollständig, da er in diesem Zustand nicht mehr das notwendige Fingerspitzengefühl haben konnte. Als er von einem Kameraden erfuhr, der sich trotz zweier Armprothesen wieder auf ein Pferd setzte, erklärte er, das könne niemals wieder etwas werden. Nur einmal noch ließ er sich überreden, in den Sattel zu steigen. Im Juli 1944 besuchte er die Heereskavallerieschule in Krampnitz, wo ein Freund von ihm, Oberst Harald Momm, das Kommando führte. Momm versuchte, Stauffenberg noch einmal zum Reiten zu bewegen, und ließ schließlich ein Pferd vor das Kasino führen. Stauffenberg brachte das Pferd dazu, eine Piaffe auszuführen. Er war sehr glücklich, daß er trotz seiner physischen Beeinträchtigung noch eine so schwierige Figur zustandebrachte.
11 Über die Wehrkreisprüfung und das Ausleseprinzip siehe Waldemar Erfurth: Die Geschichte des deutschen Generalstabs von 1918 bis 1945. Göttingen: Musterschmidt 1957, S. 138 ff.; Hermann Teske: Die silbernen Spiegel. Heidelberg: Vowinckel 1952, S. 36 ff.
12 Nina Gräfin Stauffenberg (6).
13 Bernd von Pezold.
14 Heinz Greiner (2).
15 Hierzu ein gleichlautendes Zeugnis von Bernd von Pezold: »Es war unmöglich, ihn – selbst im größeren Kreise – zu übersehen. Auch ohne es zu wollen, war er bald der Mittelpunkt jedes Kreises; von ihm ging eine anziehende, überzeugende und vertrauenserweckende Wirkung aus. Sogar einer zufällig zusam-

mengewürfelten Gruppe von Menschen gab er Gewicht, jedem Gespräch Niveau.«

16 Wilhelm Bürklin (2).

17 Bernd von Pezold.
Das Zeugnis eines seiner späteren Kameraden, das uns heute in seiner Art etwas zu emphatisch erscheinen mag, läßt doch die Faszination spüren, die Stauffenberg innerhalb seines Kreises auszuüben vermochte: »Man spürte in ihm unangreifbare genialische Kräfte, die wünschen ließen, ihn an lenkender Stelle zu sehen, und die verhießen, daß es eine Lust sein müsse, für ihn, mit ihm zu wirken. Der Bann, daß heute nur niedere, rohe Kräfte etwas auszurichten vermöchten, schien, wenn man auf ihn schaute, gebrochen. Seine Gestalt gab die Gewähr, daß stärkste, lebendigste Kraft sich mit höchster natürlicher Noblesse vereinigen kann.« (Eberhard Zeller. In: Festschrift zur Neubaueinweihung [siehe Anm. 10 zu Kap. I/1]).

18 Der Ehrenrat, eine noch aus der kaiserlichen Zeit stammende Einrichtung, wurde vom Offizierskorps gewählt. Vom Kommandeur beauftragt, untersuchte er Ehrenangelegenheiten und erstellte Gutachten, an die der Kommandeur zwar nicht gebunden war, die er aber meist seiner Entscheidung zugrunde legte.

19 Bernd von Pezold.

20 Ders.

21 Nina Gräfin Stauffenberg (8), bestätigt durch Hans Cramer.

22 Bernd von Pezold.

23 W. Erfurth, a.a.O., S. 108 und 110.

24 Bernd von Pezold.

25 Heinz Greiner (2).

26 Nina Gräfin Stauffenberg (8).

4. *Die Machtergreifung Adolf Hitlers*

1 Hermann Foertsch: Schuld und Verhängnis (Die Fritsch-Krise im Frühjahr 1938. Stuttgart: DVA 1951, S. 22.).

2 Nach dem Erscheinen des Buches intervenierte Sauerbruch, weil Foertsch die Angaben in einen diesem vorher nicht bekannten Zusammenhang gebracht hatte. Foertsch sagte zu, daß er die fragliche Stelle in einer weiteren Auflage weglassen werde. Aber Foerts starb, und eine zweite Auflage des Werkes erschien nicht mehr.

3 Niederschrift des Gesprächs vom 12. 2. 63.

4 Nr. 25, 31. Januar 1933, Nachtrag. Letzte örtliche Nachrichten.

5 Auf Grund der Schrift von Bodo Scheurig: Claus Graf Schenk von Stauffenberg. Berlin: Colloquium Verlag 1964, ist in der letzten Zeit das Gerücht aufgetaucht, es gebe zu den Ereignissen Zeugnisse, die die Teilnahme Stauffenbergs an der Demonstration bestätigten. Unterlagen darüber befänden sich beim Institut für Zeitgeschichte in München, seien aber durch die Familie Stauffenberg gesperrt worden.
Hierzu ist festzustellen: Das Institut für Zeitgeschichte hat mir am 15. 6. 1961 mitgeteilt, daß ihm über die bisher bekannten Materialien, die Stauffenberg betreffen, hinaus keine nennenswerten Unterlagen zur Verfügung stünden.
Gräfin von Stauffenberg teilte mir in einem Brief vom 8. 3. 1964 mit, daß eine Sperrung von Material durch sie oder einen ihrer Söhne nicht erfolgt sei.

6 Stadtpolizeiamt Bamberg, Kriminal-Polizei, K VII, gez. Hofmann, Kom.

7 Siehe Personenverzeichnis.

8 Hans Walzer, Bericht.

9 Dieses Datum auf Grund der Mitteilung von Manteuffels; nach der Erinnerung von Hans Walzer handelte es sich um den 6. 3. 33, den Tag nach der Reichstagswahl.

10 Hasso von Manteuffel.
Dieser will sich außerdem daran erinnern können, daß auch Stauffenberg an diesem Marsch der 5. Eskadron teilnahm. Den Grund allerdings, warum er an diesem Tage zu dieser Einheit gestoßen sei, zu der er ja nicht gehörte, kann Manteuffel nicht angeben. – Walzer, der Eskadronchef Stauffenbergs, hält es jedoch aus technischen Gründen für ausgeschlossen, daß Stauffenberg sich einer fremden Einheit angeschlossen habe, deren Manövergebiete sich ganz woanders als die der 1. Eskadron befanden.

11 Hans Walzer, Bericht.

12 Reichsgesetzblatt I, 1935, Nr. 100.

13 Bernd von Pezold.

14 Heinz Greiner (2).

15 Hans Walzer (1).

16 Prof. Rudolf Fahrner nach Eberhard Zeller: Geist der Freiheit. München: Müller ^{4}1963, S. 240 f.
Die auf Fahrner zurückgehenden Teile dieser Biographie beruhen auf zwei Quellen: 1. auf persönlichen Mitteilungen an mich, 2. auf Mitteilungen, die Fahrner an Dr. Zeller gegeben hat und die dann nach dessen Buch zitiert werden.

17 Prof. Rudolf Fahrner nach E. Zeller, a.a.O., S. 241.

18 Ibid.

19 Bernd von Pezold.
20 Nina Gräfin Stauffenberg (8).
21 Ibid.
22 Reichsgesetzblatt I, 1934, Nr. 71.
23 Hans Walzer (2).
24 H. Teske, a.a.O. S. 31.
25 Prof. Rudolf Fahrner nach E. Zeller, a.a.O., S. 240.

5. *Die Kriegsakademie*

1 Dieser Brief befindet sich im Besitz der Tochter von Prof. Pfau, Frau Gerda Pfau, Berlin.
2 H. Teske, a.a.O., S. 41.
Finckh bekundete später in den Verhören nach dem 20. Juli 1944, daß Stauffenberg schon im Kursus der »Hörsaalprimus« gewesen sei und eine überragende Rolle gespielt habe. (KB S. 305)
3 E. Zeller, a.a.O., S. 227.
4 Gedanken zur Abwehr feindlicher Fallschirmeinheiten im Heimatgebiet. In: Wissen und Wehr. Monatsschrift der Deutschen Gesellschaft für Wehrpolitik und Wehrwissenschaften. Jg. 1938, H. 7, S. 459 ff.
5 Brief vom 29. 10. 64.
6 Im Besitz von Nina Gräfin Stauffenberg.
7 Die Entwicklungen während des Rußlandfeldzuges haben gerade diesem Hinweis Stauffenbergs rechtgegeben. Als die russische Schlammperiode den Kraftfahrzeugen und Panzern unüberwindliche Hindernisse bereitete, wurden an vielen Stellen wieder Kavallerie-Einheiten aufgestellt.
8 W. Erfurth, a.a.O., S. 189 f.
9 Nina Gräfin Stauffenberg (8).
10 John Maynard Keynes, englischer Wirtschaftswissenschaftler, vermittelte moderne Einsichten in das Wesen der Konjunktur und entwickelte Prinzipien der staatlichen Konjunkturpolitik Er vertrat England 1944 auf der Währungskonferenz von Bretton Woods.
11 »It was Claus' viewpoint, that this was the deep rooted cause of World War I.« (3)
12 »These recollections will indicate to you that Claus von Stauffenberg unquestionally was seeking information and thinking about world problems.« (3)
13 »I should emphasize that at no time did he reveal this thinking

with reference to Hitler, who was at the peak of his power. There could be no doubt about his loyalty to his country, but I did sense that he disapproved of the policies of the Nazi Government. However, this was not so evident that one could state categorically his opposition.« (2)

14 »[...] which incidentally he could speak very well.« (2)

15 »He was a very handsome man – a fine military bearing, courteous, considerate and sensitive.« (2)

16 A. C. Wedemeyer (3).

17 Siehe oben S. 36.

18 So liegt bei der o. e. Arbeit über »Heereskavallerie« ein Blatt mit Korrekturen, die von Mehnert stammen.

19 Rudolf Fahrner: Gneisenau. München. Delfin 1942, S. 42.

20 Prof. Rudolf Fahrner.

21 Nina Gräfin Stauffenberg (6) (auch E. Zeller, a.a.O., S. 227).

22 Sie dauerte vom 15. bis zum 24. Juni 1938 und beschäftigte sich mit dem Problem einer Verteidigung Deutschlands westlich des Rheines gegen eine französische Invasion, während starke deutsche Kräfte einen geschlagenen Gegner im Osten verfolgen. Diese Aufgabe nahm bereits die Situation voraus, die die deutsche Heeresleitung zu Beginn des 2. Weltkrieges befürchtete.

23 H. Teske, a.a.O., S. 41.

6. *Der erste kriegerische Einsatz*

1 B. v. Pezold (nach einer Mitteilung von General Bechle).

2 Werner Reerink.

3 Erwin Topf: Claus Graf Stauffenberg. In: Die Zeit. 18. Juli 1946.

4 Bernd von Pezold.

5 Alan Bullock: Hitler [deutsch]. Düsseldorf: Droste 1959, S. 516.

6 Horst Scheibert: Bildband der 6. Panzerdivison 1939–1945. Bad Nauheim: Podzun 1958, S. 6.

7 Es befindet sich im Besitz von Werner Reerink. Es handelt sich dabei um das Handexemplar Stauffenbergs, wie die Paraphe »Gf St« auf der Vorderseite und einige handschriftliche Einfügungen beweisen.

8 Kriegstagebuch der 1. Leichten Division (im folgenden abgekürzt: KTB 1. L. Div.) 30. 9. (S. 6).

9 KTB 1. L. Div. 4. 10. (S. 8).

10 KTB 1. L. Div. 9. 10. (S. 15).

11 KTB 1. L. Div. 13./14. 10. (S. 21 f.).

12 KTB 1. L. Div. 13. 10. (S. 21).

13 KTB 1. L. Div. 4. 10. (S. 10).
14 KTB 1. L. Div. 6. 10. (S. 13).
15 KTB 1. L. Div. 7. 10. (S. 14); 12. 10. (S. 21).
16 KTB 1. L. Div. 8. 10. (S. 15); 12. 10. (S. 21).
17 KTB 1. L. Div. 9. 10. (S. 16).
18 KTB 1. L. Div. 10. 10. (S. 21).
19 KTB 1. L. Div. 10./11. 10. (S. 18 f.).
20 KTB 1. L. Div. 11. 10. (S. 19).
21 KTB 1. L. Div. 16. 10. (S. 26).
22 E. Zeller, a.a.O., S. 232, auch Nina Gräfin Stauffenberg.
23 Friedrich Wilhelm Frhr. von Loeper (3).
24 Volkmar Schöne (2).
25 Werner Reerink.
26 Die Entscheidung des Personalamtes beruhte wahrscheinlich darauf, daß bereits die Versetzung Stauffenbergs in die Organisationsabteilung des Generalstabes vorgesehen war, die ja auch im Mai 1940 erfolgte.
27 Helmut Staedke.
28 Ruth von Blomberg und Werner Reerink.
29 Ruth von Blomberg.
30 Werner Reerink.
31 Ders.
32 Helmuth Günther Dahms: Der 2. Weltkrieg. Tübingen: Wunderlich 1960, S. 53 ff.; W. Erfurth, a.a.O., S. 242 ff., und viele andere. Zur Kriegsgeschichte der 6. Panzerdivision siehe H. Scheibert, a.a.O., S. 6.
33 Werner Reerink.

7. *Die Berührung mit dem Geist des Widerstands*

1 Rudolf Fahrner bei E. Zeller, a.a.O., S. 232.
2 Fritz Weddigen, heute Vorsitzender des Klubs, auf Grund eines Berichtes der »Concordia«.
3 Beate Bremme. – Frhr. von Loeper hat sogar in Erinnerung, es habe sich um ein Referat über die nationalsozialistische Ideologie gehandelt, in dem Stauffenberg versucht habe, die noch zögernden Industriellen für diese Gedanken einzunehmen. Das erscheint, vor allem unmittelbar nach der »Kristallnacht«, einigermaßen unwahrscheinlich. Andere Informanten erinnern sich nämlich daran, daß gerade die »Kristallnacht« in der Einstellung Stauffenbergs zum Regime eine wesentliche Änderung bewirkt habe. – Nun hat Frhr. von Loeper den Vortrag nicht selber ge-

hört, und seine Erinnerung ist deshalb unscharf; um ein Referat über die nationalsozialistische Ideologie hat es sich nachweislich nicht gehandelt, das geht aus dem Thema hervor. Es bleibt aber, daß die Zuhörer den Eindruck erhielten, daß hier vor ihnen kein Gegner des Nationalsozialismus sprach.

4 R. K.

5 Nina Gräfin Stauffenberg (8).

6 Werner Reerink.

7 Prof. Rudolf Fahrner.

8 Helmut Staedke.

9 Werner Reerink.

10 Friedrich Wilhelm Frhr. von Loeper (3).

11 Prof. Rudolf Fahrner nach E. Zeller, a.a.O., S. 242.

12 E. Zeller, a.a.O., S. 242 f.

13 E. Zeller, a.a.O., S. 242.

II. 1940–1943

1. *Im Generalstab*

1 U. Liss: Westfront 1939–40 Neckargemünd: Vowinckel 1959, S. 132f.

2 Bernd von Pezold.

3 Dieser Überblick nach Mitteilungen von Generaloberst Franz Halder (2).

4 Franz Halder (2).

5 Ulrich de Maizière.

6 Dieser Brief ist in einer Abschrift erhalten geblieben, die Frau Gräfin Stauffenberg für ihre Mutter und ihre Schwiegereltern anfertigte, weil ihr Gemahl nicht die Zeit hatte, an alle zu schreiben.

7 Burkhart Müller-Hillebrand und Ulrich de Maizière.

8 E. Zeller, a.a.O., S. 243.

9 Bernd von Pezold.

10 Nina Gräfin Stauffenberg (8).

11 Kriegstagebuch der Organisationsabteilung (KTB Org.Abt.) 1942: 10. 1. (S. 22), 1. 6.–5. 6. (S. 204), 8. 3.–13. 3. (S. 106), 11. 9.–20. 9. (S. 324 f.), 4. 12. (S. 386).

12 Burkhart Müller-Hillebrand.

13 Dietz Frhr. von Thüngen.

14 Ibid.

15 Grundsätzlicher Befehl Nr. 1, während des Krieges in allen

Schreibstuben angeschlagen: Er besagte, daß niemand, sein Rang mochte noch so hoch sein, von einem wichtigen militärischen oder politischen Vorhaben auch nur ein Wort mehr wissen dürfe, als er zur Erfüllung seiner persönlichen Aufgabe im Rahmen des Vorhabens unbedingt wissen müsse.

16 Ulrich de Maizière.

17 Dr. Georg Frhr. von Fritsch.

18 Ulrich de Maizière.

19 Kurt Zeitzler (1). – So auch in einem Bericht von Major Heinz Hoppe, 1942 Stabsoffizier an der Ostfront, wiedergegeben bei John McCloy II: Die Verschwörung gegen Hitler. Stuttgart: Vorwerk 1963, S. 66 ff.

20 Helmut Kleikamp (1).

21 Ulrich de Maizière.

22 Franz Halder (3).

23 Franz Halder (2).

24 Franz Halder (3). – Auch Stauffenberg hat Halder eine außerordentliche menschliche Hochachtung entgegengebracht: »Es gab Menschen – nur wenige –, von denen Claus mit großer Verehrung und Achtung sprach. Einer hatte vor allen anderen einen Platz in seinem Herzen: Generaloberst Halder. ›Ein unglaublicher Könner und ein prachtvoller Mann‹, so sagte er von ihm. Es war, als ob der Sohn von seinem Vater und Lehrmeister sprach. Und der ›Vater‹ muß ähnlich über seinen ›Sohn‹ gedacht haben.« (Dietz Frhr. von Thüngen)

25 Siehe oben S. 71.

26 W. Erfurth, a.a.O., S. 217 ff.; und viele andere. »Die Vollmacht des Gewissens«, hrsg. von der Europäischen Publikation. München: Rinn 1956, S. 332 ff.; Helmuth K. G. Rönnefarth: Die Sudetenkrise in der internationalen Politik. Wiesbaden: Steiner 1961.

27 Die Vollmacht des Gewissens, S. 408 ff.

28 Die Vollmacht des Gewissens, S. 436 ff.

29 E. Zeller, a.a.O., S. 234.

30 Franz Halder (3).

31 Ibid.

32 19. 6. 40. Siehe Anm. 6 in diesem Kapitel.

33 21. 6. 40. Siehe Anm. 6 in diesem Kapitel.

34 Franz Halder (3).

35 Franz Halder (2).

36 Franz Halder (3).

37 Hans-Bernd Gisevius: Bis zum bitteren Ende, II. Band. Zürich: Fretz und Wasmuth 1946, S. 288.

38 Franz Halder (3). – Die Verbindung zwischen Halder und Stauffenberg riß nach dessen Entlassung ab. Außer dem erwähnten

Besuch Stauffenbergs bei Halder in Berlin kam es zu keinem persönlichen Kontakt mehr. Eine lose Verbindung wurde nur noch aufrechterhalten durch einen Freund Halders, der im Allgemeinen Heeresamt arbeitete. Ende 1943 ließ Halder Stauffenberg ausrichten: »Das Ziel bleibt dasselbe.« Anfang 1943, kurz vor Stauffenbergs Versetzung nach Afrika, bat er seinen Freund Peter Sauerbruch, der in Berlin im Lazarett lag, einen Brief weiterzugeben. Halder besuchte Sauerbruch am nächsten Tag und konnte dabei den Brief in Empfang nehmen. (Mitteilung Peter Sauerbruch)

2. *Das Jahr 1942*

1 Werner Reerink.
2 W. Erfurth, a.a.O., S. 231.
3 Franz Halder: Kriegstagebuch. Stuttgart: Kohlhammer 1964. Bd. 3.
4 W. Erfurth, a.a.O., S. 289.
5 Wilhelm Bürklin (2).
6 Franz Halder: Kriegstagebuch, Eintragung vom 21. August 1941.
7 Hans von Herwarth.
8 Alfred Philippi/Ferdinand Heim: Der Feldzug gegen Rußland 1941 bis 1945. Stuttgart: Kohlhammer 1962; und viele andere.
9 Friedrich Wilhelm Frhr. von Loeper (3).
10 Reichsgesetzblatt 1942, I, S. 247.
11 Friedrich Wilhelm Frhr. von Loeper (3).
12 Internationales Militär-Tribunal (Nürnberg) Bd. XXVI, S. 403–408; XXXIV, S. 249 ff.; XLIII, S. 231 ff.; II, S. 501, 505; XX, S. 635, 663; XXXIX, S. 128; XXVI, Dok. 498.
13 Werner Reerink. Siehe auch S. 102.
14 Werner Reerink.
15 KTB Org.Abt. 1942. (Die Eintragungen wurden bis in den Oktober für fünf- bis zehntägige Abschnitte vorgenommen, vom 25. Oktober ab im wesentlichen tagweise.) 21. 7.–31. 7. (S. 260), 1. 8.–10. 8. (S. 268), 4. 11. (S. 383).
16 KTB Org.Abt. 21. 12. (S. 402).
17 KTB Org.Abt. 21. 7.–31. 7. (S. 260, 266), 29. 11. (S. 383).
18 KTB Org.Abt. 25. 10. (S. 355).
19 KTB Org.Abt. 21. 9.–30. 9. (S. 331), 11. 10.–20. 10. (S. 348 f.), 25. 10. (S. 355).
20 KTB Org.Abt. 16. 1.–20. 1. (S. 27).
21 KTB Org.Abt. 16. 2.–21. 2. (S. 83).

22 KTB Org.Abt. 16. 6.–22. 6. (S. 217).
23 KTB Org.Abt. 11. 9.–20. 9. (S. 319).
24 KTB Org.Abt. 11. 9.–20. 9. (S. 320), 11. 10.–20. 10. (S. 347).
25 KTB Org.Abt. 1. 2.–5. 2. (S. 59), 1. 3.–7. 3. (S. 98).
26 KTB Org.Abt. 19. 3.–25. 3. (S. 118).
27 KTB Org.Abt. 1. 8.–10. 8. (S. 269).
28 KTB Org.Abt. 1. 4.–14. 4. (S. 144), 19. 3.–25. 3. (S. 126), 1. 9.–10. 9. (S. 305).
30 KTB Org.Abt. 16. 6.–22. 6. (S. 217), 15. 11. (S. 370).
31 KTB Org.Abt. 21. 7.–31. 7. (S. 258), 1. 11. (S. 361).
32 KTB Org.Abt. 15. 4.–21. 4. (S. 150), 26. 6.–30. 6. (S. 237), 26. 11. (S. 380).
33 KTB Org.Abt. 4. 12. (S. 386).
34 KTB Org.Abt. 21. 1.–25. 1. (S. 35).
35 KTB Org.Abt. 16. 2.–21. 2. (S. 83).
36 KTB Org.Abt. 1. 4.–7. 4. (S. 133), 8. 4.–14. 4. (S. 144).
37 KTB Org.Abt. 16. 2.–21. 2. (S. 81 ff.).
38 KTB Org.Abt. 26. 5.–31. 5. (S. 193).
39 KTB Org.Abt. 21. 6.–30. 6. (S. 235).
40 KTB Org.Abt. 11. 10.–20. 10. (S. 350).
41 KTB Org.Abt. 11. 10.–20. 10. (S. 352).

3. *Die Ostfreiwilligen*

1 Gerhard von Mende: Erfahrungen mit Ostfreiwilligen in der deutschen Wehrmacht während des 2. Weltkrieges. Darmstadt: Leske 1952 (= Studien zur Auslandskunde. H. 1), S. 24.
2 KTB Org.Abt 1. 1.–5. 1. (S. 3).
3 Wilfried Strik-Strikfeldt (1). – Alexander Dallin: Deutsche Herrschaft in Rußland. Düsseldorf: Droste 1958, S. 557.
4 G. v. Mende, a.a.O., S. 25.
5 Dr. Otto Bräutigam, Hans von Herwarth.
6 KTB Org.Abt. 6. 2.–10. 2. (S. 66).
7 Hans von Herwarth.
8 KTB Org.Abt. 6. 2.–10. 2. (S. 66).
9 A. Dallin, a.a.O., S. 555 FN. 2 (Aktenzeichen OKH/GenStdW/ Org.Abt.(II)).
10 A. Dallin, a.a.O., S. 555.
11 KTB Org.Abt. S. 228.
12 Die Versammlung umfaßte noch weitere Teilnehmer, an die sich jedoch Prof. von Mende nicht erinnern kann.
13 Prof. Gerhard von Mende (2).

14 Dr. Otto Bräutigam.

15 Einem General gegenüber erklärte Stauffenberg, daß er ihn – werde diese Maßnahme angewandt – bei einem Treffen »Unter den Linden« in Zukunft erst einmal bitten müsse, die Hosen hinunterzulassen, um den Nachweis zu führen, daß er kein russischer Kriegsgefangener sei. (Hans von Herwarth)

16 Hans von Herwarth.

17 A. Dallin, a.a.O., S. 556 FN. 3.

18 KTB Org.Abt. 11. 8.–20. 8. (S. 286 ff.).

19 KTB Org.Abt. 5. 11. (S. 363).

20 KTB Org.Abt. 13. 11. (S. 368).

21 Er verließ das Hauptquartier mit folgenden Worten: »Der russische Bär ist eben erst aus dem Winterschlaf erwacht und noch etwas benommen. Nach den ersten Schlägen wird er sich auf die Hinterbeine stellen und mächtig zurückschlagen. Und vergessen Sie nicht, daß der Winter in Rußland kalt ist.«
Hans von Herwarth: Dem Andenken des Generals der Kavallerie Ernst Köstring. In: Zeitschrift für Geopolitik. XXV (1954) H. 12, S. 767.

22 Hans von Herwarth, a.a.O., S. 767.

23 KTB Org.Abt. 21. 8.–31. 8. (S. 292 f.).

24 A. Dallin, a.a.O., S. 250 ff.

25 Prof. Gerhard von Mende (2), Wilfried Strik-Strikfeldt (2).

26 »Die Tat«, Zürich, 25. November 1946; E. Zeller, a.a.O., S. 236.

27 E. Zeller, a.a.O., S. 246.

28 A. Dallin, a.a.O., S. 557.

29 Wilfried Strik-Strikfeldt (2).

30 KTB Org.Abt. 19. 12. (S. 401).

31 A. Dallin, a.a.O., S. 163, 371, 561.

32 A. Dallin, a.a.O., S. 164.

33 Zitiert bei A. Dallin, a.a.O., S. 562 (OKH/GenStdH/GenQu/Abt. Kr.-Verw., Aufzeichnungen über die Ostfragen, 3. Januar 1943).

34 A. Dallin, a.a.O., S. 562 f.

35 Hans von Herwarth. – Ähnliche Gedanken drangen aus den Arbeiten Stauffenbergs, Tresckows und Gehlens auch in ein Memorandum ein, mit dem sich Rosenberg im Januar 1943 an Hitler wandte: »Die Fragestellung dieser Menschen ist allgemein: Wenn wir nunmehr mit Lebenseinsatz gegen die Sklaverei des Bolschewismus kämpfen, so müssen wir wissen, wofür wir uns einsetzen; die bolschewistische Sklaverei nur in eine deutsche zu verwandeln, kann keinen dauernden Kampfwillen erzeugen.« (A. Dallin, a.a.O., S. 575)
Daß Stauffenberg allerdings beabsichtigt habe, die Freiwilligen

gegen Hitler einzusetzen, gehört in das Reich der Phantasie (Hans von Herwarth, Gerhard von Mende). Auch am 20. Juli 1944 gab es einen Plan, der den Einsatz von Osttruppen vorsah. Einer der unmittelbar Beteiligten soll – laut A. Dallin, a.a.O., S. 606 FN. – erklärt haben, »daß davon die Rede war. Aber wir kamen überein, daß diese Sache von den Deutschen selbst gemacht werden müsse ...«

4. *Der Weg in die Entscheidung*

1 Zitiert nach H. A. Jacobsen: 1939–1945. Darmstadt: Verlag Wehr und Wissen 1961, S. 383.
2 Ulrich de Maizière.
3 Hans v. Herwarth, Prof. Gerhard v. Mende (2).
4 Ulrich de Maizière.
5 Burkhart Müller-Hillebrand (1).
6 Walter Bußmann: Betrachtungen zum militärischen Widerstand. In: Aus Politik und Zeitgeschichte (Beilage zur Wochenzeitung »Das Parlament«), 15. Juli 1964, S. 13.
7 Helmut Staedke, Ulrich de Maizière.
8 Friedrich Frhr. von Broich (2).
9 E. Zeller, a.a.O., S. 247 f.
10 12. 6. 42. – Das Original befindet sich im Besitz von Ernst Alexander Paulus.
11 Georg von Küchler, Wilhelm List.
12 Erich von Manstein (1) (2), bestätigt durch Theodor Busse, Chef des Generalstabes der Heeresgruppe Süd.
13 Nina Gräfin Stauffenberg (8).
14 Theodor Busse.
15 Ders.
16 Theodor Busse.
17 Siehe Anmerkung 9.
18 Hans von Herwarth.
19 Franz Halder: Hitler als Feldherr. München: Dom 1949, S. 52 f.
20 Frhr. von Thüngen schildert in seinem Bericht diese immer heilloser werdende Atmosphäre: »Viele fähige Köpfe, unendlich viel fleißige Arbeit, aber wenig, sehr wenig Einfluß auch bei denen, die darauf Anspruch gehabt hätten. Wenig Einfluß in dem Sinn, daß ›Er‹ diesen Generalstab im besten Fall als Arbeitsbienen sah, kleine, ›unheroische‹, eingebildete Pedanten, ohne den Flug ›seines Genius‹, dem zu folgen er den wenigsten zutraute. Je schwieriger die Lage wurde, desto weniger wurde den Tat-

sachenmeldungen geglaubt, desto mehr stiegen die, die sagten, was ›Er‹ hören wollte, desto mehr verschwanden jene, die aus Können und Verantwortung heraus die Wahrheit meldeten und warnten. Produktionsmeldungen, Stärken, Reserven und Leistungen des Gegners wurden als falsch bezeichnet, sobald sie über dem eigenen Potential lagen, ja sie wurden schließlich erst mit den Meldungen anderer Quellen, deren sich der Führer bediente, verglichen und angeglichen.«

21 Franz Halder (2).

22 Hierzu auch A. Philippi/F. Heim, a.a.O., S. 182 ff.

23 Werner Reerink.

24 Nina Gräfin Stauffenberg (8).

25 Helmut Kleikamp (2).

5. *Afrika*

1 Die Versetzung erfolgte auf Grund einer Anordnung des damaligen Chefs des Generalstabes, Generaloberst Kurt Zeitzler: »Um ihn (zu einem späteren guten Korps- und Armee-Chef) vorzubereiten, wollte ich ihn zunächst als Front-Generalstabsoffizier (Div. Ia) und Truppenführer einsetzen.«

2 Nina Gräfin Stauffenberg (8).

3 Während eines Zwischenaufenthaltes in Berlin traf er sich mit Oberst Bürker, einem seiner Vorgänger. Das Gespräch fand bei Kempinski statt; zu dem Kreis gehörte auch Frau Beate Bremme, die Stauffenberg von Wuppertal her kannte. Sie berichtet folgendes: »Am 2. oder 3. Februar 1943 […] traf [ich] zufällig Gräfin Stauffenberg [in Berlin]; sie nahm mich mit zu einem Essen zu Kempinski. An diesem Essen nahmen teil: Stauffenberg und Frau, Oberst Bürker und Frau. Bürker (Schwiegersohn von Blomberg) war in Afrika auf Hitlers Befehl aus der Front herausgezogen worden, weil seine beiden Schwäger Blomberg gefallen waren. Bei diesem Mittagessen fand ein Orientierungsgespräch zwischen Stauffenberg und Bürker statt, da Stauffenberg nach Bürklins Verwundung dessen und Bürkers Stelle übernehmen sollte. Bei dieser Gelegenheit unterhielten sich die beiden Offiziere auch über die allgemeine Kriegslage, nachdem gerade Stalingrad gefallen war. Sie sprachen laut und sehr kritisch, vor allem Stauffenberg. Während des Essens wurde der Heeresbericht übertragen. Als der Kellner sie streng aufforderte, leiser zu sein, reagierten sie nicht, im Gegenteil, sie sprachen betont weiter.«

4 Wilhelm Bürklin (2).
5 Friedrich Frhr. von Broich (1).
6 Erwin Rommel: Krieg ohne Haß. Hrsg. von Lucie-Marie Rommel und Fritz Bayerlein. Heidenheim/Brenz: Heidenheimer Verlagsanstalt 1950, S. 347.
7 Hans Reimann.
8 Heinz Schmid.
9 Friedrich Frhr. von Broich (1).
10 Heinz Schmid.
11 Hans Reimann.
12 Dr. Friedrich Zipfel.
13 Friedrich Frhr. von Broich (1).
14 Ibid.
15 Hier liegt allerdings ein Irrtum vor; Stauffenberg war nur Abteilungsleiter in der Org.Abt.
16 Friedrich Frhr. von Broich (3). – Stauffenberg hat nicht nur seinem Divisionskommandeur gegenüber seine politischen Ansichten geäußert, sondern auch vor jüngeren Kameraden. Oberleutnant von Hagen, der später im Zusammenhang mit dem 20. Juli 1944 hingerichtet wurde, antwortete vor dem »Volksgerichtshof« auf die Frage des Präsidenten Freisler, ob Stauffenberg bereits in Afrika eine »auffallende Kritik« geäußert habe, daß Stauffenberg ihm offen heraus erklärt habe: »Die Mängel, die wir zu sehen glaubten, lägen nicht an der Führung in Afrika, am Korps oder an der Armee, sondern viel höher.« (Auszüge aus den Vernehmungsprotokollen des VGH gegen »von Witzleben und Genossen« am 7. und 8. August 1944, veröffentlicht unter dem Titel »Der 20. Juli« von Eugen Budde und Peter Lütsches, Düsseldorf: Raven 1952. Im folgenden zitiert: Budde/Lütsches, Vernehmungsprotokolle.)
17 Friedrich Frhr. von Broich (1).
18 Ibid.

III. 1943–1944

1. *Die Zusage*

1 9. 6. 43. – Das Original des Briefes befindet sich im Besitz von Wilhelm Bürklin.
2 KB (Kaltenbrunner-Berichte) S. 305.
3 Dr. Georg Frhr. von Fritsch.
4 Dr. Paulus van Husen.

5 Wilhelm Bürklin (2).
6 Kurt Zeitzler (1). – Allerdings darf dieser Besuch nicht überbewertet werden. Generaloberst Zeitzler teilte mit: »Ebenso wie den Grafen Stauffenberg hätte ich als Chef des Generalstabes des Heeres auch jeden anderen schwer verwundeten Generalstabsoffizier besucht, wenn sich die Gelegenheit dazu geboten hätte.«
7 Nina Gräfin Stauffenberg (8).
8 Helmut Kleikamp (3).
9 Nina Gräfin Stauffenberg (8).
10 Wilhelm Bürklin (2).
11 Kurt Zeitzler (1), bestätigt durch Helmut Kleikamp (3): »Der Wunsch des Grafen Stauffenberg, wieder an der Front eingesetzt zu werden, war zweifellos ehrlich gemeint und entsprach der allgemeinen Einstellung der Generalstabsoffiziere in der damaligen Zeit und Situation.«
12 Kurt Zeitzler (1).
13 Nina Gräfin Stauffenberg (8).
14 Ferdinand Sauerbruch: Das war mein Leben. München: Kindler 1951, S. 550 ff.
15 Peter Sauerbruch.
16 Nina Gräfin Stauffenberg (8).
17 Peter Sauerbruch.
18 Prof. Rudolf Fahrner bei E. Zeller, a.a.O., S. 253 f.
19 Nina Gräfin Stauffenberg (8).

2. *Die Männer des Widerstandes*

1 KB S. 145; Veit Osas: Walküre. Hamburg: Deutschland-Verlag 1953 (Abdruck der Anklageschriften aus dem Prozeß gegen Dr. Goerdeler und andere), Anklageschrift gegen Dr. Goerdeler.
2 Albert Krebs: Fritz-Dietlof Graf von der Schulenburg. Zwischen Staatsraison und Hochverrat. Hamburg: Leibniz 1964, S. 237 f.
3 Goerdeler hat vor der Gestapo ausgesagt, er habe Stauffenberg mit Leber bekannt gemacht (KB S. 210). Das ist nach Mitteilung von Frau Annedore Leber falsch; der Kontakt wurde durch Schulenburg hergestellt.
4 Siehe Seite 150.
5 Siehe Seite 194 ff.
6 Dr. Marion Gräfin Yorck von Wartenburg.
7 Dr. Paulus van Husen.
8 Annedore Leber/Freya Gräfin Moltke: Für und Wider. Entschei-

dungen in Deutschland 1918–1945. Berlin: Mosaik-Verlag 1962, S. 106 f. – Vor der Gestapo hat Graf Schwerin von Schwanenfeld die Schutzbehauptung aufgestellt, er sei erst im September 1943, und zwar durch Stauffenberg, für die Umsturzpläne gewonnen worden.

9 Dr. Marion Gräfin Yorck von Wartenburg.

10 Waltraud von Götz (1).

11 Dr. Marion Gräfin Yorck von Wartenburg.

12 Olga von Saucken.

13 Dr. Marion Gräfin Yorck von Wartenburg, Dr. Paulus van Husen.

14 Nach einer Niederschrift von Gräfin Yorck von Wartenburg.

15 Entwurf im Besitz von Gräfin Yorck von Wartenburg.
Über den »Kreisauer Kreis« ist eine Arbeit im Entstehen, die von dem holländischen Historiker Ger van Roon angefertigt und in den Schriften des Instituts für Zeitgeschichte, München, erscheinen wird.
In einem Gespräch, an dem Stauffenberg teilnahm, ging es auf Grund einer Ausarbeitung von Prof. Schmölders um den Begriff der »Arbeitsdienstpflicht«. In dem van Roon von Schmölders überlassenen Exemplar der Ausarbeitung steht die Randnotiz: »Mit Graf Stauffenberg diskutiert.«

16 Entwurf im Besitz von Gräfin Yorck von Wartenburg.

17 Diese sog. »Mittwochsgesellschaft« bestand seit 1860 und umfaßte eine Reihe von Wissenschaftlern, Diplomaten und Offizieren, die sich gegenseitig in den alle 14 Tage stattfindenden Sitzungen über ihre Fachgebiete unterrichteten. (Käthe Jessen)

18 Käthe Jessen.

19 Ulrich von Hassell: Vom anderen Deutschland. Aus den nachgelassenen Tagebüchern 1938 bis 1944. Zürich: Atlantis 1946. – Es ist bedauerlich, daß Hassell nicht notiert, warum er Stauffenberg allein sprechen wollte.

20 KB S. 205. – Diese Mitteilungen, wenn auch aus dem Gestapo-Bericht stammend, entsprechen der von Stauffenberg auch bei anderer Gelegenheit geäußerten Einstellung, so daß man sie als richtig akzeptieren kann.

21 KB S. 100, 360.

22 KB S. 360.

23 Als Nachfolger im Amt des Polizeipräsidenten war Hennig von Tresckow vorgesehen.

3. *Der Plan »Walküre«*

1 V. Osas, a.a.O., S. 70 f.
Die wesentlichen Verbindungen der Verschwörer erstreckten sich auf das Heer. Zwar arbeitete Berthold von Stauffenberg als Referent und Marineoberstabsrichter im Oberkommando der Kriegsmarine und fand auch in Korvettenkapitän Kranzfelder einen Gesinnungsgenossen. Es wurden auch noch zwei weitere Offiziere gewonnen, aber man bemühte sich nicht, diesen Kreis wesentlich zu erweitern, da die Marine zu einem Umsturz nicht viel beitragen konnte. Die einzige Verbindung zwischen der Opposition im Heer und in der Marine lief über Berthold von Stauffenberg, und da sie am Rande der Entwicklung stand, wurden auch nur die allernötigsten Informationen weitergegeben. (Walter Baum: Marine, Nationalsozialismus und Widerstand. In: Politik und Zeitgeschichte (Beilage zur Wochenzeitung »Das Parlament«), 15. Juli 1963.)

2 Ob es sich wirklich um die erste Begegnung handelte, muß dahingestellt bleiben. Prof Rudolf Fahrner glaubt, daß schon länger zwischen Beck und Stauffenberg eine Verbindung bestanden habe: »Auf [Beck wies] Stauffenberg schon seit langem ebenso andeutend hin, wie er ihn vorsorglich anderen gegenüber verschwiegen wissen wollte.«

3 V. Osas, a.a.O., S. 70 f.; KB S. 532 f.

4 KB S. 410 (Aussage Dr. Goerdeler).

5 Ibid.

6 Fabian von Schlabrendorff: Offiziere gegen Hitler. Frankfurt a. M.: S. Fischer 1959, S. 128 f.; John Wheeler-Bennett: Die Nemesis der Macht. Düsseldorf: Droste 1955, S. 607. – Die hier aufgestellte Behauptung, es sei schon eine September-Aktion geplant worden, ist nach allem bisher Dargestellten nicht richtig. Im September wurden noch die Pläne ausgearbeitet.

7 F. v. Schlabrendorff, a.a.O., S. 131; Budde/Lütsches, Vernehmungsprotokolle, Verhör Stieff; KB S. 88.

8 Hitler's Secret Conversations, S. 366, Stenographisches Protokoll vom 3. Mai 1942.

9 KB S. 42.

10 F. v. Schlabrendorff, a.a.O., S. 103.

11 Friedrich Georgi.

12 KB S. 157.

13 E. Zeller, a.a.O., S. 255.

14 KB S. 368.

15 Margarethe von Oven, jetzt Gräfin Hardenberg.

16 Gräfin Hardenberg erinnert sich, die am 20. Juli 1944 be-

nutzten Befehle im wesentlichen bereits damals geschrieben zu haben.

17 Charlotte Gräfin von der Schulenburg.

18 KB S. 157 f.; Peter Hoffmann: Zum Ablauf des Staatsstreichversuches des 20. Juli 1944 in den Wehrkreisen. In: Wehrwissenschaftliche Rundschau, Juli 1964, S. 379 f.

19 KB S. 158.

20 KB S. 67.

21 Prof. Rudolf Fahrner.

22 R. K.

23 Ders.

24 Die nach dem 20. Juli verhafteten Teilnehmer des Aufstandes müssen bei ihren Vernehmungen immer wieder die unsinnige Kriegsspitzengliederung als Motiv ihrer Teilnahme bezeichnet haben, so daß der Gestapo-Bericht dieser Kritik einen weiten Raum läßt. (KB S. 292 ff.)

25 KB S. 31.

26 KB S. 292.

27 KB S. 145, 334.

28 KB S. 145; V. Osas, a.a.O., Anklageschrift gegen Dr. Goerdeler.

29 Hofacher wurde um den 25. Oktober 1943 eingeweiht, als er anläßlich einer Hochzeit in der Familie nach Berlin kam. (Nina Gräfin Stauffenberg (7)).

4. *Attentatspläne*

1 Dr. Marion Gräfin Yorck von Wartenburg.

2 Dr. Otto Bräutigam.

3 Budde/Lütsches, Vernehmungsprotokolle, Verhör Stieff.

4 F. v. Schlabrendorff, a.a.O., S. 132. – Stieff hat in seinen Verhören behauptet, er habe das Attentat abgelehnt. Das dürfte eine Schutzbehauptung der Gestapo gegenüber gewesen sein.

5 Axel von dem Bussche, Mitteilungen auf der Schallplatte »Der stille Befehl«, Fono-Verlagsgesellschaft, Seite II; F. v. Schlabrendorff, a.a.O., S. 132; E. Zeller, a.a.O., S. 333.

6 KB S. 54, 258, 262.

7 KB S. 533.

J. Wheeler-Bennett, a.a.O., S. 612 schreibt, daß Stauffenberg selber diesen Versuch unternommen habe. Leider versäumt Wheeler-Bennett, seine Quelle anzugeben. Deshalb verzichten wir darauf, seine Darstellung im Klartext wiederzugeben. Ihr zufolge hat sich der Vorgang so abgespielt, daß Olbricht, der zu

einer Besprechung über Mannschaftsreserven für den 26. Dezember in das Hauptquartier bestellt worden war, Krankheit vorgeschützt und seinen Vertreter Stauffenberg hingeschickt habe. Als dieser jedoch in Rastenburg angekommen war, sei den versammelten Offizieren mitgeteilt worden, daß die Konferenz ausfalle.
William L. Shirer: Aufstieg und Fall des 3. Reiches. Köln-Berlin: 1962, S. 938 schreibt diese Darstellung von Wheeler-Bennett ab, aber gibt nicht einmal diesen als Quelle an.
8 V. Osas, a.a.O., S. 71.

5. *Konspirative Methoden*

1 F. v. Schlabrendorff, a.a.O., S. 133, 126 f.
2 F. v. Schlabrendorff, a.a.O., S. 136.
3 Siehe oben Seite 166.
4 Prof. G. Schmölders (2).
5 KD S. 435 (Aussage Oberst i. G. Meichssner).
6 Vortrag Prof. Alexander Schenk Graf von Stauffenberg.
7 KB S. 435.
8 R. K.
9 Vortrag Prof. Alexander Schenk Graf von Stauffenberg.
10 KB S. 167.
11 Rudolf Frhr. von Gersdorff.
12 F. v. Schlabrendorff, a.a.O., S. 134.
13 E. Zeller, a.a.O., S. 338 nach einem persönlichen Bericht.
14 E. Zeller, a.a.O., S. 338 nach einem persönlichen Bericht; F. von Schlabrendorff, a.a.O., S. 137.
15 F. v. Schlabrendorff, a.a.O., S. 135.
16 J. Wheeler-Bennett, a.a.O., S. 617.
17 KB S. 225.
18 F. v. Schlabrendorff, a.a.O., S. 135.
19 V. Osas, a.a.O., S. 71 f.
20 Dr. Paulus van Husen.
21 Peter Sauerbruch.
22 Ders.
23 Ders.
24 KB S. 20, 295.
25 KB S. 373 f.
26 KB S. 305, 306, 312 f. – Die von Finckh und anderen über Stauffenberg gemachten Aussagen zeigen fast durchweg eine ganz bestimmte Tendenz: Es hat den Anschein, als sei Stauffenberg

beinahe so etwas wie ein Hypnotiseur gewesen, der seine Gesprächspartner willenlos gemacht habe. So wird z.B. behauptet, er sei »nicht ganz normal« gewesen (KB S. 305), er habe sein Gegenüber »überfahren« (S. 306), er habe so gesprochen, daß »jede weitere Gegenfrage oder gar Gegenrede« ausgeschlossen gewesen sei (S. 306), »daß man kaum zum Denken [...] kam« (S. 306). Mit diesen Aussagen wollten die Beteiligten den Eindruck erwecken, als hätten sie unter Zwang, nicht nach freiem Willen gehandelt, als sie Stauffenberg ihre Zusagen gaben.

27 Peter Sauerbruch.

28 Budde/Lütsches, Vernehmungsprotokolle, Verhör Bernardis.

29 KB S. 523 f.

30 Oberleutnant Urban Thiersch, zitiert bei E. Zeller, a.a.O., S. 361.

31 KB S. 521.

32 KB S. 522.

33 KB S. 96, 296, 297.

34 KB S. 297.

35 Margarethe Gräfin von Hardenberg.

36 Peter Sauerbruch.

37 Charlotte Gräfin von der Schulenburg.

6. *Stauffenberg und Dr. Goerdeler*

1 KB S. 206 f.

2 A. Krebs, a.a.O., S. 265.

3 A. Krebs, a.a.O., S. 265 f; KB S. 207.
Schulenburg hatte zu diesen Poblemen schon weitreichende Pläne ausgearbeitet, die u. a. auch die Neugliederung des Reiches betrafen. Überdies stellte er bis zum Januar 1944 bereits einen fast vollständigen Stellenbesetzungsplan auf, der zwar nicht erhalten geblieben ist, aber nach Mitteilungen die Namen einiger tausend Persönlichkeiten verzeichnete, von den Abteilungsleitern des Innenministeriums bis zu den Landräten und kommissarischen Oberbürgermeistern. (A. Krebs, a.a.O., S. 239)

4 Siehe Seite 207 unten.

5 KB S. 393.

6 Dr. Marion Gräfin von der Schulenburg; V. Osas, a.a.O., S. 16.

7 KB S. 257.

8 Ein Mann geht seinen Weg: Schriften, Reden und Briefe von Julius Leber, herausgegeben von seinen Freunden. Berlin/Frankfurt: Mosaik-Verlag 1952, S. 280, 284.

9 Ibid., S. 84.

10 KB S. 352.
11 V. Osas, a.a.O., S. 75.
12 Ein Mann geht seinen Weg, S. 290 f.
13 KB S. 118. – Der Gestapo-Bericht behauptet, Goerdeler habe sich brieflich dazu geäußert. Das erscheint zweifelhaft, denn in der gefährlichen Lage dieser Männer dürften Meinungsäußerungen nur in den seltensten Fällen schriftlich niedergelegt worden sein.
14 KB S. 212, 118, 179.
15 Siehe unten Seite 205 f.
16 KB S. 212.
17 KB S. 118, 179, 212. – Die Berichte der Gestapo unterstreichen diese Auseinandersetzungen besonders stark, weil sie damit die innere Schwäche der Verschwörung aufdecken wollten. Das resultiert aus einer völligen Verständnisunfähigkeit: Im Grunde waren die Auseinandersetzungen notwendig, gerade wenn es darum ging, den geeigneten Kanzler zu finden, und es erschien merkwürdig, wenn sie ausgeblieben wären. Aber da die Nationalsozialisten innere politische Auseinandersetzung nicht kannten und die Person des Führers jeglicher Diskussion entzogen, erschien ihnen dieser Vorgang als eine Wiederholung des »Parteiengezänks«.
Wie wenig man dem Gestapo-Bericht trauen kann, wenn er weltanschauliche Auseinandersetzungen und Standpunkte wiedergibt, zeigt ein Bericht S. 234: Demzufolge kam es in einem Gespräch auch zu Erörterungen über eine »geeignete Formel für eine christliche Charakterisierung des Staates«. Leber soll widersprochen und »eine solche Ausdrucksweise mit starken Worten verworfen« haben. – Aber Leber war alles andere als ein Atheist. Er gehörte der römisch-katholischen Kirche an und führte gerade in der damaligen Zeit mit seiner Frau Gespräche über ihre Konversion (Frau A. Leber). Leber hat einer »christlichen Charakterisierung des Staates« wahrscheinlich deshalb widersprochen, weil man nach seiner Meinung für den säkularen demokratischen Staat nicht eine Formel verwenden durfte, die nicht vom ganzen Volk akzeptiert werden würde.
Der Gestapo-Bericht hat hier und an anderen Stellen die in den Aussagen gemachten Mitteilungen so zusammengeklittert, daß sie ein möglichst ungünstiges Bild ergaben.
18 KB S. 247 f.; V. Osas, a.a.O., S. 68.
Gerhard Ritter: Carl Goerdeler und die deutsche Widerstandsbewegung. Stuttgart: DVA 1955, S. 385: »Die Frage war: wer schließlich bei der Entscheidung über Zeitpunkt und Durchführung des Staatsstreichs den Ausschlag geben würde: ob er [Goerdeler] oder Stauffenberg.« Mit der Zuspitzung auf diese

Frage schiebt Ritter das Problem Goerdeler-Stauffenberg auf ein falsches Gleis, denn gerade in diesem Punkt gab es keinen echten Entscheidungsvorrang, um den man sich streiten konnte. Zeitpunkt und Durchführung hingen so sehr von den Gegebenheiten ab, daß eine frei ausgehandelte Entscheidung gar nicht möglich war.
Etwas anderes ist die Frage des Attentats selbst: Hier hatte Stauffenberg es abgelehnt, sich von den Einwänden Goerdelers beeinflussen zu lassen.

7. *Pläne zur Außenpolitik*

1 Hans-Bernd Gisevius: Bis zum bitteren Ende. 2. Band. Zürich: Fretz u. Wasmuth 1946. Von ihm ausgehend auch J. Wheeler-Bennett und viele andere.

2 J. Wheeler-Bennett, a.a.O., S. 639.
H.-B. Gisevius, a.a.O., S. 286: »Stauffenberg, der inzwischen zur Ostlösung abgeschwenkt war.«

3 KB S. 116.

4 KB S. 111, 175.

5 KB S. 247.

6 KB S. 174 f.

7 Trott und die Außenpolitik des Widerstandes, Dokumentation. In: Vierteljahrshefte für Zeitgeschichte, 1964, 3. Heft, S. 309. – Trott hatte auch die Absicht, mit der sowjetischen Boschafterin in Stockholm, Frau Kollontay, zu sprechen; es kam allerdings zu keiner Begegnung.

8 KB S. 174 f.

9 Siehe Seite 219 ff.

10 Entwurf einer Konzeption zur Verschwörung vom 20. Juli 1944, hrsg. von den Instituten für Geschichte der DAW, für Marxismus-Leninismus und Deutsche Militärgeschichte (Potsdam) [hektographiert].

11 KB S. 190.

12 »Durch meine Tätigkeit war ich in der Lage, mir einen umfassenden Überblick über die außenpolitische Situation zu verschaffen. Ich hatte Einblick in die entsprechenden Telegramme der deutschen auswärtigen Vertretungen und machte Stauffenberg die daraus gewonnenen Erkenntnisse zugänglich.« (KB S. 174)

13 Ein Exemplar wurde am 20. Juli von der Gestapo bei Graf Schwerin gefunden (KB S. 34 f.). Die folgende Zusammen-

fassung beruht auf der Inhaltsangabe der Gestapo-Berichte, da die Denkschrift in einer anderen Form nicht erhalten geblieben ist.

14 Trott und die Außenpolitik des Widerstandes, a.a.O., S. 322.

15 Prof. Rudolf Fahrner.

16 KB S. 502.

17 Prof. Rudolf Fahrner.

18 Ein Mann geht seinen Weg, a.a.O., S. 285 f.

19 Prof. Rudolf Fahrner.

20 KB S. 174. – In dem Bericht wird General Marshall als Eisenhowers Stabschef angegeben. Das ist falsch; Marshall war amerikanischer Generalstabschef.

21 KB S. 126 f. – Zu der Parallelität dieser 11 Punkte mit dem zwischen Rommel und Stülpnagel am 15. Mai 1944 verabredeten Aktionsplan siehe Wilhelm Ritter von Schramm: Zur außenpolitischen Konzeption Becks und Goerdelers. In: Aus Politik und Zeitgeschichte (Beilage zur Wochenzeitung »Das Parlament«), 15. Juli 1964, S. 36 f.

22 KB S. 34.

8. *Die Invasion*

1 Ein Mann geht seinen Weg, S. 286

2 Prof. Georg Smolka. – Nach der Erinnerung von Nina Gräfin Stauffenberg (7) handelte es sich um den letzten oder vorletzten Aufenthalt Stauffenbergs bei seiner Familie. Delp hatte sich am Nachmittag durch einen Boten angemeldet, kam spät abends und blieb bis etwa 23 Uhr.

3 KB S.178.

4 In dieser Angelegenheit hatte ich mich an Generaloberst Zeitzler gewandt, der aber starb, bevor er diese Anfrage beantworten konnte. Zeitzler hat jedoch unmittelbar nach Erhalt meines Briefes zu seiner Gemahlin darüber eine Bemerkung gemacht. Ich bin Frau Zeitzler außerordentlich dankbar, daß sie mir nach dem Tode ihres Gemahls diese Mitteilung zukommen ließ.

5 KB S. 112.

6 KB S. 55, 94; Budde/Lütsches, Vernehmungsprotokolle, Verhör Hagen. – Es handelte sich hierbei um deutschen Sprengstoff, der aber später nicht benutzt wurde, weil Oberst i. G. Frhr. von Freytag-Loringhofen, der die Heereswesen-Abteilung leitete, eine kombinierte englisch-deutsche Sprengladung über die Abwehr besorgt hatte. (KB S. 129)

7 L. Graf von Schwerin-Krosigk: Es geschah in Deutschland. Tübingen: Wunderlich 1952, S. 346.
8 Friedrich Georgi.
9 KB S. 340.
10 J. R.
11 J. R.; F. v. Schlabrendorff, a.a.O., S. 145.
12 J. Wheeler-Bennett, a.a.O., S. 606.
13 Nina Gräfin Stauffenberg (8); Annedore Leber.
14 J. Wheeler-Bennett, a.a.O., S. 647, auf Grund einer Niederschrift von Dr. Otto John. Inzwischen wurde die Niederschrift bei Fraenkel/Manvell: Der 20. Juli. Berlin-Frankfurt a. M.: Ullstein 1964, S. 227 ff. veröffentlicht.
15 V. Osas, a.a.O., S. 23.
16 F. v. Schlabrendorff, a.a.O., S. 138.
17 Prof. Rudolf Fahrner.
18 F. v. Schlabrendorff, a.a.O., S. 138.
19 KB S. 306, 313.
20 E. Zeller, a.a.O., S. 355 f.
21 F. v. Schlabrendorff, a.a.O., S. 140.
22 KB S. 127.
23 Niederschrift von Dr. Otto John, siehe Anm. 14.
24 Friedrich Georgi.
25 Prof. Rudolf Fahrner.
26 Peter Sauerbruch.
27 KB S. 19, 110, 195.

9. *Attentatspläne im Juli*

1 Budde/Lütsches, Vernehmungsprotokolle, Verhör Stieff.
2 KB S. 91.
3 KB S. 363.
4 Ein Mann geht seinen Weg, S. 287.
5 KD S. 130.
6 KB S. 119.
7 Budde/Lütsches, Vernehmungsprotokolle, Verhör Klausing; KB S. 44, 49, 130.
8 KB S. 21.
9 KB S. 146.
10 Prof. Dr. Percy Ernst Schramm.
11 KB S. 136, 409.
12 H.-B. Gisevius, a.a.O., S. 324, 318, 320, 319.
13 H.-B. Gisevius, a.a.O., S. 320 f.

14 H.-B. Gisevius, a.a.O., S. 290. – Gegen diese Auffassung wendet sich auch G. Ritter, a.a.O., S. 382 f.

15 Siehe oben Seite 186.

16 H.-B. Gisevius, a.a.O., S. 311. – »Im OKW« ist sachlich falsch; Stauffenberg war nie im OKW. Das AHA/BdE ist eine nachgeordnete Stelle des ObdH/OKH.

17 H.-B. Gisevius, a.a.O., S. 338.

18 H.-B. Gisevius, a.a.O., S. 324.

19 H.-B. Gisevius, a.a.O., S. 349.

20 Dr. Paulus van Husen. – Allerdings hat sich ein Fehler in die Erinnerung eingeschlichen. Am 15. Juli flog Stauffenberg nach Rastenburg. Entweder vermengen sich hier zwei Erinnerungen, oder Stauffenberg ging zur Straßen- oder S-Bahn.

21 Hans Speidel: Invasion 1944. Ein Beitrag zu Rommels und des Reiches Schicksal. Tübingen-Stuttgart: Wunderlich 1949, S. 137 f.

22 National Archives, Alexandria USA, Miscellaneous German Records Collections, Mikrofilm T – 84, Rolle 21.

23 KB S. 21.
Die bisher in allen Darstellungen erscheinende Behauptung, Stauffenberg habe am 15. Juli die Bombe nicht gezündet, weil weder Himmler noch Göring anwesend gewesen seien, geht auf Gisevius (S. 352) zurück. Er will Zeuge eines Telephongespräches gewesen sein, in dem Stauffenberg aus dem Führerhauptquartier anfragte, ob er auslösen solle, obwohl Himmler und Göring nicht anwesend seien. Haeften habe ihm daraufhin »Weisungen« erteilt, es doch zu tun, aber als Stauffenberg in das Besprechungszimmer zurückkehrte, habe Hitler bereits die Sitzung beendet und den Raum verlassen.
Diese Mitteilung kann nicht stimmen. Da nach dem Mißerfolg des 11. Juli Beck ausdrücklich verlangt hatte, daß das Attentat bei der nächsten Gelegenheit ausgelöst werden müsse und daraufhin auch bereits »Walküre« am 15. Juli vorausgelöst wurde, ist es völlig unglaubwürdig, daß bei Stauffenberg noch eine solche Unsicherheit vorhanden gewesen sein soll. Die Aussage von Berthold von Stauffenberg widerlegt die Behauptungen Gisevius' überzeugend; es ist auch kein Grund erkennbar, warum er nicht die Wahrheit gesagt haben soll.

24 KB S. 45.

25 KB S. 362.

26 J. Wheeler-Bennett, a.a.O., S. 655.

27 KB S. 101, 175.

28 KB S. 117.

29 Budde/Lütsches, Vernehmungsprotokolle, Verhör Bernardis.

30 Budde/Lütsches, Vernehmungsprotokolle, Verhöre Bernardis und Graf Yorck von Wartenburg; KB S. 21, 146.
31 H.-B. Gisevius, a.a.O., S. 361 f.
32 Ein Mann geht seinen Weg, S. 292.
33 E. Zeller, a.a.O., 375 ff.
34 Waltraud von Götz (1). – Trott sprach noch am 21. Juli mit ihr und erzählte ihr von diesem Gespräch.
In Hassells Tagebüchern wird behauptet, Stauffenberg sei am 19. Juli noch bei Jessen gewesen. Das war jedoch nach Mitteilung von Frau Käthe Jessen nicht der Fall.
35 E. Zeller, a.a.O., S. 489 f. – Zeller nennt die Quelle nicht. Ich selber habe von diesem Eid zum erstenmal durch Prof. Rudolf Fahrner erfahren; die Zitierung bei Zeller geht auf Fahrner zurück.
Prof. Alexander Schenk Graf von Stauffenberg, der 1964 starb, hat diesen Eid in dichterischer Form verarbeitet. Sein Werk trägt den Titel »Vorabend« und stellt den Eid in den Zusammenhang eines Gesprächs zwischen Berthold und Claus. (Alexander Schenk Graf von Stauffenberg: Denkmal. Hrsg. von Rudolf Fahrner. Düsseldorf-München: Küpper 1964, S. 21 ff.)
36 Bernd von Pezold: Stauffenberg führte dieses Gespräch mit dessen Frau.

IV: Der 20. Juli 1944

1 Unsere Darstellung der Ereignisse des 20. Juli beschränkt sich nur auf die wichtigsten Punkte. Die vielfältigen Verzweigungen in den Geschehnissen dieses Tages finden exakte Darstellung bei E. Zeller, a.a.O.
2 Peter Hoffmann, Zum Attentat im Führerhauptquartier »Wolfsschanze« am 20. Juli 1944. In: Vierteljahrshefte für Zeitgeschichte, 1964, H. 3, S. 268, auf Grund von Mitteilungen Johns von Freyend; KB S. 85.
3 Die Lagebesprechung fand an der Stelle statt, an welcher sie stets abgehalten wurde, nicht, wie oft behauptet, in einer nur an diesem Tage, dem 20. Juli, benutzten leichten Baracke. Der Bericht des Sicherheitsdienstes, der in dem KB die kriminaltechnischen Untersuchungen zusammenfaßt, enthält den eindeutigen Satz: »Engerer Tatort ist Lagezimmer, in dem die täglichen Lagebesprechungen stattfanden.« (KB S. 83) Damit fällt die Behauptung, Stauffenberg habe das Attentat an einem durch die Umstände besonders ungünstigen Tag unternehmen müssen.

Auch der Anschlag, der für den 15. Juli geplant war, hätte am gleichen Ort ausgelöst werden müssen.

4 P. Hoffmann, Zum Attentat im Führerhauptquartier, a.a.O., S. 270 ff.

5 Adolf Heusinger: Befehl im Widerstreit. Tübingen: Wunderlich 1950, S. 354 f.

6 KB S. 86.

7 Leber/Moltke, a.a.O., S. 205 (Bericht von Oberstleutnant Sander).

8 KB S. 86.

9 KB S. 84.
Zur Frage der Verwendung der zweiten Bombe siehe auch P. Hoffmann, Zum Attentat, S. 283 f.

10 KB S. 330.

11 Ibid.

12 H.-B. Gisevius, a.a.O., S. 375.

13 Friedrich Georgi.

14 Budde/Lütsches, Vernehmungsprotokolle, Verhör Hoepner; KB S. 377.

15 Budde/Lütsches, Vernehmungsprotokolle, Verhör Hoepner. Leber/Moltke a.a.O., S. 114: F. Georgi bestätigt hier die auch bereits im Verhör von Generaloberst Hoepner vor dem »Volksgerichtshof« zu Tage getretene Tatsache, daß General Olbricht »Walküre« nicht erst auf den Anruf Stauffenbergs aus Rangsdorf hin auslöste.

16 KB S. 377.

17 F. v. Schlabrendorff, a.a.O., S. 149; Budde/Lütsches, Vernehmungsprotokolle, Verhör Hoepner.

18 Budde/Lütsches, Vernehmungsprotokolle, Verhör Hoepner.

19 F. v Schlabrendorff, a.a.O., S. 150. – Die Mitteilungen bei Schlabrendorff beruhen auf der Darstellung, die Fromm selbst während der Haft gegeben hat.

20 Budde/Lütsches, Vernehmungsprotokolle, Verhör Hoepner.

21 KB S. 65 ff.

22 Budde/Lütsches, Vernehmungsprotokolle, Verhör Hoepner.

23 KB S. 191.

24 V. Osas, a.a.O., S. 82.

25 H.-B. Gisevius, a.a.O., S. 382.

26 R. K.

27 KB S. 22.

28 Rudolf Langhaeuser (1) (2).

29 KB S. 63.

30 R. K.

31 KB S. 377.

32 Rudolf Langhaeuser (1).
33 20. Juli 1944. Hrsg. von der Bundeszentrale für Heimatdienst. Bonn: Berto 1960, S. 157.
34 KB S. 105 f.
35 Peter Hoffmann: Zum Ablauf des Staatsstreichversuches des 20. Juli 1944 in den Wehrkreisen. In: Vierteljahrshefte für Zeitgeschichte, 1964, Heft 3, S. 390.
36 E. Zeller, a.a.O., S. 441 ff.
37 KB S. 75.
38 KB S. 64.
39 KD S. 330.
40 V. Osas, a.a.O., S 42.
41 KB S. 46.
42 Wolfgang Müller: Gegen eine neue Dolchstoßlegende. Ein Erlebnisbericht zum 20. Juli 1944. Hannover: Verlag Das andere Deutschland 1947.
43 KB S. 336.
44 Niederschrift Dr. Otto John, siehe Anm. 14 zu Kap. III/8.
45 KB S. 23.
46 Budde/Lütsches, Vernehmungsprotokolle, Verhör Bernardis.
47 Budde/Lütsches, Vernehmungsprotokolle, Verhör Hoepner.
48 Friedrich Georgi. – Erst in der Nacht zum 21. Juli hat er der Zieldivision endgültig abgesagt.
49 E. Zeller, a.a.O., S. 399.
Der letzte Ruf Stauffenbergs ist in der bisher allgemein bekannten Form nicht gesichert (»Es lebe unser heiliges Deutschland«). W. Müller, a.a.O., S. 90, ebenso Hans Hagen: Zwischen Eid und Befehl. München 1959, S. 48: »Es lebe ein freies Deutschland.« E. Salin, a.a.O., S. 324 vermutet »Es lebe unser heimliches Deutschland«. Damit hätte Stauffenberg eine Wendung benutzt, die im George-Kreis üblich war.
Nach einer weiteren, allerdings nicht ganz zuverlässigen Mitteilung lautete der Ruf: »Es lebe Deutschland.«
50 Wolfgang Foerster: Generalstabschef Ludwig Beck. München: Isar-Verlag 1953, S. 122 (Beck am 16. 7. 1938).
51 Heeresdienstvorschrift 300/I, Truppenführung, S. 5, Ziff. 15 vom 17. 10. 1933.
52 Brief an Ruth von Blomberg.

Quellenverzeichnis

1. Verzeichnis der befragten Personen

Das folgende Verzeichnis enthält die Namen der Persönlichkeiten, die durch briefliche Mitteilungen oder in Gesprächen, die schriftlich festgehalten wurden, zur Materialsammlung der Biographie beigetragen haben. Es mußte darauf verzichtet werden, auch die Namen aller derer aufzuführen, die zwar Stauffenberg gekannt haben, aber keine nennenswerten Auskünfte mehr geben konnten.

Blomberg, Ruth von	Brief	24. 7. 62
Bräutigam, Dr. Otto, Generalkonsul a. D.	Brief	Ende 1963
Bremme, Beate	Brief	3. 10. 62
Bremme, Dr. Hans	Brief	28. 10. 62
Broich, Friedrich Freiherr von, Generalleutnant a. D.	Briefe	14. 6. 62 (1) 20. 6. 62 (2) 25. 6. 62 (3)
Bürklin, Wilhelm, Oberst a. D.	Briefe	15. 6. 62 (1) 15. 7. 62 (2)
Busse, Theodor, General der Infanterie a. D.	Brief	29. 11. 62
Cramer, Hans, General der Panzertruppen a. D.	Brief	20. 2. 63
Eismann, Georg, Oberst i. G.	Brief	9. 10. 63
Fahrner, Prof. Dr. Rudolf, Leiter des Instituts für Literaturwissenschaft an der Technischen Hochschule Karlsruhe	Brief	15. 7. 63
Fritsch, Dr. Georg Freiherr von, Ministerialrat	Briefe	26. 11. 63 (1) 7. 12. 63 (2)

Georgi, Friedrich, Major a. D., Verlagsbuchhändler	Gespräche	1962/63
Gersdorff, Rudolf-Christof, Freiherr von, Generalmajor a. D.	Brief	9. 6. 62
Götz, Waltraud von	Briefe	5. 9. 62 (1)
		24. 11. 62 (2)
Greiner, Heinz, Generalleutnant a. D.	Briefe	6. 5. 64 (1)
		15. 5. 64 (2)
Halder, Franz, Generaloberst a. D.	Briefe	4. 1. 62 (1)
		26. 1. 62 (2)
		23. 3. 62 (3)
		18. 5. 62 (4)
Hardenberg, Margarete Gräfin von, geb. von Oven	Gespräch	26. 11. 61
Herwarth von Bittenfeld, Hans-Heinrich, Botschafter	Gespräch	3. 2. 63
Husen, Dr. Paulus van, Präsident a. D. des Verfassungsgerichtshofes für das Land Nordrhein-Westfalen	Brief	2. 7. 63
Jessen, Käthe	Gespräch	Juni 1962
Kempf, Werner, General der Panzertruppen a. D.	Briefe	14. 4. 62 (1)
		7. 1. 63 (2)
Kleikamp, Helmut, Generalmajor a. D.	Briefe	18. 12. 62 (1)
		15. 1. 63 (2)
		21. 1. 63 (3)
K…, R…*, Oberst a. D.	Gespräch	25. 7. 63
Küchler, Georg von, Generalfeldmarschall	Brief	17. 12. 62
Langhaeuser, Rudolf, Generalmajor a. D.	Briefe	26. 2. 63 (1)
		28. 3. 63 (2)
Leber, Annedore	Gespräche	1964
List, Wilhelm, Generalfeldmarschall	Brief	17. 12. 62
Loeper, Friedrich-Wilhelm Freiherr von, Generalleutnant a. D.	Briefe	19. 6. 62 (1)
		18. 11. 62 (2)
	Gespräch	2. 10. 62 (3)
Maizière, Ulrich de, Generalleutnant und Inspekteur des Heeres	Gespräch	20. 1. 63

* Auf Wunsch wurde hier auf die Veröffentlichung des Namens verzichtet.

Manstein, Erich von, Gerneralfeldmarschall	Briefe	20. 8. 62 (1) 15. 11. 62 (2)
Manteuffel, Hasso von, General der Panzertruppen a. D.	Brief	20. 6. 64
Mende, Prof. Dr. Gerhard von, Leiter des Forschungsdienstes Osteuropa Düsseldorf	Briefe	26. 7. 63 (1) 19. 7. 63 (2)
Müller-Hillebrand, Burkhart, Generalleutnant	Briefe	30. 4. 62 (1) 15. 7. 62 (2)
Perfal, Gustav Freiherr von, Generalleutnant a. D.	Brief	17. 7. 62
Pezold, Bernd von, Oberst a. D.	Gespräch	17. 5. 63
Reerink, Werner, Oberstleutnant a. D., Apotheker	Bericht	Juni 1963
Reimann, Hans, Oberst a. D	Brief	17. 7. 62
R ..., J ...*, Oberst a. D.	Gespräch	5. 10. 62
Sachenbacher von Schrottenberg, Alfred, Oberst a. D.	Brief	21. 3. 63
Saucken, Olga von, geb. Gräfin Üxküll	Brief	29. 3. 65
Sauerbruch, Peter, Oberstleutnant a. D., Kaufmann	Gespräch	12. 2. 63
Schmid, Heinz, Oberst a. D., Diplomingenieur	Brief	23. 9. 63
Schmölders, Prof. Dr. G.	Briefe	1. 7. 63 (1) 5. 7. 63 (2)
Schöne, Volkmar, Oberst a. D., Oberregierungsrat a. D.	Briefe	17. 9. 62 (1) 17. 12. 62 (2)
Schramm, Prof. Dr. Percy Ernst, emer. Professor der Geschichte	Brief	19. 11. 63
Schulenburg, Charlotte Gräfin von der	Brief	12. 8. 61
Smolka, Prof. Dr., Ordinarius für neuere politische Geschichte an der Hochschule für Verwaltungswissenschaften Speyer	Brief	23. 9. 63
Staedke, Helmuth, Generalleutnant a. D.	Brief	13. 1. 63
Stauffenberg, Nina Schenk Gräfin von	Briefe	22. 10. 61 (1) 13. 12. 61 (2) 17. 3. 62 (3) 23. 5. 62 (4) 16. 11. 62 (5) 22. 4. 64 (6) 1. 7. 64 (7)
	Gespräch	10. 10. 62 (8)

* siehe S. 292

Strik-Strikfeldt, Wilfried, Hauptmann a. D., Ingenieur	Briefe	1. 8. 63 (1) 11.8.63 (2)
Thüngen, Dietz Freiherr von, Major a. D.	Bericht	25. 1. 46
Trott zu Solz, Dr. Clarita von	Brief	8. 10. 61
Walzer, Hans, Oberstleutnant a. D.	Bericht Briefe	9. 3. 64 (1) 19. 5. 64 (2) 27. 6. 64 (3)
Wedemeyer, A. C., General, US-Army (ret.)	Briefe	6. 3. 62 (1) 9. 5. 62 (2) 22. 6. 62 (3) 6. 9. 62 (4)
Yorck von Wartenburg, Dr. Marion Gräfin	Gespräch	5. 9. 63
Zeitzler, Kurt, Generaloberst a. D.	Briefe	3. 7. 62 (1) 26. 7. 62 (2)
Zipfel, Dr. Friedrich, Wissenschaftlicher Rat	Bericht	18. 1. 64

2. Verzeichnis der ungedruckten Quellen

Kriegstagebuch der 1. Leichten Division vom 5. 9. 1938–19. 10. 1938. Im Besitz von Werner Reerink.

Kriegstagebuch der Organisationsabteilung im Generalstab des Heeres vom 1. 1. 1942–31. 12. 1942. The National Archives, Alexandria (Washington). Deutsche Akten auf Mikrofilm, Serie 385, Rolle 417.

Befehl 8000/42 geh. (Oberkommando des Heeres, GenStH/Org.Abt. [II]). Militärgeschichtliches Forschungsamt, Freiburg im Breisgau.

Grundlegender Befehl Nr. 1 (Anlage 504 zum Kriegstagebuch) (Oberkommando des Heeres, Der Chef des Generalstabes des Heeres, Org.Abt. [II], Nr. 9900/42 geh.). The National Archives, a.a.O., Serie 382, Rolle 414.

Einteilung der Truppen des Feldheeres (Oberkommando des Heeres, GenStH/Org.Abt. [II], Nr. 7850/42). The National Archives, a.a.O., Serie 382, Rolle 414.

Zeugnis der Reife für Claus Schenk Graf von Stauffenberg. Eberhard-Ludwigs-Gymnasium in Stuttgart, 5. März 1926.

Dienstlaufbahnbescheinigung für Claus Schenk Graf von Stauffenberg. Bundesarchiv, Abt. Zentralnachweisstelle Kornelimünster, 21. 6. 1961.

Zwei Meldungen über den Besuch von Oberst Graf Stauffenberg im Führerhauptquartier am 15. 7. 1944. The National Archives, a.a.O., Serie 39, Rollen 19–21, in Verbindung mit den Kaltenbrunner-Berichten.

»Heeres-Kavallerie. Eine Studie.« Claus Schenk Graf von Stauffenberg. Im Besitz von Nina Gräfin Stauffenberg.

Brief vom 4. September 1936 aus London an Prof. Pfau. Im Besitz von Gerda Pfau.

Brief vom 9. Juni 1943 aus München an Wilhelm Bürklin. Im Besitz von Wilhelm Bürklin.

Karte vom Juni 1943 aus Lautlingen an Wilhelm Bürklin. Im Besitz von Wilhelm Bürklin.

Brief ohne Datum und Herkunftsort (1942?) an Ruth von Blomberg. Im Besitz von Ruth von Blomberg.

Stauffenberg, Alexander Schenk Graf von: Erinnerung an Stefan George. Rede vom 4. 12. 1958 in Berlin (hektographiert).

3. Literaturverzeichnis

Baum, Walter: Marine, Nationalsozialismus und Widerstand. In: »Aus Politik und Zeitgeschichte«, Beilage zur Wochenzeitung »Das Parlament«, hrsg. von der Bundeszentrale für Heimatdienst. – Bonn: 17. Juli 1963.

Baumont, Maurice: La grande conjuration contre Hitler. – Paris: Editions Mondiales 1963.

Besgen, Achim: Der stille Befehl. Medizinalrat Kersten, Himmler und das 3. Reich. – München: Nymphenburger Verlagsanstalt 1960.

Boehringer, Robert: Mein Bild von Stefan George. – Düsseldorf: Küpper 1951.

Boveri, Margret: Der Verrat im XX. Jahrhundert. 2. Band: Für und gegen die Nation. – Hamburg: Rowohlts deutsche Enzyklopädie Nr. 24 (1956).

Braubach, Max: Der Weg zum 20. Juli. Ein Forschungsbericht. – Köln, Opladen: 1953.

Budde, Eugen und Lütsches, Peter: Die Wahrheit über den 20. Juli. Auszüge aus den Vernehmungsprotokollen des Volksgerichtshofes gegen v. Witzleben und Genossen am 7. und 8. August 1944. – Düsseldorf: Raven 1953.

Bullock, Alan: Hitler. Eine Studie über Tyrannei. 30.–40. Tausend. – Düsseldorf: Droste 1959.

Bundeszentrale für Heimatdienst: 20. Juli 1944. (1. und 2. Aufl. bearbeitet von Hans Royce). 3. Aufl. neubearb. und ergänzt von Erich Zimmermann und Hans-Adolf Jacobsen. – Bonn: Berto 1960.

Bußmann, Walter: Betrachtungen zum militärischen Widerstand. In: »Aus Politik und Zeitgeschichte«, Beilage zur Wochenzeitung »Das Parlament«, hrsg. von der Bundeszentrale für politische Bildung. – Bonn: 15. Juli 1964.

Dahms, Hellmuth Günther: Der zweite Weltkrieg. – Tübingen: Wunderlich 1960.

Dallin, Alexander: Deutsche Herrschaft in Rußland. – Düsseldorf: Droste 1958.

Demeter, Karl: Das deutsche Offizierkorps in Gesellschaft und Staat 1650 bis 1945. 2. Aufl. – Frankfurt: Bernard & Graefe 1962.

Dulles, Allen Welsh: Verschwörung in Deutschland. – Zürich: Europa-Verlag 1948.

Ehlers, Dieter: Technik und Moral einer Verschwörung. 20. Juli 1944. – Frankfurt a. M.: Athenäum 1964.

Erfurth, Waldemar: Die Geschichte des deutschen Generalstabes von

1918 bis 1945. 2. neubearb. und erw. Aufl. – Göttingen: Musterschmidt 1960 (= Studien und Dokumente zur Geschichte des Zweiten Weltkrieges, hrsg. vom Arbeitskreis für Wehrforschung in Stuttgart. Bd. 1).

Fahrner, Rudolf: Gneisenau. – München: Delfin 1942.

Festschrift zur Neubaueinweihung des Eberhard-Ludwigs-Gymnasiums in Stuttgart 1957. Hrsg. von Dr. Paul Ludwig. – Stuttgart: Klett 1957.

Fitzgibbon, Constantine: The Shirt of Nessus. – London: 1958.

Foertsch, Hermann: Schuld und Verhängnis. Die Fritsch-Krise im Frühjahr 1938 als Wendepunkt in der Geschichte der NS-Zeit. – Stuttgart: Deutsche Verlagsanstalt 1951.

Foerster, Wolfgang: Generaloberst Ludwig Beck. Sein Kampf gegen den Krieg. 2. Aufl. – München: Isar-Verlag 1953.

Fraenkel, Heinrich und Manvell, Roger: Der 20. Juli. – Berlin, Frankfurt: Ullstein 1964.

Genealogisches Handbuch des Adels. Gräfliche Häuser, A/II. – Limburg: C. A. Starke 1955.

Gisevius, Hans-Bernd: Bis zum bitteren Ende. 2 Bände. – Zürich: Fretz und Wasmuth 1946.

Görlitz, Walter: Der deutsche Generalstab. – Frankfurt: Verlag der Frankfurter Hefte 1950.

Hagen, Hans W.: Zwischen Eid und Befehl. Tatzeugen-Bericht von den Ereignissen am 20. Juli 1944. 2. Aufl. – München: 1959.

Halder, Franz: Hitler als Feldherr. – München: Dom-Verlag 1949.

–: Kriegstagebuch. Tägliche Aufzeichnungen des Chefs des Generalstabes des Heeres. 1939 bis 1942. Hrsg. in 3 Bänden vom Arbeitskreis für Wehrforschung Stuttgart. – Stuttgart: Kohlhammer 1964.

Hassell, Ulrich von: Vom anderen Deutschland. Aus den nachgelassenen Tagebüchern 1938–1944. – Zürich: Atlantis 1946.

Herwarth von Bittenfeld, Hans-Heinrich: Dem Andenken des Generals der Kavallerie Ernst Köstring. In: Geopolitik, Weltwirtschaft, Weltpolitik und Auslandswissen 25 (1954) H. 12.

Heusinger, Adolf: Befehl im Widerstreit. – Tübingen, Stuttgart: Wunderlich 1950.

Himmler, Heinrich: Rede in Posen am 3. 8. 1944. In: Vierteljahrshefte für Zeitgeschichte 1953, S. 382.

Hitlers Weisungen für die Kriegführung 1939–1945. Dokumente des Oberkommandos der Wehrmacht. Hrsg. von Walther Hubatsch. – Frankfurt: Bernard & Graefe 1962.

Hofer, Walther: Der Nationalsozialismus. Dokumente 1933–1945. – Frankfurt, Hamburg: Fischer-Bücherei Nr. 172 (1957).
–: Offiziere mit politischem Verantwortungsbewußtsein. In: »Aus Politik und Zeitgeschichte«, Beilage zur Wochenzeitung »Das Parlament«, hrsg. von der Bundeszentrale für politische Bildung. – Bonn: 15. Juli 1964.
Hoffmann, Peter: Zum Ablauf des Staatsstreichversuches des 20. Juli 1944 in den Wehrkreisen. In: Wehrwissenschaftliche Rundschau, Juli 1964.
Hoffmann, Peter: Zum Attentat im Führerhauptquartier. In: Vierteljahrshefte für Zeitgeschichte 12 (1964) H. 3.

Jacobsen, Hans-Adolf (Hrsg.): 1939–1945. Der Zweite Weltkrieg in Chronik und Dokumenten. 5. überarb. und erw. Aufl. – Darmstadt: Verlag Wehr und Wissen 1961.
Jasper, Gotthard: Der Schutz der Republik. Studien zur staatlichen Sicherung der Demokratie in der Weimarer Republik 1922–1930. – Tübingen: Mohr 1963.
Jost, Dominik: Stefan George und seine Elite. – Zürich: Speer-Verlag 1949.

Kaltenbrunner-Berichte: Spiegelbild einer Verschwörung. Die Kaltenbrunner-Berichte an Bormann und Hitler über das Attentat vom 20. Juli 1944. Hrsg. vom Archiv Peter für historische und zeitgeschichtliche Dokumentation. – Stuttgart: Seewald 1961.
Kramarz, Joachim: Oberst Claus Schenk Graf von Stauffenberg. In: Der Tagesspiegel (Berlin) 1963, Nr. 5428 (20. Juli).
Krebs, Albert: Fritz-Dietlof Graf von der Schulenburg. Zwischen Staatsraison und Hochverrat. – Hamburg: Leibniz 1964 (Hamburger Beiträge zur Zeitgeschichte II).
Kriegstagebuch des Oberkommandos der Wehrmacht (Wehrmachtführungsstab) 1940–1945. Hrsg. von Percy Ernst Schramm in Zusammenarbeit mit Andreas Hillgruber, Walther Hubatsch und Hans-Adolf Jacobsen. 4 Bde. – Frankfurt: Bernard & Graefe 1961–64.

Leber, Annedore: Das Gewissen steht auf. 64 Lebensbilder aus dem deutschen Widerstand 1933–1945. – Berlin, Frankfurt: Mosaik-Verlag 1954.
Leber, Annedore und Moltke, Freya Gräfin von: Für und wider. Entscheidungen in Deutschland 1918–1945. 2. Aufl. – Berlin, Frankfurt: Annedore Leber – Mosaik-Verlag 1962.
Leber, Julius: Ein Mann geht seinen Weg. Schriften, Reden und

Briefe. Hrsg. von seinen Freunden. – Berlin, Frankfurt: Mosaik-Verlag 1952.
McCloy II, John J.: Die Verschwörung gegen Hitler. Ein Geschenk an die deutsche Zukunft. – Stuttgart: Vorwerk 1963.
Mende, Gerhard von: Erfahrungen mit Ostfreiwilligen in der deutschen Wehrmacht während des Zweiten Weltkrieges. In: Vielvölker-Heere und Koalitionskriege. – Darmstadt: Leske 1952.
Müller, Wolfgang: Gegen eine neue Dolchstoßlegende. Ein Erlebnisbericht zum 20. Juli 1944. 2. Aufl. – Hannover: Verlag Das andere Deutschland 1947.

Osas, Veit: Walküre. 20. Juli 1944 (mit Dokumenten). – Hamburg: Deutschland-Verlag 1953.

Partsch, K. J.: Stauffenberg. Das Bild des Täters. In: Europa-Archiv 5 (1950), 20. Juli.
Pfizer, Theodor: Die Brüder Stauffenberg. In: Robert Boehringer. Eine Freundesgabe. – Tübingen: J. C. B. Mohr 1957.
Philippi, Alfred und Heim, Ferdinand: Der Feldzug gegen Sowjetrußland 1941–1945. Ein operativer Überblick. Hrsg. vom Arbeitskreis für Wehrforschung. – Stuttgart: Kohlhammer 1962.
Der Prozeß gegen die Hauptkriegsverbrecher vor dem Internationalen Militärgerichtshof Nürnberg. 14. 11. 1945 – 1. 10. 1946. 42 Bände. – Nürnberg: 1949.

Ritter, Gerhard: Carl Goerdeler und die deutsche Widerstandsbewegung. – Stuttgart: Deutsche Verlagsanstalt 1955.
Rönnefarth, Helmuth K. G.: Die Sudetenkrise in der internationalen Politik. 2 Bände. – Wiesbaden: Steiner 1961.
Rommel, Erwin: Krieg ohne Haß. Afrikanische Memoiren. Hrsg. von Lucie-Marie Rommel und Fritz Bayerlein – Heidenheim (Brenz): Heidenheimer Verlagsanstalt 1950.
Rothfels, Hans: Die deutsche Opposition gegen Hitler. Eine Würdigung. 51.–62. Tausend. Ungekürzte, stark revidierte Ausgabe. – Frankfurt, Hamburg: Fischer-Bücherei Nr. 198 (1960).

Salin, Edgar: Um Stefan George. – Düsseldorf: Küpper 1954.
Scheibert, Horst: Bildband der 6. Panzerdivision 1939–1945. – Bad Nauheim: Podzun 1958.
Scheurig, Bodo: Claus Graf Schenk von Stauffenberg. – Berlin: Colloquium 1964 (= Köpfe des XX. Jahrhunderts. Bd. 33).
Schlabrendorff, Fabian von: Offiziere gegen Hitler. – Frankfurt, Hamburg: Fischer-Bücherei Nr. 305 (1959).
Schramm, Percy Ernst: Hitler als militärischer Führer. Erkenntnisse

und Erfahrungen aus dem Kriegstagebuch des Oberkommandos der Wehrmacht. – Frankfurt: Athenäum 1962.
Schramm, Wilhelm Ritter von: Der 20. Juli in Paris. – Wörishofen: 1953.
Schwerin-Krosigk, Lutz Graf von: Es geschah in Deutschland. – Tübingen: Wunderlich 1952.
Shirer, W. L.: Aufstieg und Fall des Dritten Reiches. – Köln, Berlin: Kiepenheuer & Witsch 1961.
Soergel, Albert und Hohoff, Curt: Dichtung und Dichter der Zeit: Vom Naturalismus bis zur Gegenwart. Neubearbeitung. Band I. – Düsseldorf: Bagel 1961.
Speidel, Hans: Invasion 1944. Ein Beitrag zu Rommels und des Reiches Schicksal. – Tübingen: Wunderlich 1949.
Stauffenberg, Alexander Schenk Graf von: Claus Graf Schenk von Stauffenberg. In: Lebensbilder aus dem Bayerischen Schwaben. Hrsg. von Götz Frhr. von Pölnitz. – München: 1954.
Stauffenberg: Denkmal. Hrsg. von Rudolf Fahrner. – Düsseldorf, München: Küpper 1964 (Stefan-George-Stiftung).
Stauffenberg, Claus Schenk Graf von: Gedanken zur Abwehr feindlicher Fallschirmeinheiten im Heimatgebiet. In: Wissen und Wehr 1938, H. 7.

Teske, Hermann: Die silbernen Spiegel. – Heidelberg: Vowinckel 1952.
Thormaelen, Ludwig: Erinnerungen an Stefan George. – Hamburg: Hauswedell 1962.
Topf, Erwin: Klaus Graf Stauffenberg. In: Die Zeit. Hamburg. 18. Juli 1946.
Trott zu Solz, Adam von: Trott und die Außenpolitik des Widerstandes. Dokumentation in: Vierteljahrshefte für Zeitgeschichte 11 (1963) H. 3.

Die Vollmacht des Gewissens. Hrsg. von der Europäischen Publikation e. V. – München: Rinn 1956.

Wagner, Elisabeth: Der Generalquartiermeister. Briefe und Tagebuchaufzeichnungen des Generalquartiermeisters des Heeres, General der Artillerie Eduard Wagner. – München: Olzog 1964.
Weisenborn, Günther: Der lautlose Aufstand. Bericht über die Widerstandsbewegung des deutschen Volkes 1933–1945. – rororo Nr. 507–508 (1962).

Zeller, Eberhard: Geist der Freiheit. Der 20. Juli. 4. vollst. neu bearb. Aufl. – München: Müller 1963.

4. Weiterführende Literatur

Schmittbauer, Walter und Buchheim, Hans (Hrsg.): Der deutsche Widerstand gegen Hitler. Vier historisch-kritische Studien. Kiepenheuer & Witsch Verlag, Köln-Berlin 1966.

Roon, Ger van: Neuordnung im Widerstand. Der Kreisauer Kreis innerhalb der deutschen Widerstandsbewegung. R. Oldenbourg Verlag, München 1967.

Müller, Christian: Oberst i. G. Stauffenberg. Eine Biographie. Droste Verlag, Düsseldorf 1970.

Wunder, Gerd: Die Schenken von Stauffenberg. Eine Familiengeschichte. Müller & Gräff Verlag, Stuttgart 1972.

Finker, Kurt: Stauffenberg und der 20. Juli 1944. Union Verlag, Berlin 1973.

Lill, Rudolf und Oberreuter, Heinrich (Hrsg.): 20. Juli. Portraits des Widerstands. Econ Verlag, Düsseldorf/Wien 1984.

Hoffmann, Peter: Widerstand, Staatsstreich, Attentat. Der Kampf der Opposition gegen Hitler. R. Piper Verlag, München/Zürich 1985.

Venohr, Wolfgang: Stauffenberg, Symbol der deutschen Einheit. Eine politische Biographie. Ullstein Verlag, Frankfurt/Main 1986.

Schwerin, Detlef Graf von: »Dann sind's wieder die besten Köpfe, die man henkt.« Die junge Generation im deutschen Widerstand. R. Piper Verlag, München/Wien 1991.

Hoffmann, Peter: Claus Schenk Graf von Stauffenberg und seine Brüder. Deutsche Verlags-Anstalt, Stuttgart 1992.

BILDNACHWEIS:

(in der Reihenfolge des Erscheinens)

Keystone Pressedienst, Hamburg:
9 unten links, 14 unten, 15 oben

Bilderdienst Süddeutscher Verlag, München:
2, 8, 9 oben, 9 unten rechts, 10, 13 unten rechts, 14 oben, 15 unten, 16

Ullstein Bilderdienst, Berlin:
Foto Ullstein: 12, 13 oben
Foto Tita Binz: 13 unten links
Foto Ullstein-Stiftung Hilfswerk·20. Juli: 1, 3, 4, 5, 6, 7, 11

Register

1. Schlagwortregister

H

I

J

H

L

M

N

O

P

2. Ortsregister

3. Personenregister

M

N

O

P

Q

R

S

* Nach Artikel 109, Absatz 2, der Weimarer Verfassung gelten »Adelsbezeichnungen... nur als Teil des Namens«. Die Bezeichnung »Graf« stand vor 1919 als Titel vor dem Vornamen, trat dann aber nach der Verfassungsverfügung unmittelbar an den Familiennamen heran. Da die im Gesamtnamen auftretende Bezeichnung »Schenk« eine mittelalterliche Amtbezeichnung ist, hat der ehemalige Titel »Graf« seine Position unmittelbar vor dem Familiennamen. Für die Eltern, die den größeren Teil ihres Lebens noch in der monarchistischen Zeit verbracht haben, benutzen wir die alte Titel- und Namensfolge: »Graf Alfred Schenk von Stauffenberg«. Bei den Söhnen wird, entsprechend der Weimarer Verfassung, die folgende Form verwendet: »Claus Schenk Graf von Stauffenberg«. – Stauffenberg selbst benutzte für seine Unterschrift die auf den reinen Namen reduzierte Form »Claus Graf Stauffenberg«. Sie wurde deshalb als Titel unseres Buches gewählt.